포스트모더니즘

문학의 기본 개념 14

포스트모더니즘

김 욱 동

연세대학교 대학출판문화원

문학의 기본 개념 (14)

포스트모더니즘

지 은 이 김욱동
펴 낸 곳 연세대학교 대학출판문화원
주 소 서울특별시 서대문구 성산로 262
전 화 (02) 2123-3380~2
팩 스 (02) 2123-8673
E-mail ysup@yonsei.ac.kr
홈페이지 http://press.yonsei.ac.kr
인 쇄 (주)네오프린텍

2008년 7월 23일 1판 1쇄 2018년 4월 30일 1판 3쇄
ISBN 978-89-7141-846-8 (93800)

값 12,000원

차 례

책머리에

어느 시민 강좌에서 한 연사가 열심히 현대 사상의 새로운 경향에 대하여 열변을 토하고 있었다. 그런데 이 강좌를 듣고 있던 청중 한 사람이 갑자기 손을 들고 연사를 향하여 "그렇다면 류머티즘은 어떤 '이즘'에 속합니까?"라고 물었다는 일화가 있다. 이 질문을 던진 그 청중에게는 류머티즘이 근육이나 관절에 염증을 일으키는 질병이 아니라 무슨 거창한 철학의 한 흐름으로 생각되었던 것이다. 아니, 그보다는 현학적으로 온갖 '이즘'과 '주의'를 늘어놓는 연사를 놀려주려고 짐짓 그러한 질문을 던졌다고 보는 쪽이 더 옳을 것이다.

요즈음 신문이나 방송 같은 언론 매체를 보면 그야말로 무슨 '이즘', 무슨 '주의'로 넘쳐난다. 인류 역사에서 오늘날처럼 '이즘'과 '주의'가 그렇게 홍수를 이룬 적도 아마 일찍이 없을 것이다. 그 중에서도 뭇사람의 입에 자주 오르내리는 포스트모더니즘은 첫 손가락에 꼽힐 것이다. 이 용어는 이제 학자들과 예술가들은 말할 것도 없고 일반 사람한테도 시중에 널리 나도는 유행어가 되다시피 하였다. 이 용어를 한두 마디 입에 올리지 않으면 어딘지 시대에 뒤떨어져 있는 듯한 느낌마저 든다.

지금은 잠깐 소강상태에 있는 것 같지만 포스트모더니즘은 아직도 살아서 숨 쉬고 있다. 온갖 논문과 저서는 그만

두고라도 구글 검색 엔진에서 '포스트모더니즘'이라는 낱말을 쳐보면 무려 28만 개 이상의 웹페이지가 나온다. 더구나 이 수는 날이 갈수록 계속 늘어만 간다. 포스트모더니즘이 몇몇 이론가가 주장하듯이 사망 선고를 받은 '죽은' 이론이거나 '죽어가고 있는' 이론이 아니라 아직도 '살아 숨쉬는' 이론이라는 사실을 알 수 있다. 포스트모더니즘은 비단 미적 감수성에 그치지 않고 더 나아가 신념, 태도, 철학, 사회 현상 등 삶의 모든 영역에 걸쳐 직접 또는 간접으로 큰 영향을 끼친다.

포스트모더니즘은 21세기의 문화를 비롯하여 현대 사상과 사회 그리고 경제와 정치를 설명하는 데 아주 유효한 '인식의 틀'이다. 영국 식민주의의 굴레에서 갓 풀려난 신생국가 인도를 이끈 자와할랄 네루 수상은 언젠가 영어를 두고 세계를 바라보는 창문이라고 말한 적이 있다. 실제로 대부분의 컴퓨터의 경우 운영 체제(OS)인 영어 윈도(창문)를 거치지 않고서는 프로그램을 아예 작동할 수 없던 적이 있었다. 더구나 컴퓨터와 인터넷의 보급과 더불어 영어가 이제 국제어나 세계어로 자리 잡은 것을 보면 네루 수상의 말은 참으로 예언자다운 데가 있다.

영어가 세계를 바라보는 창문이라면 포스트모더니즘은 가히 20세기 중엽 이후 현대의 시대정신을 바라보는 창문이다. 제2차 세계대전 이후 세계에는 그야말로 코페르니쿠스적 변화가 일어났다. 지난 반세기 동안 여러 분야에 걸쳐 일어난 변화는 계몽주의시대 이후 몇 세기에 걸쳐 일어난 변화와 거의 맞먹을 정도이다. 포스모더니즘의 창문을 통하지 않고서는 이렇게 달라진 시대의 흐름을 제대로 조망할 수가 없다. 일시적인 지적 유행이 아니라 세계를 인식하는 이론으로서 포스트모더니즘에 관심을 기울여야 하는 까닭이 바로 여기에 있다.

내가 이 책을 쓰는 것은 그동안 먼지가 끼고 흐려진 포스트모더니즘의 창문을 좀 더 새롭게 닦아내기 위해서이다. 이 먼지는 세월이 지나면서 자연스럽게 생긴 것도 있지만 1990년대 외국에서나 국내에서나 포스트모더니즘을 두고 벌어진 한바탕 소동 때문에 생긴 것도 적지 않다. 어떻게 해서 먼지가 끼게 되었던 나는 이 책을 통하여 포스트모더니즘의 창문에 낀 먼지를 말끔히 털어내고 싶었다. 또한 단순히 창문에 낀 먼지를 닦아내는 것에 그치지 않고, 어떤 면에서는 창틀의 유리를 다시 갈아 끼운 것과 다름없다. 포스트모더니즘 이론 중에서 그동안 세월의 풍화작용을 받은 것들은 과감하게 버리고 새로운 것들을 다루려고 하였다.

내가 대우학술재단의 연구비로 『포스트모더니즘의 이론: 문학/예술/문화』(민음사)라는 책을 처음 출간한 것은 1992년이었으니 어느덧 16년이라는 세월이 지났다. 또한 『모더니즘과 포스트모더니즘』(현암사)을 처음 출간한 것이 그 이듬해 1993년이었다. 몇 년 뒤 이 두 책 모두 개정판을 냈지만 여전히 세월의 먼지와 때가 여기저기 남아 있다. 지금 출간하는 이 책에서는 앞의 두 책에서 이미 낡은 것으로 판명된 이론은 버리는 한편 그 뒤 새롭게 나타난 이론을 다루었다.

또한 나는 이 책에서 아무리 난해하고 까다로운 이론이라도 독자들이 쉽게 이해할 수 있도록 글을 쓰려고 노력하였다. 언제부터인지 우리 학계에는 이상한 풍토가 자리 잡고 있다. 간결하고 명료하여 누구나 쉽게 이해할 수 있도록 평이한 문체를 구사하면 '저널리즘 문체'라고 깎아내리는 반면, 외국어를 서툴게 번역해 놓은 듯한 국적 불명의 문체를 구사하면 '학구적 문체'라고 치켜세운다. 그러나 글을 쓰는 데에는 저널리즘 문체나 학구적 문체란 없고, 다만 '좋은 문체'와 '나쁜 문체'가 있을 뿐이다. 독자들을 당황하게 만드는 난삽한 글은 오히려 쓰기가 쉽다. 다루고 있는 내용을 제대로 소화하지 못하고 복화술사처럼 남의 목소리를 빌려 쓰면 되기 때문이다. 내용을 소화하여 자신의 목소리로 글을 쓸 때 비로소 간결하고 평이한 문체가 나오는 법이다.

돌이켜보면 나는 그동안 내가 걸어온 학문의 길에서 포스트모더니즘한테서 진 빚이 무척 크다. 1980년대 만약 포스트모더니즘의 세례를 한 차례 받지 않았더라면 나는 지금과는 전혀 다른 학문의 길을 걷고 있을는지도 모른다. 텍스트를 좀 더 상대적으로 균형 있게 바라보고 또 좀 더 다원적인 태도를 취할 수 있었던 것은 하나같이 포스트모더니즘 덕분이다. 더구나 나는 단순히 이 새로운 이론을 국내에 소개하는 것 못지 않게 그 이론을 도입하여 우리 문학과 문화 현상을 새롭게 조명해 보려고 애썼다.

아무쪼록 이 작은 책이 20세기 중엽 이후의 세계를 조망할 수 있는 작은 창문이 되기를 바라마지 않는다. 창문이

작다고 바깥세상을 바라볼 수 없는 것은 아니다. 오히려 좀 더 뚜렷이 바라볼 수 있다는 이점이 있다. 이 책이 나오기까지 그동안 격려를 아끼지 않고 집필을 독려해 주신 연세대학교 유럽사회문화연구소 소장 김용민 교수님과 이 시리즈의 편집을 맡고 있는 박은경 선생에게 깊은 감사를 드린다.

2008년 여름
노스캐롤라이나 채플힐에서
김욱동

제1장
모더니즘에서 포스트모더니즘으로

포스트모더니즘은 현대 사상이나 이론 중에서 가장 뒤늦게 태어난 늦둥이 중의 늦둥이라고 할 수 있다. 서구에서 포스트모더니즘을 처음 논의하기 시작한 것은 1960년대이고, 그 뒤 1970년대와 1980년대에 걸쳐 가히 백화쟁명의 시대를 맞았다. 지금은 잠시 소강상태를 맞고 있는 듯하지만 21세기의 문턱을 막 넘어선 지금에도 포스트모더니즘은 아직도 그 위세가 누그러지지 않은 채 여전히 큰 힘을 떨치고 있다. 늦게 얻은 귀한 자식이라서 늦둥이가 흔히 부모의 귀여움과 사랑을 독차지하듯이 현대 사상이나 이론의 늦둥이인 포스트모더니즘도 뭇사람한테서 큰 관심을 받아왔다.

그런데도 몇몇 이론가는 차라투스트라의 입을 빌려 신의 죽음을 선포한 프리드리히 니체처럼 포스트모더니즘에 사망 선고를 내린다. 그들은 포스트모더니즘이 이제 유행이 지난 의상처럼 낡은 사조나 이론에 지나지 않는다고 지적한다. 예를 들어 1997년 노벨문학상을 받은 이탈리아의 극작가 다리오 포는 한 인터뷰에서 포스트모더니즘이 '이미 사라져버린 일종의 유행'이라고 잘라 말한다. 영국의 이론가 존 프로는 포스트모더니즘을 정의하는 한 논문에서 "포스트모더니즘이란 무엇인가?"라는 물음 대신에 아예 과거시제로 "포스트모더니즘이란 무엇이었나?"라는 물음을 던진다.[1)]

그러나 포스트모더니즘이 이미 사망하여 그 효력을 잃었다는 주장은 너무 성급하게 내린 결론이다. 니체의 선언과는 관계없이 신이 아직도 건재하듯 몇몇 이론가의 주장에도 아랑곳하지 않고 포스트모더니즘은 여전히 맹위를 떨치고 있다. 포스트모더니즘은 비린내 나는 물 지난 생선 같은 이론이 아니라 탁 트인 들판에 부는 오월 훈풍처럼 싱그러운 이론이다. 포스트모더니즘은 현대인의 삶 속에 깊이 들어와 알게 모르게 영향을 끼치고 있기 때문에 이제 포스트모더니즘을 말하지 않고 오늘날의 세계를 말할 수 없는 단계에 이르렀다.

그러므로 포스트모더니즘을 부정하는 것은 곧 우리가 살고 있는 세계를 부정하는 것과 크게 다르지 않다. 이 점과 관련하여 미국의 마르크스주의 이론가 프레드릭 제임슨의 말은 귀담아 들을 만하다. 그는 "우리는 포스트모더니즘이라는 문화 안에 살고 있기 때문에 그것을 무턱대고 찬양하는 것이 자족적이고 타락한 태도인 만큼 그것을 경솔하게 부인하는 것도 불가능하다."[2)]라고 밝힌다. 세계 정치에서 유행 의상, 그리고 현대식 주방 기구에 이르기까지 포스트모더니즘은 이제 현대 삶의 구석구석까지 침투해 있다고 할 수 있다.

1 아르키메데스의 지렛대

모든 '이즘'과 '주의' 가운데에서도 포스트모더니즘만큼 정의를 내리기 힘든 이론도 찾아보기 쉽지 않다. 그런데 여기에는 그럴 만한 까닭이 있다. 어떤 의미에서 포스트모더니즘은 갓 태어난 어린아이처럼 아직도 뼈가 제대로 굳어 있다고 보기 어렵다. 성장하는 어린아이처럼 포스트모더니즘도 앞으로 어떠한 모습으로 발전하게 될는지 시간을 두고 좀 더 지켜보아야 한다. 포스트모더니즘을 정의내리기 그토록 어려운 것은 이미 사망 선고를 받은 낡은 이론이기 때문이 아니라 오히려 지금도 계속 성장하고 발전하고 있는 이론이기 때문이다.

또한 포스트모더니즘은 다양한 분야와 영역에 걸쳐 폭넓게 나타나기 때문에 정의를 내리기가 쉽지 않다. 서양의 한 이론가는 포스트모더니즘의 이러한 속성을 '건축에서 동물학까지'라는 말로 부른 적이 있다. 우리말로 옮기는 과정에서 말장난의 묘미를 모두 놓치고 말았지만, 건축이라는 말은 영어 알파벳 'A'자로 시작하고 동물학은 'Z'자로 시작한다. 그러니까 영어로 'A부터 Z까지'라고 하면 '알파에서 오메가까지'라는 표현과 마찬가지로 '처음부터 끝까지' 또는 '하나에서 열까지' 모든 것을 포함한다는 뜻이다. 차라리 우리말로 '가구에서 화장품까지'라고 하면 그 뜻이 금방 떠오를 것이다.

더구나 분야나 영역에 따라 저마다 포스트모더니즘이라는 용어를 조금씩 다르게 사용하기 때문에 문제는 더욱 복잡해진다. 예를 들어 건축이나 미술에서 사용하는 포스트모더니즘이 다르고, 문학이나 음악에서 사용하는 포스트모더니즘이 다르다. 문화의 영역에서 벗어나 철학 사상이나 사회 이론으로 옮아오면 더더욱 그러하다. 그리하여 포스트모더니즘이란 바로 포스트모더니즘 그 자체에 관한 일련의 개념이나 토론으로 정의를 내릴 수 있다고 빈정대는 이론가마저 있다.

여기에서 잠시 건축에서 말하는 포스트모더니즘과 문학에서 말하는 포스트모더니즘을 짚고 넘어가는 것이 좋을 것 같다. 잘 알려진 바와 같이 포스트모더니즘을 문예 개념으로 처음 사용하기 시작한 것은 다름 아닌 건축 분야에서였다. 포스트모더니즘 건축은 '바우하우스 계획'으로 잘 알려진 인터내셔널 스타일의 모더니즘 건축 양식에 대한 비판으로 시작되었다. 미스 판 데어 로헤와 발터 그로피우스 그리고 르코르뷔지에 같은 건축가들이 처음 주창한 모더니즘 건축 양식은 과거의 전통이나 인습과 결별하고 '용감한 신세계'를 건설하려는 원대한 꿈을 간직하고 있었다. 극도의 기능주의와 효율성과 경제성 그리고 순수성의 특성을 강조하는 모더니즘 건축은 주거 공간인 집을 '인간이 사는 기계'라고 부르는 데에서도 단적으로 드러난다. 노먼 포스터가 설계한 홍콩 및 상하이(上海)은행 건물, 리처드 로저스가 설계한 런던의 로이즈 보험회사 건물은 가장 대표적인 모더니즘 건축물로 일컫는다. 더러 예외가 없는 것은 아니지만 지금 세계 곳곳의 대도시를 온통 뒤덮고 있는 마천루 건물은 거의 대부분 모더니즘 건축 양식이라고 하여도 크게 틀리지 않다.

그러나 1970년대에 들어오면서부터 찰스 무어, 마이클 그레이브스, 헬무트 얀, 리카르도 보필, 알도 로시, 그리고 제임스 스털링 같은 건축가들이 이 모더니즘 건축 양식을 문제 삼기 시작하였다. 역사적 절충주의의 입장을 취하는 포스트모더니즘 건축가들은 모더니즘 건축가들과는 달리 과거의 전통과 인습 그리고 대중문화에 기반을 둔 온갖 스타일에 무게를 싣는다. 또한 형상이나 장식적 요소 또는 과장된 개인적 취향에 좀 더 깊은 관심을 기울인다. '신합리주의적', '신고전주의적', '역사주의적', 또는 '신고딕 양식적' 같은 표현은 하나같이 포스트모더니즘 건축의 이러한 특징을 가리키는 말이다.

예를 들어 필립 존슨이 설계한 뉴욕 맨해튼의 미국전신전화회사(AT&T) 건물, 존 포트먼이 설계한 로스앤젤레스의 보너벤처 호텔, 뉴올리언스의 이탈리아계 미국인 지역에 찰스 무어가 설계한 피아자 디탈리아 건물, 그리고 이탈리아 건축가 렌조 피아노와 영국의 리처드 로저스가 공동으로 설계한 파리의 조르주 퐁피두센터 등은 가장 대표적인 포스트모더니즘 건축으로 꼽힌다. 또한 로버트 벤투리 같은 건축가들은 모더니즘의 순수성과 엘리트주의에서 벗어나 다양성과 복잡성을 추구하는 라스베이거스의 스트립 지역을 대표적인 포스트모더니즘 건축 양식으로 간주하기도 한다. 스트립 지역이야말로 엘리트주의적인 순수성에서 벗어나 복고주의적이고 절충적이며 일반 대중에게 좀 더 가까이 다가간다는 점에서 '일상성의 상징'이라는 것이다.

그런데 여기에서 한 가지 눈여겨보아야 할 것은 건축 분야에서 나타난 포스트모더니즘이 문학을 비롯한 다른 분야에서 일어난 포스트모더니즘과는 그 성격이 조금 다르다는 점이다. 건축의 포스트모더니즘에서는 고전주의적이고 네오-리얼리즘적인 경향이 꽤 강하게 드러나는 반면, 문학에서는 여전히 이러한 경향에 의혹의 눈길을 보낸다. 바꾸어 말해서 건축 분야에서는 여전히 재현성이나 표상성을 중시한다면, 문학 분야에서는 그러한 특성을 중요하게 간주하지 않는다. 비록 정도의 차이는 있을망정 이러한 현상은 미술과 문학에서도 마찬가지로 엿볼 수 있다. 그렇다면 문학에서 말하는 포스트모더니즘은 건축이나 미술에서는 오히려 '프리-포스트모더니즘'이라고 불러야 할 것이다.

물론 포스트모더니즘 건축을 단순히 복고주의적 관점에서 파악하려는 태도에 문제를 제기하는 이론가들이 없는 것은 아니다. 가령 찰스 젱킨스는 포스트모더니즘 건축이 '다의적(多義的)'이거나 '복수적 기호 체계'를 지닌다고 지적한다. 포스트모더니즘 건축이 단순히 과거로 회귀하기보다는 과거와 현재 사이에 끊임없이 대화를 시도한다는 것이다. 포스트모더니즘의 이러한 태도를 두고 젱크스는 '급진적 절충주의'라는 말로 표현한다.[3] 비록 그의 이론을 염두에 둔다고 하여도 건축에 나타나는 포스트모더니즘은 모더니즘의 순수성이나 절대성에 반기를 든 채 오히려 절충적이고 상대적인 태도에 무게를 싣고 있음은 부정할 수가 없다. 문학과 음악 같은 예술 분야에서는 얼마든지 실험성을 밀고나갈 수 있지만 막상 사람이 살아야 하는 주거 공간을 두고 실험을 하는 데에는 어쩔 수 없이 한계가 따를 수밖에 없기 때문이다.

또한 포스트모더니즘은 여러 분야에 걸쳐 두루 나타나기 때문에 정의를 내리기가 적잖이 어렵다. 오늘날 직접 또는 간접으로 포스트모더니즘의 영향을 받고 있지 않은 분야가 거의 없다시피 하다. 문학과 예술을 비롯한 문화는 말할 것도 없고 가령 철학 · 신학 · 역사학 같은 인문학 분야에 포스트모더니즘은 크나큰 영향을 끼쳤다. 정치학 · 사회학 · 심리학 · 법학 · 지리학 같은 사회과학 분야도 예외가 아니다. 또한 물리학 · 생물학 · 임학 · 의학 · 공학 같은 자연과학 분야에서도 포스트모더니즘의 영향을 찾아보기란 그다지 어렵지 않다. 그런가 하면 최근에는 '포스트모더니즘 스포츠학'이니 '포스트모더니즘 의학'이니 '포스트모더니즘 엔지니어링'이니 하여 언뜻 포스트모더니즘과는 이렇다 할 관련이 없을 듯한 분야에서까지 포스트모더니즘은 그 힘을 떨치고 있다. 그러므로 '포스트모더니즘'이라는 단수형보다는 아예 '포스트모더니즘들'이라는 복수형으로 표기하여야 한다고 주장하는 학자들이 있다.

그런가 하면 포스트모더니즘은 본질이나 성격에서 정의를 내리기가 무척 어렵다. 포스트모더니즘이 이러저러하다고 정의를 내리는 것은 곧 포스트모더니즘의 기본 정신에 어긋나기 때문이다. 자칫 역설적으로 들릴는지 모르지만 뭐라고 딱 정의를 내릴 수 없다는 데 바로 포스트모더니즘의 특성이 있다. 어떤 의미에서는 정의를 내릴 수 없다는 것 그 자체가 포스트모더니즘을 규정짓는 중요한 속성 가운데 하나라고 할 수 있다. 다원성이나 상대성 또는 비결정성의 특징을 지니고 있는 탓에 포스트모더니즘은 어떤 다른 '이즘'이나 '주의'보다도 정의 내리기가 무척 어렵다. 추상적 개념이 흔히 그러하듯이 이 개념도 정의라는 울타리 안에 포함시키는 내용보다는 오히려 울타리 밖에 제외시키는 내용이 더 많다.

그러고 보니 포스트모더니즘에 정의를 내리려고 하는 이론가들은 저 고대 그리스 시대의 수학자요 물리학자인 아르키메데스와 비슷한 데가 있다. 기원전 3세기 번영을 누리던 시칠리아 섬의 도시국가 시라쿠사에서 태어난 그는 지레 장치를 비롯한 여러 발명품을 만들어 내어 인류의 삶에 크게 이바지한 사람으로 존경받는다. 어느 날 아르키메데스는 시라쿠사 왕 히에론에게 "긴 지렛대와 지렛목만 주면 지구라도 움직일 수 있지요." 라고 호언장담하였다는 일화는 아주 유명하다. 그러나 비록 그에게 지렛대와 지렛목을 주었어도 아르키메데스는 지구를 들어올릴 수는 없었을 것이다. 지구를 들어올리기 위해서는 무엇보다도 먼저 지구 밖으로 나가지 않으면 안 되기 때문이다. 마찬가지로 포스트모더니즘에 대하여 정의를 내리기 위해서도 포스트모더니즘의 기본 정신에 어긋나지 않을 수 없게 마련이다.

그렇다고 포스트모더니즘에 대하여 정의내리는 것이 아주 불가능한 것만은 아니다. 어떤 이론가들은 포스트모더니즘의 정체를 유령에 빗댄다. 이름만 떠돌 뿐 그 모습을 제대로 헤아리기란 여간 힘들지 않기 때문이다. 유령에 대하여 자주 입에 올리면서도 막상 그것을 보았다는 사람은 하나도 없다. 그러나 비록 어렴풋하게나마 유령의 윤곽을 그려 낼 수 있듯이 포스트모더니즘의 개념과 성격을 규명하는 일도 얼마든지 가능하다.

2 모더니즘에서 포스트모더니즘으로

포스트모더니즘을 가장 쉽고 또 올바르게 이해하기 위해서는 무엇보다도 먼저 그 명칭을 살펴볼 필요가 있다. 포스트모더니즘은 이 용어의 의미소(意味素)인 모더니즘과는 떼려야 뗄 수 없을 만큼 깊이 연관되어 있다. 두말할 나위 없이 포스트모더니즘은 '모더니즘'이라는 용어에 '포스트(post)'라는 접두어를 붙여 만들어 낸 말이다. 그러므로 포스트모더니즘에 관한 정의는 이 접두어를 어떻게 해석하느냐에 달려 있다고 하여도 크게 틀리지 않다.

접두어 '포스트'는 흔히 후시성(後時性), 즉 어떤 일이 다른 일보다 시간적으로 뒤늦게 일어나거나 나타나는 현상을 가리킬 때 사용하는 말이다. 이러한 의미에서 본다면 포스트모더니즘이란 바로 '모더니즘 이후에 나타난 현상'

을 뜻한다. 르네상스 이후 서구 문학사와 예술사로 좁혀 말하자면 (신)고전주의의 뒤를 이어 낭만주의가 활짝 꽃을 피웠고, 낭만주의의 꽃이 진 다음에는 그 뒤를 이어 리얼리즘이 모습을 드러내었다. 리얼리즘이 쇠퇴하자 이번에는 모더니즘이 나타났다. 그렇다면 포스트모더니즘은 바로 모더니즘의 바통을 이어받은 사조요 이론인 셈이다. 그러나 여전히 모더니즘이라는 의미소에 의존하는 것으로 보아 포스트모더니즘은 모더니즘을 완전히 대체하지는 않는다는 사실을 알 수 있다. 적어도 이 점에서 포스트모더니즘은 곧 '후기 모더니즘'으로 보아 크게 틀리지 않다. 줄잡아 말해서 제2차 세계대전 이후 서구 세계에 나타나기 시작한 새로운 예술 전통이나 문화적 지배소(支配素)나 그 밖의 분야에서 나타난 새로운 패러다임을 가리킨다.

한편 접두어 '포스트'는 단순히 시간적 차원만을 뜻하지는 않고 후시성을 뛰어넘어 비판과 단절을 뜻하기도 한다. 어떤 의미에서는 후시성을 가리킨다는 것 자체에서 벌써 그 이전의 현상과는 뭔가 다르다는 사실을 엿볼 수 있다. 다시 말해서 이 접두어는 어떤 식으로든지 모더니즘에 대한 비판이나 단절 또는 이탈 같은 가치 전도를 전제로 한다. 포스트모더니즘이 바로 그 전에 나타난 모더니즘과 동일한 것이라면 굳이 '포스트'라는 접두어를 붙일 까닭이 없을 것이다. 흔히 몇몇 이론가들이 포스트모더니즘을 반(反)모더니즘이나 탈(脫)모더니즘의 관점에서 이해하려고 하는 까닭이 바로 여기에 있다.

한마디로 포스트모더니즘은 한편으로는 모더니즘의 논

리적 연장이며 계승이요, 다른 한편으로는 모더니즘에 대한 비판적 반작용이며 단절이다. 이 점과 관련하여 캐나다 이론가 린더 허천은 "포스트모더니즘은 단순히 모더니즘과의 급진적 단절이 아니며, 그렇다고 하여 모더니즘과의 일직선적인 연속도 아니다. 포스트모더니즘은 '모두 둘 다'라는 입장을 취하는 동시에 '어느 쪽도 아니다'라는 입장을 취한다"[4]라고 발한다. 실제로 이러한 이중적이고 양면적인 특성을 먼저 고려하지 않고서는 포스트모더니즘의 개념을 올바로 파악하기 어렵다.

모더니즘은 무엇보다도 기성 전통이나 인습에 대한 비판과 그것으로부터의 단절과 이탈에서 시작한다. 모더니즘이 하나의 전통이라면 그것은 바로 '비(非)전통의 전통'이라고 할 수 있다. 모더니즘은 19세기의 부르주아 사회가 신봉하고 있던 사회-경제적 전통이나 인습 또는 도덕-철학적 전통과 인습을 모두 배격한다. 19세기의 전통적인 기성 가치관이 이제 더 20세기 현대인들에게 걸맞지 않는다고 생각하였기 때문이다. 어빙 하우의 지적대로 모더니스트들의 관점에서 보면 "일상적인 도덕성은 위선으로, 취향은 점잖은 도락(道樂)으로, 그리고 전통은 거추장스런 구속"으로 느껴질 뿐이다.[5] 그리하여 적지 않은 모더니스트들은 제임스 조이스의 소설 『젊은 예술가의 초상』(1916)의 주인공 스티븐 디덜러스처럼 역사란 '깨어나려고 몸부림치는 악몽'이라고 굳게 믿고 있었다. 모더니스트들은 이렇게 역사의 악몽에 깨어나 생존 가능한 새로운 가치관을 모색하려고 노력하였던 것이다.

모더니즘이 비판하고 도전하는 기성 전통이나 인습이 한두 가지가 아니지만 그 가운데에서도 특히 19세기에 걸쳐 유럽을 크게 휩쓴 문학과 예술 전통은 첫손가락에 꼽힌다. 그런데 이 무렵 유럽을 휩쓴 전통은 다름 아닌 리얼리즘이었다. 플라톤과 아리스토텔레스의 미메시스(모방설)에 이론적 기초를 두고 있는 리얼리즘은 우주나 자연 또는 삶의 실재(實在)를 '있는 그대로' 객관적으로 모방하거나 재현 또는 표상하는 것을 예술의 가장 큰 목표로 삼았다. 프랑스에서 처음 리얼리즘 문학 이론을 수립하는 데 크게 이바지한 에드몽 뒤랑티의 말대로 이 문학 전통은 "사회적 환경과 당대의 세계를 있는 그대로 완전하게 그리고 충실하게 재현하는 데"[6] 목적을 두었다.

모더니즘은 바로 리얼리즘의 이러한 입장에 정면으로 반기를 든다. 다원적이고 상대적인 모더니즘은 우주나 자연 또는 실재에 대하여 리얼리즘과는 전혀 다른 입장을 취한다. 리얼리즘이 삶의 실재를 객관적이고 확고 불변한 것으로 파악하려고 한 반면, 모더니즘은 어디까지나 주관적이며 상대적인 것으로 파악하려고 한다. 모더니스트들에게 삶의 모습이란 그 정체를 쉽게 파악할 수 없을 만큼 아주 복잡하고 변화무쌍하다.

모더니즘의 이러한 입장에 대하여 영국의 비평가 월터 페이터는 "작가는 의식적이건 무의식적이건 우주나 사실을 묘사하는 대신 얼마나 그것에 대한 자신의 느낌을 묘사하는 것을 목표로 삼느냐에 따라 훌륭한 예술가가 되며 그의 작품은 훌륭한 작품이 된다."[7]라고 지적하였다. 모더니즘을 굳건한 발판에 올려놓은 버지니아 울프도 작중인물을 사실적으로 묘사하였느냐에 따라 소설의 성공과 실패가 달려 있다는 아널드 베니트의 주장을 공박하면서 작품에서는 무엇보다도 주관적 경험이 소중하다고 역설하였다.

이렇게 과거의 전통이나 인습과의 단절과 이탈을 꾀하는 모더니즘은 주관성과 개인주의에 좀 더 무게를 싣는다. 19세기 말엽과 20세기 초엽 주관성과 개인주의를 강조하는 새로운 철학이 나타나기 시작하였다. 영국의 철학자 E. H. 브래들리의 절대적 관념론에 정면으로 반기를 든 J. E. 맥태거트는 우주는 인간의 자아로 이루어져 있으며, 자아는 다시 자신에 대한 지각과 서로 각자에 대한 지각으로 이루어져 있다고 지적하였다. 그런데 맥태거트의 개인적 관념론은 어떤 점에서는 데이비드 흄이 주장한 인성론과 맥을 같이 한다. 흄도 인성을 여러 지각이 모여 있는 상태로 보았다. 흄에게 인간의 정신은 마치 극장 무대와 같아서 그곳에는 온갖 지각이 쉴 새 없이 나타났다 사라졌다 한다. 루트비히 비트겐슈타인도 우리가 살고 있는 세계는 '사물'이 아니라 '사실'로 이루어져 있으며, 그 세계는 바로 '나'의 세계라고 주장함으로써 객체 쪽보다는 주체 쪽에 무게를 실었다.

모더니즘은 바로 이렇게 주관성과 그것에 기초를 두고 있는 개인주의를 그 기본 원칙으로 삼는다. 객체보다는 주체, 외적 경험보다는 내적 경험, 그리고 집단의식보다는 개인의식을 훨씬 더 소중하게 여긴다. 현상 세계와 인간의 자아 사이에 유기적인 상호 관련성을 받아들이던 19세기 작가들과는 달리, 모더니즘의 작가들은 가치와 진리란 하나같이 오직 '나'한테서 비롯한다고 굳게 믿었다. 이 점과 관련하여 아나톨 프랑스는 "우리는 누구나 모든 것을 우리 자신의 척도로써만 판단한다. 그밖에 달리 어떻게 판단할 수 있단 말인가? 판단한다는 것은 서로를 비교하는 일인데 우리는 우리 자신이라는 척도 하나밖에는 갖고 있지 않으며, 이것마저도 끊임없이 변하고 있다. 우리는 모두 변하기 쉬운 외견(外見)의 노리개에 지나지 않는다."[8]라고 밝힌다.

모더니즘 작가들은 흔히 당대 사회 현실의 객관적인 묘사보다는 주관적인 내면세계와 내적 경험에 깊은 관심을 기울인다. 조셉 콘래드와 헨리 제임스는 인간의 미묘한 심리적 갈등을 즐겨 다루었으며, 제임스 조이스와 D. H. 로런스도 개인의 참다운 자유와 정체성을 추구하는 작중인물을 즐겨 다루었다. 특히 버지니아 울프는 「현대소설」에서 전통적인 소설가들이 흔히 무시해 온 내면세계를 탐구할 것을 주장함으로써 모더니즘 소설에 굵직한 획을 그었다.

> 삶의 내면을 들여다보면 우리가 이제까지 생각해 왔던 것과는 전혀 다르다는 사실을 깨닫게 된다. (……) 삶은 한 줄로 가지런히 나열해 놓은 마차 램프가 아니다. 삶은 빛을 발하는 후광(後光), 의식의 처음부터 끝까지 우리를 에워싸고 있는 반투명한 외피(外皮)이다. 소설가의 임무란 될 수 있는 대로 이질적인 외부 세계와 독립하여 이렇게 변화무쌍하고 아직 알려져 있지 않은 영혼을 전달하는 것이 아니겠는가?[9]

여기에서 울프는 모더니즘 작가들이 외적 현상 세계보다는 인간 의식의 내적 구조에 훨씬 깊은 관심을 기울인다고 지적한다. 그런데 내면세계를 인지하고 경험하는 데에는 주체의 정신 활동이 무엇보다도 중요하다. 인간 의식은 울프나 조이스의 작품에서 흔히 볼 수 있듯이 외부 세계로부터의 자극을 단순히 수동적으로 받아들이는 것이 아니라 오히려 능동적으로 의미를 창출하고 실재를 구성한다.

또한 모더니즘은 예술의 심미성과 자기목적성(自己目的性)을 강조한다는 점에서도 그 이전의 사조나 이론과는 다르다. 예를 들어 자연이나 우주 또는 삶의 실재를 모방하거나 재현 또는 표상하는 것을 가장 중요한 미학 원칙으로 삼고 있는 리얼리즘에서 예술은 예술로서의 합목적성보다는 오히려 도구나 수단으로서의 역할을 중시하였다. 리얼리즘 문학은 윤리-도덕적으로 또는 사회-정치적으로 어떤 뚜렷한 목적성을 지니고 있었다. 그러나 19세기 말엽에 들어서면서부터 문학의 이러한 도구적 기능은 심각한 도전을 받기 시작하였다. 특히 오스카 와일드와 월터 페이터 같은 심미주의의 작가들과 이론가들은 예술을 한낱 도구나 수단으로 삼으려는 입장에 정면으로 반기를 들고 나섰다.

예를 들어 포드 매덕스 포드는 영국 소설에 대하여 언급하면서 영국 소설은 "1892년이나 그 무렵에 비로소 의식이 깨기 시작하였다."[10]라고 지적하였다. 그런데 여기에서 1892년이나 그 무렵이란 다름 아닌 조셉 콘래드와 헨리 제임스가 전통적인 소설의 테두리에서 벗어나 모더니즘 전통에 가까운 작품을 발표하기 시작한 시기를 말한다. "우리가 시를 간주할 때는 무엇보다도 시로서 간주하여야 하지 시 말고 다른 어떤 것으로 간주해서는 안 된다."[11]라는 T. S. 엘리엇의 말은 이러한 입장을 단적으로 지적한 것이다. 이렇게 모더니즘은 문학을 문학 외적인 기능으로부터 해방시킴으로써 문학을 본래의 영역으로 끌어들이는 데 크게 이바지하였다.

모더니즘이 추구하는 문학의 심미성과 자기목적성은 귀스타브 플로베르가 예술 목표로 삼았던 비공리적인 문학과 아주 비슷하다. 플로베르는 1852년 그의 정부(情婦) 루이즈 콜레에게 보낸 한 편지에서 "내가 집필하고 싶은 책은 나에게 아름답게 보이는 책, 즉 외적인 것과는 아무런 관계없이 오직 스타일의 내적인 힘에 따라서만 유지되는 책이다. (……) 그 책은 가능하다면 실질적으로 아무런 주제가 없거나, 적어도 주제가 거의 눈에 드러나지 않는 작품을 말한다."[12]라고 말한다. 또 플로베르는 1857년 샤를 보들레르에게 보낸 한 편지에서도 "내가 당신의 작품에서 무엇보다도 가장 좋아하는 것은 예술이 우선한다는 점이다."라고 밝힌다.

더구나 모더니즘은 세계관에서 실존주의와 매우 깊은 관련을 맺고 있다. 대부분의 모더니즘 작가들은 비록 이론적인 철학가들은 아니었지만 현대인이 놓여 있는 인간 조건을 실존주의적 관점에서 즐겨 다룬다. 데이미언 그랜트를 비롯한 학자들의 지적대로 20세기에 들어와 철학적 사고를 한 사람들은 전문적인 철학가들보다는 오히려 예술가들이었다. 또한 실존주의라는 것도 엄밀히 따지고 보면 추상적인 명제로 이루어진 체계적인 철학이라기보다는 장-폴 사르트르의 말대로 '철학의 파편', 즉 삶에 대한 여러 구체적인 견해나 태도를 가리키는 편리한 꼬리표에 지나지 않는다.

모더니즘 작가들은 실존주의자들처럼 20세기 현대인이 놓여 있는 비극적 상황에 남다른 관심을 기울인다. 첫째, 삶을 무의미한 것으로 받아들이는 모더니즘 작가들은 허무주의와 공허감을 현대인의 일용할 양식으로 간주한다. 그들은 삶을 비극적으로 간주하되 삶 자체를 포기하지는 않는다. 둘째, 모더니즘 작가들은 개인과 사회 사이에서 빚어지는 갈등과 긴장을 즐겨 다룬다. 모더니즘 작품에서 주인공들은 개인의 자유를 억압하는 온갖 사회적 힘에 맞서 용기 있게 투쟁을 벌인다. 셋째, 모더니즘 작가들은 사회의 억압에서 벗어나기 위하여 능동적으로 자유 의지를 행사하여 삶을 선택한다. 이 점에서 모더니즘은 전통적인 리얼리즘이나 자연주의 작품에서 주인공들이 유전이나 환경의 영향을 받는 것과는 큰 차이가 난다. 넷째, 모더니즘 작가들은 소외와 고립을 중요한 주제로 다룬다. 자유 의지를 행사하여 사회의 규범이나 인습의 굴레에서 벗어나 정체성을 지키기 위하여 개인이 치러야 할 값비싼 대가는 바로 소외와 고립이기 때문이다.

마지막으로, 모더니즘 작가는 무신론적 실존주의자들처럼 신(神) 같은 초월적 존재가 없는 이 세계에서 살아가는 방법을 터득하려고 애쓴다. 장-폴 사르트르는 만약 신이 존재하지 않는다면 적어도 실존이 본질보다 앞서는 존재, 즉 인간이 존재한다고 주장함으로써 신을 밀어내고 그 자리에 인간을 세워놓는다. 알베르 카뮈도 신을 믿는 것은 현세의 아름다움에 대한 '모욕'일 뿐만 아니라 더 나아가 '죄악'이라고까지 밝혔다. 또한 삶에 절망하는 것이 아니라 내세에 소망을 둠으로써 현세를 회피하는 것이야말로 인간의 비극이라 밝히기도 하였다.

그러나 모더니즘을 규정짓는 가장 중요한 특징은 무엇보다도 형식주의에서 찾아볼 수 있다. 어떤 의미에서 모더니즘은 곧 형식의 혁명이라고 할 만큼 형식이 모더니즘에서 차지하는 몫은 무척 크다. 엄밀히 따지고 보면 인간의 삶 자체는 그렇게 달라지지 않는다. 인간이 동굴 속에서 살던 저 원시 시대나 외계에 로켓을 쏘아 올리고 정보를 돈을 주고 사고판다는 21세기 정보 시대나 삶의 본질은 크게 달라진 것이 없다. 만약 달라진 것이 있다면 삶의 본질이 아니라 삶에 대한 태도나 스타일일 뿐이다. 그러므로 인간의 삶을 다루고 있는 문학은 흔히 주제나 내용보다는 그것을 표현하는 형식이나 기법에서 변화가 일어나게 마련이다.

그렇다면 모더니즘이 지향하는 문학 형식이란 과연 어떠한 것인가? 자칫 역설적으로 들릴는지 모르지만 한마디로 '무형식의 형식'이라고 할 수 있다. 언뜻 모더니즘 작품은 무질서하고 이지러지고 단편적으로 보일는지 모른다. 실제로 모더니즘 작가들은 삶을 바둑판처럼 가지런하고 정돈된 것으로 보기보다는 오히려 미로처럼 혼란스러운 것으로 본다. 평면거울이 아니라 오목거울이나 볼록거울에 비친 것처럼 사물이 왜곡되어 보이거나 꿈속의 사건처럼 단속적이고 단편적으로 드러나 보인다.

예를 들어 미국 작가 셔우드 앤더슨은 『와인즈버그, 오하이오』(1916)의 형식에 대하여 언급하면서 “삶이란 느슨하고 유동적인 것이다. 삶에는 플롯이 짜여 있는 이야기란 하나도 없다. (……) 그런데도 미국 작가들은 이러한 삶을 작은 꾸러미로 포장함으로써 오히려 삶을 배반하고 있다.”[13] 라고 불만을 털어놓은 적이 있다. 모더니즘 문학은 이렇게 유동적이고 느슨한 삶의 모습을 표현하기 위하여 그에 걸맞은 형식을 구사한다. 그리하여 리얼리즘 같은 전통적인 문학과는 달리 외적인 질서나 통일성보다는 내적인 통일성을 중요하게 다루려고 한다.

모더니즘은 플롯과 구성에서 전통적인 작품과 큰 차이점을 보여준다. 리얼리즘 전통에 서 있는 소설에서는 주로 연대기적인 서술 방식을 즐겨 사용한다. 주로 삼인칭 과거시제 화법으로 된 리얼리즘 작품은 유년 시절로부터 성년 또는 노년 시절로 접어드는 주인공의 인생 편력을 연대기적으로 다루는 것이 보통이었다. 그러나 모더니즘 소설은 될 수 있는 대로 이러한 연대기적이고 객관적인 서술 방법을 배격한다. 플롯의 진행에서는 비연대기적인 방법에 의존하고, 구성에서도 조셉 프랭크가 말하는 ‘공간 형식’을 주로 사용한다. 이미 앞에서 밝혔듯이 모더니즘 작가들은 버지니아 울프의 지적대로 삶을 ‘한 줄로 가지런히 나열해 놓은 마차 램프’로 보지 않고 오히려 ‘빛을 발하는 후광’이나 ‘의식의 처음부터 끝까지 우리를 에워싸고 있는 반투명한 외피'로 파악하려고 한다.

또한 모더니즘 작품에서는 작중인물이나 성격 형성에 관한 개념도 크게 바뀌었다. D. H. 로런스는 에드워드 가네트에게 보낸 한 편지에서 "내 소설에서는 전처럼 작중인물의 안정된 에고를 찾아서는 안 됩니다. 거기에는 다른 에고가 존재하는데, 그 에고의 행위를 가지고서는 개인을 식별할 수 없지요. 말하자면 그는 동소체적(同素體的)인 상태를 거치게 됩니다."[14]라고 밝힌다. 이렇게 로런스를 비롯한 모더니즘 작가들의 작품에서 작중인물은 전통적인 작중인물처럼 일관성 있게 행동하거나 쉽게 식별할 수 있는 특징을 지니고 있지 않다. 오히려 작가는 작중인물을 실체 없는 그림자처럼 만들거나, 아니면 어빙 하우의 말대로 "심리적인 전쟁터, 풀 수 없는 수수께끼, 또는 일련의 지각과 감각을 유발시키는 계기"[15]로 삼기 일쑤이다.

모더니즘은 관점 또는 시점에서도 전통적인 문학 전통과 뚜렷하게 차이가 난다. 가령 리얼리즘 소설에서는 주로 삼인칭의 전지적 시점을 즐겨 사용하였다. 작가는 마치 신과 같은 입장에서 작중인물들의 마음속을 마음대로 들락거리며 독자에게 그들이 생각하고 느끼는 바를 자유롭게 전달하였다. 이렇게 작중인물의 행동이나 생각은 어디까지나 작가의 관점이나 시점의 통제를 받았다. 그러면서 작가는 작품 곳곳에서 삶에 대한 자신의 생각과 의견을 전달하고, 독자의 어깨를 툭툭 치며 그 생각과 의견에 주목해 보라고 권한다.

그러나 20세기에 들어서면서부터 이러한 관점이나 시점

그리고 작가의 개입은 크게 도전을 받기 시작하였다. 헨리 제임스는 1909년에 쓴 『어느 부인의 초상』(1881)의 서문에서 "소설의 집에는 창문이 하나만 달려 있지 않고 수백만 개나 달려 있다."[16]라고 밝힌다. 소설에 나타난 세계는 바라보는 사람의 관점이나 시점에 따라 그 의미가 얼마든지 달라질 수 있다는 말이다. 조셉 콘래드도 『나르시소스 호(號)의 흑인』(1897)과 『로드 짐』(1900) 그리고 『서구인의 눈으로』(1910) 같은 작품에서 전통적인 소설에서 사용하던 전지적 화법을 과감하게 버리고 하나 이상의 복수적 관점을 사용한다. 이러한 기법은 어디까지나 삶의 실재를 다양하게 바라보려는 상대주의적이고 다원주의적인 세계관과 맞닿아 있다. 모더니즘 작가들은 흔히 파블로 피카소와 조르주 브라크의 큐비즘(입체파)에서 큰 영향을 받았다.

그런가 하면 모더니즘에서 기법과 형식의 혁명은 무엇보다도 인간 의식에 대한 새로운 관념에서도 엿볼 수 있다. 19세기 말엽부터 인간 의식에서 그야말로 혁명적인 변화가 일어나기 시작하였다. 그 동안 과학적 합리주의의 그늘 밑에 가려져 있던 무의식과 잠재의식의 세계가 처음으로 빛을 보게 되었다. 많은 심리학자들과 예술가들은 이제 의식 세계 못지않게 무의식이나 잠재의식의 세계가 중요하다는 점을 깨닫기 시작하였다. 이와 더불어 인간 의식을 마치 단층처럼 여러 겹으로 이루어져 있다고 보았다. 과거는 언제나 의식의 층 어딘가에 존재하면서 현재의 행위에 끊임없이 영향을 끼치고 있다는 것이다.

더구나 인간 의식과 마찬가지로 시간에 관한 생각에서

도 매우 혁신적인 변화가 일어나기 시작하였다. 프랑스의 철학가 앙리 베르그송은 지속성의 이론에서 시간을 측정 단위가 아닌 삶의 경험이라는 관점에서 파악하려고 하였다. 주로 공간의 관점에서 삶의 문제를 파악하려는 종래의 유물론적 사고를 날카롭게 비판하면서 베르그송은 공간적 분석 방법으로 해결할 수 없는 현상이 이 세계에는 얼마든지 있다고 지적하였다. 베르그송에 따르면 시간은 무엇보다도 개인적이고 주관적이며 유기적이고 심리적인 특성을 지닌다. 한편 미국의 심리학자 윌리엄 제임스는 이른바 '외양적 현재' 이론을 주창하였다. 이 이론에 따르면 현재의 순간은 인간의 의식 속에 존재하지 않으며, 인간 의식이란 어디까지나 과거와 미래, 회고와 기대가 끊임없이 혼합된 산물에 지나지 않는다.

베르그송이나 제임스의 시간관은 모더니즘의 기법에 꽤 큰 영향을 미쳤다. 로이 캠벨은 "모더니즘 예술가들은 마치 빅토리아 예술가들이 도덕성에 대한 강박관념에 사로잡혀 있었던 것처럼 시간에 대한 강박관념에 사로잡혀 있다."[17]라고 지적한다. 이렇게 시간에 대하여 일종의 강박관념을 지니고 있던 모더니스트들은 과거 작가들보다 훨씬 더 유동적이고 주관적인 관점에서 시간을 파악하려고 하였다. 모더니즘 기법을 기술하는 꼬리표가 되다시피 한 '의식의 흐름'이니 '내면 독백'이니 하는 기법은 바로 시간에 대한 새로운 태도에서 생겨난 것이다.

『심리학의 원리』(1890)에서 윌리엄 제임스가 처음으로 사용한 의식의 흐름이란 용어는 본디 인간의 내적 경험의 유동성을 가리키는 말이었다. 그러나 문학의 기법과 관련하여 사용할 때에는 작중인물의 의식 속에 아무런 논리적 연관성이 없이 강물처럼 잡다하게 흐르는 감각 . 생각 . 감정 . 기억 . 연상 . 인상 따위를 묘사하는 것을 뜻한다. 이렇게 무질서하고 유동적인 의식 상태를 될 수 있는 대로 충실히 재현하기 위하여 모더니즘 작가들은 그러한 상태와 매우 비슷한 단어나 이미지 또는 관념을 사용한다. 의식의 흐름 기법에서 사용한 문장이 흔히 문법에 어긋나거나 단편적인 까닭이 바로 여기에 있다. 언어적 논리보다는 오히려 심리적 연관성에 무게를 싣기 때문이다.

모더니즘 기법의 특성은 신화의 사용에서도 엿볼 수 있다. 인류학이나 심리학이 발전하면서 처음 빛을 보게 된 신화는 모더니즘 문학에서 본격적으로 각광을 받기 시작하였다. 직접 또는 간접적으로 모더니즘이 발전하는 데 크게 도움을 주었을 뿐만 아니라 모더니즘의 새로운 기법에도 크게 이바지하였다. 첫째, 신화는 시간과 공간을 초월한 보편타당성 있는 삶의 문제를 다룸으로써 편협하고 국수주의적인 문학관에서 벗어나 좀 더 범세계적인 문학관을 갖도록 해주었다. 둘째, 오직 신(神) 같은 초월적인 존재자에게나 속하는 것으로 생각하던 창조적 행위를 예술가에게 부여함으로써 신화는 예술가의 역할을 정당화해 주었다. 셋째, 신화는 인간을 18세기와 19세기의 과학적 합리주의로부터 해방시키고 비이성적인 존재와 상대주의적인 사고 유형을 강조함으로써 삶에 좀 더 균형 잡힌 태도를 가질 수 있도록 해주었다. 넷째, 신화는 상상력의 문을 활짝 열어놓음으로써 문학과 예술의 창작을 촉진시키는 결과를 낳았다.

그러나 무엇보다도 신화가 모더니즘 문학에 끼친 영향이라면 기법에서 찾아야 할 것 같다. 앞에서도 밝혔지만 모더니즘 문학은 19세기 리얼리즘 문학과 비교해 볼 때 플롯의 구성이나 짜임새가 훨씬 산만하고 느슨하다. 그런데 많은 모더니즘 작가들은 그들의 작품에 신화나 신화적인 원형을 사용함으로써 산만한 구성을 보완하려고 하였다. 바꾸어 말해서 그들은 작품을 좀 더 체계적이고 일관성 있게 조직하는 데 신화를 빌려왔다. 가령 T. S. 엘리엇은 조이스가 『율리시스』에서 호메로스의 오디세이아 신화를 구성의 틀로 사용하고 있는 것을 마치 과학적 발견에 견준다.

> 신화를 사용함으로써, 현재와 고대 사이에서 지속적인 유사점을 교묘히 다룸으로써 조이스는 다른 작가들도 본받아야 할 방법을 추구한다. (……) 신화는 오직 현대 역사를 이루고 있는, 파노라마처럼 넓게 펼쳐진 공허감과 무정부 상태를 제어하고 통제하며 그것에 형체와 의미를 부여해 주는 한 방법에 지나지 않는다.[18)]

엘리엇은 조이스가 그의 작품에서 공허감과 무정부 상태가 지배하는 현대 역사를 제어하고 통제하는 방법으로 신화를 사용하고 있는 점을 높이 평가한다. 그러면서 이 신화 방법이 '전망이 매우 밝은 방법'이라고 밝히면서 앞으로 모더니즘 작가들이 조이스처럼 이 기법을 많이 사용할 것으로 내다본다.

3 미셸 푸코의 에피스테메

포스트모더니즘이 모더니즘과 맺고 있는 관계를 좀 더 쉽게 깨닫기 위해서는 여기에서 잠깐 프랑스의 이론가 미셸 푸코의 '에피스테메(認識素)'의 개념을 살펴보는 것이 좋을 것 같다. 우리에게도 잘 알려진 두 저서 『말과 사물』(1966)과 『지식의 고고학』(1969)에서 푸코는 가스통 바슐라르가 처음 썼던 용어를 빌려 에피스테메의 개념을 도입한다. 푸코에 따르면 에피스테메란 "주어진 어느 한 시기에 인식론적 형상과 과학 그리고 형식화된 체계를 만들어 내는 담론적 실천을 결합하는 여러 관계의 총체적 집합"이라고 정의를 내린다. 또는 "여러 형태의 경험 과학을 만들어 낸 지식 공간의 윤곽"이라고 설명하기도 한다. 좀 더 쉬운 말로 바꾼다면, 에피스테메란 어느 특정한 시대를 지배하는 인식의 무의식적 체계를 말한다. 즉 특정한 시대에 걸쳐 나타나는 고유한 이론을 특징짓는 기본 단위로서 인식론적 지평이나 문화 구조를 규명하는 데 필요한 사유 형식이라고 할 수 있다. 한마디로 한 시대를 규정짓는 '인식론적 무의식'이 곧 에피스테메이다.

푸코는 '인간학의 고고학'이라는 부제가 붙어 있는 『말과 사물』에서 서구 문화에서 두 번에 걸쳐 에피스테메에 급진적 단절이 일어났다고 주장한다. 첫 번째 단절이 고전주의 시대를 열었고, 두 번째 단절이 바로 근대를 열었다는 것이다. 이러한 단절에 따라 푸코는 서구 문화와 역사를 1) 전(前)고전주의적 에피스테메, 2) 고전주의적 에피스테메, 3) 근대적 에피스테메 등 크게 세 가지로 나눈다.[19] 이러한 역사 구분은 아널드 토인비가 일찍이 서구 역사를 고대(675-1075), 중세(1075-1475), 근대(1475-1875), 포스트근대(1875-)의 네 시기로 나눈 것과 비슷하다.

서구 역사에서 줄잡아 17세기 중엽까지 계속된 전고전주의적 또는 르네상스적 에피스테메에서는 유사성의 개념이 가장 지배적인 범주였다. 말과 사물이 아직 갈등이나 충돌을 일으키지 않고 서로 조화와 균형을 꾀하며 평화롭게 공존하였다. 이 무렵 원전 텍스트에 대한 주석이나 해석은 한결같이 유사성의 관점에서 이루어졌으며, 상징의 활동을 조직하고 사물을 표상하는 일도 하나같이 유사성의 원칙에 따라 이루어졌다. 의미를 찾아내고 기호를 지배하는 법칙을 발견하는 일은 궁극적으로 유사성을 찾아내는 일과 크게 다르지 않기 때문이다.

한편 17세기 중엽부터 18세기 말엽까지 계속된 고전주의적 에피스테메에서는 거의 모든 영역에 걸쳐 크나큰 변화를 맞게 된다. 모든 질서에서 보편적인 토대로 사용하던 표상은 점차 사라져 버리고, 표상과 사물 사이에서 연결 고리 구실을 하던 언어도 그 힘을 잃기 시작하였다. 이렇게 전고전주의적 에피스테메를 지배하던 유사성은 이제 설득력을 잃었고, 그 대신 차별성이 무엇보다도 가장 지배적인 범주로 떠오르면서 유추와 분석이 핵심적 방법론으로 대두되었다. 말과 사물 사이에 분리 현상이 나타나기 시작한 것도 바로 이 무렵이었다. 이 무렵 대수학이나 분류학 또는 발생학 같은 학문이 그 모습을 처음 드러낸 것은 결코 우연한 일이 아니다. 합리주의적이고 분석적인 방법론을 처음으로 세운 르네 데카르트는 바로 이러한 에피스테메를 보여 주는 가장 대표적인 이론가로 꼽힌다.

세 에피스테메 가운데에서 맨 마지막 단계인 근대적 에피스테메는 18세기 말엽부터 20세기 중엽에 이르기까지 줄잡아 두 세기에 걸쳐 계속되었다. 그러니까 이 에피스테메는 구조주의가 핵심적 방법론으로 떠오르기 시작한 시기 바로 앞에서 끝난다고 할 수 있다. 한마디로 계몽주의 이후 새로이 나타난 모든 전통이나 사조 또는 이론이 사실상 이 범주에 들어간다. 그런데 근대적 에피스테메는 가시적인 표층 뒤에 숨어 있는 불가시적인 심층 구조를 찾아내려고 하는 데 바로 그 특징이 있다. 이러한 탐색에는 마땅히 인간 조건에 대한 관심이 따르게 마련이다. 이 무렵에 이르러 인류학이나 심리학 또는 사회학 같은 행동과학이, 그리고 언어학이나 생물학 또는 경제학 같은 분야가 중요한 학문 영역으로 떠오른 것은 바로 그 때문이다. 이 가운데에서도 특히 생물학과 언어학 그리고 경제학은 현대 생활에서 가장 핵심적 학문 분야로 발전하게 되었다.

푸코는 이렇게 에피스테메를 모두 세 갈래로 나누고 있지만 역사의 수레바퀴는 비단 여기에서 멈추지 않는다. 파란만장한 20세기의 긴 터널을 지나 21세기의 문턱에 들어선 지금, 20세기 중엽 이후 근대적 에피스테메 뒤에 오는 네 번째 에피스테메를 상정해 볼 수 있다. 이 네 번째 에피스테메는 구조주의 이후 서구 세계를 지배해 온 새로운 현상을 가리킨다. 그리고 우리는 이 새로운 네 번째 에피스테메를 '포스트모던' 에피스테메라고 불러도 좋을 것이다.

포스트모던 에피스테메에서는 무엇보다도 인간학의 탈신비화가 가장 중요한 범주이다. 이 점과 관련하여 푸코는 "인간학은 그 스스로를 일반화 시키거나 더욱 엄밀하게 만들려고 노력하는 대신 자기 자신을 스스로 끊임없이 탈신비화 시키려고 노력하여야 한다."라고 밝힌다. 특히 푸코는 인간학의 자기 비판적 기능을 강조함으로써 종래의 지식과 학문에 도전하는 반과학적 입장을 천명한다. 이 포스트모던 에피스테메에 이르러 중심 학문 영역으로 떠오른 정신분석학이나 문화인류학 또는 포스트구조주의 철학에서 볼 수 있듯이 이 무렵에는 푸코가 '타자(他者)'라고 부르는 범주가 가장 중요한 자리를 차지하게 되었다. 즉 그동안 의식 세계에게 억압받아 온 무의식과 잠재의식, 중심부 문화의 그늘에 가린 채 제대로 빛을 보지 못하던 주변 문화, 남성 중심주의적 가부장 질서에 갇혀 있던 여성, 그리고 언어의 표층 구조에 묻혀 있던 언어의 심층 구조 따위가 새롭게 그 가치를 인정받기 시작하면서 점차 주변부에서 중심부로 이행하였던 것이다.

그렇다면 포스트모더니즘은 푸코가 말하는 에피스테메의 개념과 어떠한 관계를 맺고 있는가? 한마디로 모더니즘이 근대적 에피스테메에 속한다면, 포스트모더니즘은 바로 포스트모던 에피스테메에 속한다고 할 수 있다. 푸코는 아마 우리가 포스트모던 에피스테메라고 부르는 것을 넓은 의미에서의 근대적 에피스테메 안에 포섭시키고 있는 듯하다. 실제로 미국의 포스트모더니즘 이론가 이합 핫산은 푸코의 분류 방식에 따라 포스트모더니즘을 '근대적 에피스테메'라고 부른다. 이 점과 관련하여 핫산은 "낭만주의, 빅토리아주의(리얼리즘을 말함), 모더니즘, 그리고 포스트모더니즘이 모두 근대적 에피스테메 안에 들어간다."[20]라고 지적한다. 그러므로 핫산의 관점에서 보면 고전주의를 빼놓은 나머지 이론이나 사상은 하나같이 근대적 에피스테메의 범주에 들어가는 셈이다.

그러나 핫산은 모더니즘과 포스트모더니즘을 지나치게 동일시한다는 비판을 면하기 어렵다. 이미 앞서 밝혔듯이 포스트모더니즘은 비록 모더니즘에 굳건한 뿌리를 박고 발전해 온 것은 사실이지만 그렇다고 모더니즘과 똑같지는 않다. '포스트'라는 접두어에서도 뚜렷이 드러나 있듯이 포스트모더니즘은 몇몇 중요한 점에서 모더니즘과는 다르다. 그것은 포스트구조주의, 포스트식민주의, 포스트페미니즘, 포스트마르크스주의, 포스트프로이트주의, 포스트포드주의, 포스트산업사회 등 '포스트'라는 갓을 쓰고 있는 이론이나 사상도 마찬가지이다. 앞에서 이미 밝혔듯이 '포스트'라는 접두어는 후시성 못지 않게 가치 전도를 뜻하기 때문이다. 모더니즘이 포스트모더니즘으로 이행하는 과정은 미국의 과학철학자 토머스 쿤이 말하는 '패러다임의 전이'와 비슷하다.

한마디로 포스트모더니즘은 양적 개념이 아니라 어디까지나 질적 개념이다. 다시 말해서 모더니즘 이후의 현상이라고 하여 모두 '포스트모던'이라는 꼬리표를 붙이지 않는다. '포스트모던'이라는 말을 '컨템포러리(contemporary)'라는 말과 엄격히 구별하여야 하는 까닭이 바로 여기에 있다. '컨템포러리'라고 하면 글자 그대로 동시대적인 것, 이를테면 제2차 세계대전 이후에 나타난 현상은 모두 일단 이 테두리에 들어간다.

한편 제2차 세계대전 이전이라고 하더라도 포스트모더니즘적인 현상은 얼마든지 찾아볼 수 있다. 몇몇 이론가들은 포스트모더니즘의 계보를 가깝게는 20세기 초엽의 아방가르드 예술 운동, 멀게는 19세기 초엽의 낭만주의, 더 멀게는 중세에서 찾기도 한다. 까마득히 저 멀리 옛 그리스시대나 로마시대에서 그 기원을 찾으려고 하는 학자들마저 있다. 그러나 그러한 현상은 포스트모더니즘의 원형적(原型的) 형태, 즉 '프로토-포스트모던(proto-postmodern)'이라고는 부를 수 있을는지는 몰라도 포스트모던으로 부르는 데에는 적잖이 무리가 따를 수밖에 없다. 프로토-포스트모던과 컨템포러리가 서로 겹치는 부분, 그러니까 이 둘의 교집합에 해당하는 부분이 바로 포스트모더니즘의 영역이라고 할 수 있다.

4 포스트모더니즘, 포스트구조주의, 포스트모더니티

포스트모더니즘의 개념과 본질을 밝히는 데 한 가지 염두에 두어야 할 것은 단순히 문학이나 예술과 관련된 문예적 개념으로만 볼 수 없다는 점이다. 앞에서도 이미 밝혔듯이 포스트모더니즘은 '건축에서 동물학까지' 또는 '가구에서 화장품까지' 모든 분야에 걸쳐 두루 나타나는 현상이다. 문학과 예술을 비롯하여 인문학, 사회과학, 심지어 자연과학 분야에서도 두루 엿볼 수 있다. 오늘날 인간의 삶과 관련하여 포스트모더니즘의 영향을 받지 않는 분야가 거의 없다고 하여도 크게 틀리지 않다. 물론 포스트모더니즘은 문학과 예술을 중심으로 처음 논의하기 시작한 것은 사실이지만 문학과 예술의 테두리를 뛰어넘어 점차 다른 영역으로 그 범위를 넓혀 나가기 때문이다.

특히 포스트모더니즘은 모더니즘에서 자양분을 받으며 성장하고 발전해 왔지만 모더니즘과 동일한 위상에서 파악할 수 없다. 모더니즘은 본질적으로 문예 개념의 테두리에서 좀처럼 벗어나지 않지만 포스트모더니즘은 그 울타리를 훨씬 벗어난다. 포스트모더니즘은 문예 사조나 문예 전통은 말할 것도 없고 인간의 신념 체계나 사상 체계인 다른 '이즘'이나 '주의'보다도 훨씬 더 넓은 범위를 차지하고 있다. 포스트모더니즘은 말하자면 큼직한 우산과 같은 개념이다. 이 우산 안에는 20세기 중엽, 그러니까 제2차 세계대전 이후 새로이 나타나기 시작한 이론이나 사상이 거의 모두 들어가 있다시피 하다. 포스트모더니즘의 이러한 특성을 정당에 빗대는 학자도 있다. 저마다 입장이 조금씩 다르지만 문학가를 비롯한 예술가들, 지식인들, 철학자들, 사회 이론가들이 한 정당의 깃발 아래 모여 있다는 것이다.

가장 좁은 의미에서 포스트모더니즘은 20세기 중엽 이후 문학과 예술에 나타난 새로운 사조나 경향을 기술하는 개념이지만, 좀 더 넓은 의미에서는 새로운 사상이나 관념 체계를 가리킨다. 가장 넓은 의미에서는 20세기 중반 이후의 세계를 특징짓는 시대정신이나 세계관을 뜻한다. 영국의 문화 역사가 레이먼드 윌리엄스는 일찍이 포스트모더니즘은 스타일보다는 오히려 '감정의 구조', 즉 우리가 살고 있는 세계, 그리고 그 세계 속에서의 인간의 위치를 파악하고 경험하는 방법으로 가장 잘 이해할 수 있다고 말한 적이 있다.[21] 그에 따르면 포스트모더니즘이란 20세기 중엽 이후 총체적인 삶의 방식과 세계 인식을 가리키는 말과 크게 다르지 않다.

이렇듯 포스트모더니즘은 인간과 관련한 모든 현상에 걸쳐 두루 폭넓게 나타난다. 이 점에서 볼 때 "우리는 포스트모더니즘 사회나 토인비의 포스트모더니티 또는 푸코의 에피스테메의 윤곽을 모른 채 포스트모더니즘 문학을 이해할 수 있을까?"[22]라는 이합 핫산의 수사적 물음은 큰 설득력이 있다. 여기에서 핫산은 비록 문학에 좁혀 말하고 있지만 포스트모더니즘을 모르고서는 현대 문학은커녕 철학과 사상 그리고 사회 현상 등 아무 것도 이해할 수 없을 것이다.

이렇게 스펙트럼이 넓은 포스트모더니즘은 1) 문학과 예술을 포함하는 문화, 2) 철학과 사상을 포함하는 인문과학, 3) 사회학 · 경제학 · 정치학을 포함하는 사회 이론 등 크게 세 범주로 나누어 그 특성을 살펴볼 수 있다. 물론 이밖에도 얼마든지 그 범위를 더 넓힐 수 있을 것이다. 어찌 되었든 이 세 영역을 모두 살피지 않고서는 포스트모더니즘에 대한 어떠한 논의도 결코 완벽하다고 할 수 없다. 실제로 지금까지 포스트모더니즘에 대하여 이루어진 대부분의 논의가 불충분하고 경우에 따라 적잖이 왜곡되어 있었던 것은 바로 이 세 영역 가운데에서 유독 어느 한쪽만을 강조하고 나머지 영역을 소홀히 하거나 아예 무시하였기 때문이다.

그런데 여기에서 한 가지 마음에 새겨두어야 할 것은 비록 포스트모더니즘이 여러 분야에 걸쳐 폭넓게 나타나는 것은 틀림없지만 그렇다고 하여 똑같은 정도로 나타나지는 않는다는 점이다. 저마다의 분야에 따라 포스트모더니즘은 그 뜻하는 바가 조금씩 다르다. 이러한 현상은 문학과 예술을 포함한 문화, 철학과 사상 분야, 그리고 사회 이론 사이에서는 말할 것도 없고 심지어는 동일한 분야 안에서도 얼마든지 일어난다. 그러나 포스트모더니즘은 이렇게 여러 분야에 걸쳐 두루 나타나지만, 이 이론이나 사조에서는 일란성 쌍둥이처럼 똑같은 모습은 아니더라도 적어도 한 핏줄에서 태어난 혈육의 유사성은 쉽게 찾아볼 수 있다.

이와 관련하여 포스트모더니즘이라는 용어와 함께 그림자처럼 늘 따라다니는 '포스트구조주의'와 '포스트모더니티'라는 용어를 짚고 넘어가야 한다. 흔히 '포스트의 삼총사'로 일컫는 이 세 이론이나 사조는 지금까지 흔히 서로 동의어처럼 혼동하여 사용해 왔다. 그리하여 어떤 이론가는 포스트모더니즘을 비롯한 포스트구조주의와 포스트모더니티 등의 용어들을 한데 묶어 아예 '포스티즘(postism)'이라는 신조어를 만들어 내기도 한다. 그러나 엄밀한 의미에서 이 세 용어는 서로 엄격히 구별하여 사용하지 않으면

안 된다.

가장 넓은 의미에서 포스트모더니즘은 포스트구조주의와 포스트모더니티를 함께 아우르는 포괄적 개념이다. 바꾸어 말해서 포스트구조주의나 포스트모더니티는 포스트모더니즘의 하부 개념이라고 할 수 있다. 그러므로 포스트모더니즘의 우산 안에는 포스트구조주의와 포스트모더니티는 말할 것도 없고 그 밖에 '포스트'라는 접두어가 붙어 있는 개념이 모두 들어간다. 말하자면 포스트구조주의와 포스트모더니즘은 포스트모더니즘의 포섭 개념인 셈이다.

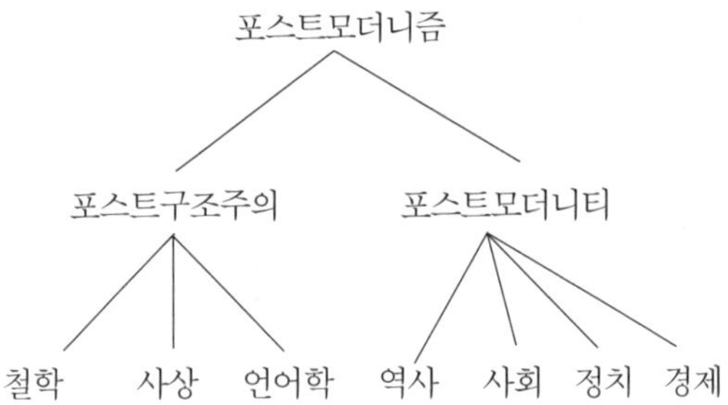

한편 좁은 의미에서 포스트모더니즘은 주로 문학과 예술 그리고 문화와 관련한 용어로 사용하는 것이 보통이다. 문학과 예술을 포함하는 문화 분야에서는 포스트구조주의나 포스트모더니티라는 용어보다는 오히려 포스트모더니즘이라는 용어를 자주 사용한다. 좀 더 구체적으로 말해서 문학을 비롯하여 건축, 미술, 조각, 음악 등이 모두 여기에 들어간다.

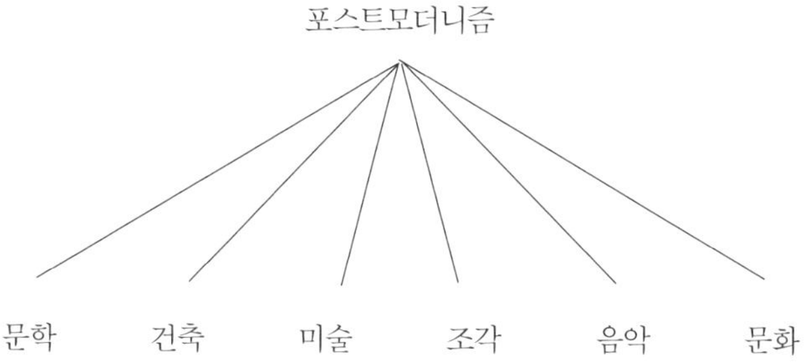

포스트구조주의는 주로 철학이나 사상과 관련하여 사용한다. 구조주의 이후에 나타난 새로운 이론이 포스트구조주의이지만 구조주의와는 달리 포스트구조주의는 그보다 훨씬 더 넓은 영역을 차지한다. 모더니즘보다 포스트모더니즘이 훨씬 더 넓은 개념으로 사용되는 것과 같다. 1960년대 밀엽부터 프랑스에서 처음 떠오르기 시작한 포스트구조주의는 좁게는 자크 데리다가 처음 펼치고 미국의 예일대학교 비교문학과에 속한 이론가들이 널리 알린 해체론이나 해체주의를 가리키는 것이 보통이다. 그러나 좀 더 넓은 의미에서는 데리다는 말할 것도 없고 후기의 롤랑 바르트, 미셸 푸코, 자크 라캉, 장-프랑수아 리오타르, 그리고 질 들뢰즈와 펠릭스 가타리 같은 이론가들의 사상을 통틀어 일컫는 말이다. 이 이론가들은 몇몇 중요한 면에서 서로 큰 차이를 보이면서도 본질적인 면에서는 큰 공통점을 지닌다. 그들한테서 두루 찾아볼 수 있는 공통분모가 있다면 역시 계몽주의에 대한 날카로운 비판을 들 수 있다. 다시 말해서 철학과 사상 분야에서 새롭게 나타나기 시작한 이론이 포스트구조주의인 셈이다.

한편 모더니티 이후에 나타난 새로운 현상을 가리키는 포스트모더니티는 흔히 역사적 시기를 구분하는 개념이나 사회 이론을 기술하기 위하여 사용한다. 앞에서 말하였듯이 아널드 토인비는 19세기 중엽, 좀 더 정확히 말해서 1875년 이후의 서구 역사를 가리키기 위하여 바로 '포스트모던'이라는 용어를 사용한 적이 있다. 그가 말하는 '포스트모던'이라는 용어는 바로 포스트모더니티를 뜻한다. 토인비에 따르면 서구 역사에서 마지막 단계에 해당하는 이 시기에는 불안과 비이성 그리고 절망감이 짙게 배어 있다. 또한 사회학자들이나 경제학자들은 제2차 세계대전 이후에 달라진 사회 조건이나 경제 현상을 기술하기 위하여 이 포스트모더니티라는 용어를 즐겨 사용한다. 모더니즘은 모더니티 안에 포섭되지만 포스트모더니즘은 포스트모더니티 안에 포섭된다고 보기 어렵다. 분야나 영역이 서로 다를 뿐 이 두 용어는 거의 같은 시기에 일어난 현상을 가리키기 때문이다.

또한 포스트모더니티와 포스트모더니즘을 엄격히 구별하여야 하듯이 모더니티와 모더니즘도 엄격히 구분하여 사용할 필요가 있다. 포스트모더니즘과 포스트모더니티는 서로 겹치는 부분이 적지 않지만 모더니즘과 모더니티 사이에는 그 거리가 무척 벌어져 있다. '모던'이라는 동일한 어원에서 갈라져 나왔으면서도 모더니즘과 모더니티 사이에는 하늘과 땅만큼 큰 차이가 난다. 이 두 용어를 서로 혼동하는 것은 빗대어 말하자면 마치 '개똥'이라는 말과 '개똥벌레'라는 말을 혼동하는 것과 크게 다르지 않다.

근대성이나 현대성을 뜻하는 모더니티는 주로 역사적 개념이거나 사회적 개념이다. 모더니티는 흔히 역사적 조건이나 사회 조건 그리고 그러한 조건을 불러일으킨 상황을 가리킨다. 잘 알려진 바와 같이 서구 역사는 흔히 고대와 중세 그리고 근대/현대 등 크게 세 시기로 구분 짓는다. 그런데 이 세 역사적 시기는 흔히 빛과 어둠의 이미지로 표현하기 일쑤이다. 즉 고전수의의 특징을 지니는 고대는 빛의 시대, 중세기는 암흑기라는 별명에서도 볼 수 있듯이 어둠의 시대, 그리고 르네상스나 종교개혁이 일어난 근대/현대는 어둠에서 벗어난 광명의 시대라고 할 수 있다. 그런가 하면 스코틀랜드 태생의 제임스 조지 프레이저는 현대 문화 인류학에 아주 큰 영향을 끼친 책 『황금 가지』(1890-1915)에서 고대를 마술의 시대, 중세기를 종교의 시대, 그리고 근대/현대를 과학의 시대라고 각각 불렀다.

그런데 근대/현대는 고대나 중세기와는 여러모로 뚜렷이 구별지을 수 있는 분명한 특성을 지닌다. 이러한 특성은 특히 18세기 계몽주의 시대에 이르러 좀 더 눈에 띄게 드러나기 시작하였다. 인간이 이룩한 문화와 문명에 도취되어 있는 계몽주의는 인간의 지성이나 이성을 전면에 내세운다. 다시 말해 인간의 지성이나 이성의 힘을 빌려 자연과 인간, 사회와 정치 문제를 낙관적으로 바라보고 이해하려는 시대정신이라고 볼 수 있다. 이러한 시대정신은 인간의 존엄성과 자유권을 강조함으로써 유럽의 중세시대를 지배한 종교와 신학의 독단적인 교시에서 벗어나고자 노력하였다. 그리하여 '계몽주의'와 '모더니티' 그리고 '현대적 감성' 같은 용어를 유사어나 동의어로 사용하는 사람들도 있다.

로버트 B. 피핀은 『철학적 문제로서의 모더니즘』(1991)에서 모더니티의 특성을 일곱 가지 관점에서 다룬다. 첫째, 모더니티는 공통적인 언어와 전통에 기초를 둔 단일 민족 국가의 성립을 탄생시켰다. 둘째, 모더니티는 인간의 문제에서 이성의 권위를 가장 윗자리에 두었다. 셋째, 모더니티는 대자연과 인간의 본성을 규명하는 데 무엇보다도 자연과학의 권위에 의존하였다. 넷째, 모더니티는 삶과 자연 현상에서 신비의 가면을 벗겨버렸다. 다섯째, 모더니티는 모든 개인의 천부적 권리, 그 가운데에서 특히 자유와 자기결정의 표현에 대한 권리를 인정하였다. 여섯째, 모더니티는 자유시장경제제도를 도입하고 그에 따르는 임금노동과 도시화 그리고 생산 수단의 개인 소유를 적극 장려하였다. 그리고 일곱째, 모더니티는 인간의 발전 가능성을 굳게 믿으며 관용 . 동정 . 분별 . 자선 같은 기독교적 휴머니즘에 뿌리를 둔 덕성을 높이 평가하였다.[23] 한마디로 모더니티는 합리성과 절대 지식에 기초하여 인류의 발전과 진보를 낙관적으로 받아들이는 세속적 신앙이라고 할 수 있다.

그러나 이러한 모더니티는 시간이 흐르면서 마침내 핵폭탄이나 아유스비츠 또는 자연 파괴 같은 엄청난 부작용을 낳았다. 인류의 해방을 부르짖으며 시작한 모더니티가 오히려 인류를 억압하는 기재로 발전하였다. 그리하여 프랑크푸르트학파 멤버 중의 한 사람인 허버트 마르쿠제는 이러한 모더니티를 '전체주의적'이라고 비판하였다. 그런가 하면 질 들뢰즈와 펠릭스 가타리는 이보다 한 발 더 나아가 '파시즘적'이라고 몰아붙인다.

한편 모더니즘은 아무리 시기를 일찍 잡는다고 하여도 19세기 말엽을 좀처럼 넘어설 수 없다. 모더니즘은 비록 모더니티와는 떼려야 뗄 수 없을 만큼 관련을 맺고 있는 것은 사실이지만 전자는 후자에 대한 비판이요 단절을 뜻한다. '이즘'이라는 접미사에서도 엿볼 수 있듯이 모더니즘은 19세기 말엽부터 20세기 전반에 걸쳐 서구 예술사를 휩쓴 전위적이고 실험적인 예술 운동을 가리킨다. 르네상스 시대에서 그 계보를 찾아볼 수 있는 모더니티가 서구 역사에서 무려 4, 5백 년 이상 이어진 반면, 모더니즘은 서구 예술사에서 기껏해야 50여 년 정도밖에는 힘을 떨치지 못하였다. 모더니즘은 리얼리즘이 쇠퇴하기 시작한 19세기 말엽에 시작하여 제1차 세계대전을 전후하여 그야말로 막강한 힘을 떨치다가 제2차 세계대전 이후에는 포스트모더니즘에게 제왕 같은 자리를 물려주었던 것이다.

제2장
포스트모더니즘과 문학

19세기 말엽에 모습을 드러내기 시작한 모더니즘은 제1차 세계대전을 전후하여 막강한 힘을 떨친 뒤 제2차 세계대전이 끝난 20세기 중엽부터 점차 그 영향력을 상실하기 시작한다. 20세기 초엽만 하더라도 가히 혁명적이라고 할 전통이나 인습에 대한 모더니즘의 도전은 20세기 중엽에 이르러 그 자체로서 전통으로 화석처럼 딱딱하게 굳어져 버렸다. 바꾸어 말해서 모더니즘은 포스트모더니즘에게 '대항 문화'로서의 자리를 내어주고 '전통 문화'의 뒷자리로 물러나지 않으면 안 되었다.

따지고 보면 모더니즘의 이러한 운명은 모든 문예 사조나 이론에서도 엿볼 수 있다. 포스트모더니즘도 언젠가는 모더니즘과 같은 운명을 맞게 될 것이다. 이러한 현상은 비단 문예 사조나 이론에만 그치지 않고 정치 혁명에서도 마찬가지이다. 알베르 카뮈의 지적대로 모든 혁명가는 압제자가 아니면 이단자로 끝장나게 마련이다. 정치 변혁의 깃발을 높이 쳐들고 혁명에 앞장섰던 진보주의자들이 혁명이 성공을 거두자마자 곧 보수주의자의 뒷전으로 밀려난다는 것은 역사의 아이러니이다.

모더니즘은 형식적인 측면에서는 가히 우상파괴적이고 혁명적이라고 할 만큼 혁신적인 특성을 지니고 있었으면서도 적어도 주제나 내용에서만은 여전히 가부장제적인 권위와 전통에 기대고 있었다. 어떤 의미에서 모더니즘은 현 상태를 옹호하고 계속 유지하려는 체제 순응적인 특성을 지닌다. 그동안 몇몇 이론가가 모더니즘에 파시즘적이라는 낙인을 찍은 것도 따지고 보면 바로 그 때문이다. 그리하여 1960년대에 이르러 모더니즘은 적잖이 도전을 받기 시작하였으며, 이러한 도전과 비판적 반작용에서 생겨난 것이 바로 포스트모더니즘이다.

1 모더니즘과 포스트모더니즘

문학에서 포스트모더니즘이 모더니즘과 맺고 있는 관계는 언뜻 보이는 것보다 훨씬 복잡하고 미묘하다. 모더니즘의 성격을 어떻게 규정짓느냐에 따라 포스트모더니즘의 개념이 달라진다. 그런가 하면 포스트모더니즘을 기준 삼아 모더니즘을 새롭게 규정지으려고 하기도 한다. 말하자면 모더니즘과 포스트모더니즘은 마치 샴의 쌍둥이와 같다. 포스트모더니즘은 한편으로는 모더니즘을 계승하고, 다른 한편으로는 모더니즘의 한계를 극복하려고 한다. 이러한 이중적 입장을 깨닫지 않고서는 포스트모더니즘을 올바로 이해하기란 무척 어렵다.

좀 더 구체적으로 말해서 포스트모더니즘은 모더니즘의 기본 입장을 거의 대부분 받아들이되 그것을 더욱 극단적으로 발전시킨다. 과거의 전통이나 인습에서 벗어나 새로운 것을 만들어 내려는 문학적 급진주의라는 관점에서 보면 포스트모더니즘은 모더니즘의 유산을 거의 그대로 물려받는다. 초기 모더니즘에서 앞장선 에즈러 파운드가 부르짖은 "모든 것을 새롭게 하라."는 모더니즘의 슬로건은 실제로 포스트모더니즘에도 거의 들어맞는다. 칼 마르크스와 프리드리히 엥겔스는 일찍이 「공산당 선언문」에서 "단단한 것은 모두 공기 속으로 녹아들고, 성스러운 것은 하나같이 더럽혀진다."라고 부르짖었다. 그런데 모더니즘은 이렇게 모든 전통과 인습을 붕괴하여 새로운 것으로 만들어 버리려고 하였던 것이다.

전위적 실험성은 포스트모더니즘을 특징짓는 가장 중요한 요소 가운데 하나라고 할 수 있다. 넓은 의미에서 라틴 아메리카의 작가들이 시도해 온 '마술적 리얼리즘'이나 프랑스의 누보로망 계열의 반(反)소설 경향, 그리고 미국의 소설가 레이먼드 페더먼이나 로널드 슈크닉 등이 시도하는 '서픽션(초소설)' 등은 어디까지나 모더니즘의 실험성을 극단적으로 밀고나간 것과 크게 다르지 않다. 모더니즘의 실험성을 일방통행로에 빗댄다면, 포스트모더니즘의 실험성은 막다른 골목에 빗댈 수 있을 것이다.

모더니즘과 포스트모더니즘의 또 다른 공통점은 불확정

성이나 비결정성에서도 찾아볼 수 있다. 20세기 초엽 과학자들을 중심으로 객관성이나 확실성에 의구심을 품기 시작하였다. 예를 들어 알버트 아인슈타인이 일반 상대성 이론을 처음 발표한 것이 1905년이고, 특수 상대성 이론을 발표한 것은 그로부터 십 년이 지난 1915년이다. 1927년에는 베르너 하이젠베르크가 불확실성의 원리를, 같은 해 닐 보어가 상보성 원리를, 그리고 1930년에는 쿠르트 괴델이 불완전성 정리를 잇달아 발표하였다. 양자역학이나 카오스 이론은 이러한 이론이 발전한 것으로 볼 수 있다. 이러한 현상은 비단 과학자들에게 그치지 않고 지그문트 프로이트와 카를 마르크스 그리고 마르틴 하이데거 같은 사상가들한테서도 마찬가지로 엿볼 있다.

이러한 비결정성이나 불확정성에 뿌리를 두고 있는 편린화나 파편화 현상은 모더니즘과 포스트모더니즘에 걸쳐 두루 나타난다. 모더니즘의 대부(大父)로 흔히 일컫는 T. S. 엘리엇의 『황무지』(1922)와 에즈러 파운드의 『휴 셀윈 모벌리』(1920) 같은 시, 그리고 제임스 조이스의 『율리시스』(1922), 버지니아 울프의 『등대로』(1927), 윌리엄 포크너의 『고함과 분노』(1929) 같은 소설은 엘리엇의 말 그대로 '한 줌의 부스러진 이미지들'로 이루어져 있는 작품이다. 이러한 작품을 읽는 독자들은 마치 사금파리처럼 조각난 이미지를 한데 긁어모아 하나의 통일된 의미를 다시 만들어 내지 않으면 안 된다. 포스트모더니스트들은 모더니스트들의 이러한 편린화나 파편화 현상을 한 발 더 밀고나간다. 그리하여 미국의 소설가 도널드 바틀미는 아예 "파편은 내가 믿고 있는 유일한 기법이다."[24]라고 밝힌다.

이 밖에도 포스트모더니즘은 다분히 비정치적이고 비역사적인 특성을 지닌다는 점에서도 모더니즘과 비슷하다. 물론 인간의 행위나 그가 만들어 낸 산물은 하나같이 어느 정도 정치적이고 역사적인 성격을 띠게 마련이다. 반정치성과 무정치성을 극단적으로 강조하는 아나키즘조차 좀 더 자세히 들여다보면 그 자체로서 하나의 정치적 입장을 표명하고 있음을 알 수 있다. 인간이 구체적인 사회적 공간과 역사적 시간 속에서 살고 있는 한, 엄밀한 의미에서 역사성과 정치성에서 완전히 벗어날 수는 없다. 물고기가 물을 벗어나서는 한 순간도 살 수 없듯이 사회적 동물인 인간도 어떤 식으로든지 역사성이나 정치성의 물에서 벗어날 수가 없다.

그런데도 모더니즘과 포스트모더니즘은 고전주의나 리얼리즘과 비교해 볼 때 정치와 역사의 그물에서 벗어나려고 무척 애쓴다. 포스트모더니즘과 비교해 볼 때 훨씬 더 보편적인 인간성에 호소하는 모더니즘은 작가가 드러내놓고 정치적 입장을 천명하는 것에 적잖이 불만을 품었다. 19세기 프랑스의 소설가 스탕달은 일찍이 문학에서 정치를 말하는 것은 마치 음악회장에서 권총을 발사하는 것과 다름없다고 말한 적이 있다. 문학과 정치는 서로 공존할 수 없으며 서로 대립할 수밖에 없다는 말이다. 비록 모더니즘 문학가들은 스탕달의 이 말을 설득력 있는 것으로 받아들인다. 포스트모더니즘 문학가들은 이러한 입장을 한 발 더 밀고 나간다.

그러나 접두어 '포스트'에서도 잘 드러나듯이 포스트모더니즘은 중요한 점에서 모더니즘과는 뚜렷이 다르다. 앞장에서 '포스트'라는 접두어가 단순히 후시성만을 뜻하지 않고 어떤 유형이건 가치 전도를 전제하고 있다고 말한 까닭이 바로 여기에 있다. 그렇지 않고서는 굳이 그 접두어를 쓸 리 만무할 것이다. 포스트모더니즘은 단순히 '모더니즘 이후'라는 시간적 차원 이상의 의미가 있다. 정면으로 반기를 들거나 도전하는 것은 아니더라도 적어도 포스트모더니즘은 모더니즘의 기본 입장에 의문을 품는다.

이 점과 관련하여 여기서 잠깐 러시아 태생의 문학 이론가 로만 야콥슨의 지배소(支配素) 개념을 짚고 나가는 것이 좋을 것 같다. 후기 러시아 형식주의자인 유리 티니야노프가 처음 주창하고 야콥슨이 좀 더 정교하게 다듬은 이 지배소의 개념은 포스트모더니즘이 모더니즘과 맺고 있는 관계를 규명하는 데 더할 나위 없이 좋은 출발점이 된다. 1935년에 발표한 한 논문에서 야콥슨은 지배소를 두고 "예술 작품의 나머지 구성 요소들을 지배하고 결정하고 변형시키는 핵심적인 구성 요소"라고 정의 내린다. 야콥슨에게 지배소의 변화를 기술하는 것은 곧 문학사의 변화를 기술하는 것을 뜻한다.

> 시 형식의 발전에서 문제가 되는 것은 어떤 요소의 사멸과 또 다른 어떤 요소의 출현이라기보다는 오히려 체계의 다양한 요소들 사이에서 이루어지는 상호 관련성의 변화, 즉 변화하는 지배소이다. 일반적으로 주어진 시 규범의 콤플렉스 안에서, 특히 어느 주어진 시 장르에 유효한 시적 규범 안에서 본디 이차적인 위

> 치를 차지하던 요소들이 필수적이고 일차적인 요소가 된다. 한편 원래 지배적이던 요소들이 보조적이고 선택적인 요소가 되기도 한다.[25)]

야콥슨은 이렇게 지배소의 변화를 가장 잘 엿볼 수 있는 예로 르네상스 시대의 시와 낭만주의의 시 그리고 리얼리즘 문학을 든다. 그에 따르면 르네상스 시에서는 시각 예술이, 낭만주의 시에서는 음악이, 그리고 리얼리즘 예술에서는 언어가 가장 핵심적인 지배소로 사용되었다. 야콥슨이 말하는 지배소의 개념을 이번에는 모더니즘과 포스트모더니즘에도 적용할 수 있다. 모더니즘에서 거의 무시하거나 소홀히 간주해 오다시피 한 요소가 포스트모더니즘에 이르러 핵심적인 지배소로 융숭한 대접을 받는다. 이와는 반대로 모더니즘에서는 핵심적인 지배소로서 대접받아 온 요소들이 포스트모더니즘에 이르러서는 주변적인 위치로 떨어지기도 한다.

이렇게 모더니즘에서 소홀히 대접받았다가 포스트모더니즘에 이르러 핵심적인 지배소로 떠오른 요소 가운데에서도 1) 상호텍스트성, 2) 장르 확산이나 장르 붕괴, 3) 자기반영성과 메타픽션, 그리고 4) 대중문화에 대한 관심 등은 가장 중요하다고 할 수 있다. 실제로 이 네 요소야말로 포스트모더니즘을 모더니즘과 구분짓는 잣대가 된다. 그러므로 포스트모더니즘의 성격과 특징은 바로 이 네 요소에서 찾아야 할 것이다.

2 상호텍스트성과 저자의 죽음

포스트모더니즘은 모더니즘과는 달리 텍스트의 독창성이나 창조성을 좀처럼 받아들이려고 하지 않는다. 모더니즘에서는 낭만주의와 마찬가지로 작가와 그가 쓴 작품을 여간 소중하게 여기지 않았다. 즉 작가를 우주만물을 창조하는 신(神)으로, 문학 작품을 신이 창조하는 피조물로 간주하기 일쑤였다. 물론 작가는 작품의 배경을 설정하고 작중인물들을 창조하고 플롯을 만들어 낸다는 점에서는 신 같은 역할을 한다고 생각할 수 있다. 그리하여 모더니즘에서 작가와 문학 텍스트는 창조성과 독창성을 인정받으면서 그야말로 지고의 위치를 차지하고 있었다.

그러나 포스트모디니즘에 이르러 이러한 생각은 한낱 헛된 미신이나 신화에 지나지 않는 것으로 받아들이기 시작한다. 포스모더니스트들은 작가를 신 같은 초월적 존재로 보지도 않으며, 또한 문학 작품을 신이 창조한 신성한 산물로 보지도 않는다. 문학 작품이란 어디까지나 작가라는 장인(匠人)이 삶의 경험이라는 원자재로 언어라는 도구를 사용하여 만들어 낸 인공품에 지나지 않는다. 그런데 삶의 경험을 문학 작품으로 만들어 내는 도구인 언어는 작가 자신의 소유물이 아니라 어디까지나 공동사회의 구성원이 공유하고 있는 공동 재산이다.

포스트모더니즘의 이러한 태도는 흔히 '상호텍스트성'이라고 부르는 현상에서 잘 드러난다. 상호텍스트성이란 한 문학 텍스트가 다른 문학 텍스트들과 맺고 있는 상호 관련성을 말한다. 포스트모더니스트들은 구약성서 「전도서」 저자의 말대로 태양 아래에 새 것이 없듯이 이 문학 세계에서도 참다운 의미에서 창조적이고 독창적인 작품이란 결코 없다고 지적한다. 어느 문학 텍스트 안을 자세히 들여다보면 수많은 다른 텍스트가 고대 생물을 간직하고 있는 화석처럼 온갖 흔적을 남기고 있음을 볼 수 있다. 다시 말해서 텍스트에서는 작가에게 고유한 어떤 창조성이나 독창성은 거의 찾아볼 수 없다.

이렇게 포스트모더니즘에 이르러 상호텍스트성이 중요한 개념으로 자리 잡게 된 데에는 그럴 만한 까닭이 있다. 제2차 세계대전 이후 20세기 중엽에 들어와 문학의 소재가 모두 고갈되었다는 생각이 널리 퍼지기 시작하였다. 프레드릭 제임슨은 "오늘날의 작가들과 예술가들은 이제 더 새로운 스타일과 세계를 창조할 수 없을 것이다. (……) 오직 제한된 수의 결합만이 있을 따름이다. 가장 독창적인 작품은 이미 과거에 창작되었기 때문이다."[26]라고 밝힌다. 그렇다면 작가나 예술가의 천재성은 획기적인 작품을 새롭게 창조하는 것보다는 오히려 과거의 작품을 얼마나 적절하게 결합하는가에 달려 있다고 하여도 크게 틀리지 않다.

물론 문학에서 소재의 고갈이나 소진은 비단 새삼스러운 것은 아니다. 과거 작가들보다는 현대 작가들이 이러한 고갈이나 소진을 한결 첨예하게 깨닫는 것은 사실이지만, 실제로 이 문제는 아주 오래 전부터 심각한 문젯거리였다. 가령 18세기 영국 작가 에드워드 영은 일찍이 신대륙의 탐험이나 지리상의 발견에 빗대어 예술이라는 지구는 이미 탐험되었으며 중요한 발견 또한 모두 이루어졌다고 지적한 적이 있다. 영은 과거의 위대한 작가들이 모두 예술적 성과를 수확하였기 때문에 18세기 작가들은 이제 예술의 밭에서 이삭을 줍기도 여의치 않게 되었다고 절망감을 털어놓았다. 다시 말해서 선배 작가들이 중요한 소재를 모두 다루었기 때문에 현대 작가들은 이제 독창적인 작품을 쓸 소재가 별로 없다는 것이다.

미국 작가 존 바스는 「재생의 문학」에서 이러한 소재의 고갈이나 소진이 까마득히 멀리 인류 역사와 더불어 시작하였다고 밝힌다. 그러면서 그는 작가로서 이 사실에서 절망을 느끼기보다는 오히려 적잖이 위안을 받는다고 고백한다. 바스는 서력기원 전 2천 년경, 그러니까 아직 현존하는 기록으로는 가장 오래된 텍스트 가운데 하나인 이집트의 파피루스 고문서에서 그 예를 찾는다. 이 고문서에는 "만일 내가 지금껏 아직 알려지지 않은 구절, 아직 한 번도 사용된 적이 없으며 반복된 적도 없는 낯선 말, 선조가 이미 사용하여 아직 진부해지지 않은 말을 구사할 수만 있다면 얼마나 좋을까."[27]라는 구절이 적혀 있다는 것이다.

이러한 상황에서 포스트모더니즘 작가들은 선배 작가들이나 동료 작가의 작품에 기대어 자유롭게 작품을 쓰는 것을 중요한 창작 원리로 삼는다. "전통적으로 제프리 초서가 자신의 이야기를 다른 사람한테서 훔쳐왔듯이 작가들은 자신의 이야기를 다른 작가에게서 훔쳐왔다. 또는 그 이야기들을 한 문화나 공동사회의 공유 재산으로 생각하였다."[28]는 윌리엄 H. 개스의 말은 바로 이 점을 지적한 것이다. 개스의 말대로 『캔터베리 이야기』에 실린 이야기는 초서가 직접 창작한 것도 있지만 대부분은 이미 전해 내려오던 남의 이야기를 거의 그대로 '베낀' 것과 다름없다. 그리하여 초서는 그동안 심심치 않게 표절 혐의를 받아 왔다.

미셸 푸코는 문학 작품이나 예술 작품을 일종의 '기록 보관소'로 간주한다. 비록 상호텍스트성이라는 용어는 사용하지 않지만 그는 『지식의 고고학』(1969)에서 "한 책은 다른 책들, 다른 텍스트들, 다른 문장들에 대한 언급의 체계 속에 갇혀 있다."[29]라고 지적한다. 푸코로부터 세례를 받은 에드워드 사이드도 포스모더니즘에 이르러 "작가들은 독창적으로 글을 쓴다는 생각을 버리고 점점 남의 글을 다시 고쳐 쓴다고 생각한다. 글쓰기는 이제 독창적으로 비석에 글을 새긴다는 이미지에서 남의 글을 단순히 옮겨 적는다는 필경사(筆耕士)의 이미지로 바뀌어간다."[30]라고 밝힌다. 기록 보관소이건 필경사이건 남의 작품을 베낀다는 점에서는 크게 다르지 않다. 그렇다면 모든 텍스트는 이제 독창적인 저자의 굴레에서 해방되어 상호텍스트성의 바다에서 자유롭게 유영(遊泳)을 즐기고 있는 셈이다.

그런데 상호텍스트성은 마치 무지개처럼 그 스펙트럼이 꽤나 넓다. 다른 텍스트로부터의 명시적이거나 묵시적으로 인용하는 것에서 모방, 암유, 풍자, 패러디, 그리고 수정에 이르기까지 온갖 형태로 나타난다. 또한 상호텍스트성은 낱말과 구의 사용, 문장 구문 같은 언어 형식에서도 찾아볼 수 있다. 한 문학 텍스트는 특정한 문학 장르를 취하거나 특정한 문학 전통을 따르는 것만으로도 상호텍스트적 관계를 지닌다. 심지어 상호텍스트성은 좀 더 넓게 보면 텍스트가 씌어진 문화까지 포함하기도 한다. 그러므로 상호텍스트성은 의식적 행위 못지 않게 무의식적 행위에 해당한다.

상호텍스트성은 1960년대에 이르러서 비로소 본격적인 지배소로 떠오르기 시작하였지만 그 역사는 꽤 먼 과거로 거슬러 올라갈 수 있다. 이 현상은 넓게는 인류의 역사, 좁게는 문학의 기원이나 발상과 더불어 시작하였다고 하여도 그렇게 틀린 말이 아니다. 예로부터 텍스트를 언급하는 자리에서는 이 상호텍스트성이라는 말을 자주 듣게 된다. 그리하여 상호텍스트성 이론의 효시를 다름 아닌 옛 그리스시대의 철학자들이나 문학가들한테서 찾으려는 학자들도 있다. 플라톤의 모방 이론이나 시적 영감(靈感) 이론은 오늘날 우리가 말하는 상호텍스트성의 개념과 그렇게 동떨어져 있지 않다는 것이다.

특히 소크라테스식 대화법은 여러모로 상호텍스트성의 개념과 공통점을 지닌다. 아리스토텔레스의 시학도 한편으로는 통일성과 보편성을 강조하면서도 다른 한편으로는 상호텍스트성과 깊이 연관되어 있다. 이러한 현상은 호라티우스와 롱기누스를 비롯하여 키케로와 퀸틸리아누스 같은 고대 로마시대의 철학자들이나 문학가들도 크게 예외가 아니다. 이렇게 일찍이 고대 그리스시대와 로마시대의 작가들이 주목한 상호텍스트적 모방과 번역의 문제는 르네상스시대에 이르러 좀 더 본격적으로 발전하였다. 예를 들어 프란시스 베이컨과 윌리엄 셰익스피어를 비롯하여 데시데리우스 에라스무스와 미셸 드 몽테뉴도 이 문제에 깊은 관심을 기울였다.

상호텍스트성의 개념은 모더니즘 이론가들한테도 중요한 문제였다. 예를 들어 T. S. 엘리엇은 상호텍스트성에 남다른 관심을 기울인 시인으로 꼽힌다. 이제는 고전이 되다시피 한 논문 「전통과 개인의 재능」에서 그는 언뜻 모순되고 상충되는 것처럼 보이는 체계와 변화, 전통과 혁신의 개념을 유기적으로 결합하려고 한다. 그에 따르면 새로운 문학 작품이란 한편으로는 전통에 따르고 다른 한편으로는 그것을 변혁시키는 작품이다. 이 점과 관련하여 엘리엇은 또 다른 글에서 "서툰 시인은 남의 작품을 모방하지만 성숙한 시인은 남의 작품을 훔쳐오며, 삼류 시인은 자신이 취해 온 것을 파손시키지만 일류 시인은 그것을 좀 더 좋은 것으로 만들거나 적어도 원래의 것과는 다른 어떠한 것으로 만들어버린다."[31]라고 밝힌다. 실제로 엘리엇은 『황무지』에서 상호텍스트성을 효과적으로 구사하였다.

20세기 중엽에 이르러 구조주의 이론가 롤랑 바르트가 좀 더 체계적으로 상호텍스트성의 개념을 정립하였다. 비록 상호텍스트성이라는 용어를 사용하지는 않지만 그의 몇몇 비평 개념은 이 용어와 아주 비슷하다. 바르트가 『영도(零度)의 글쓰기』(1953)에서 도입하는 '크립토그라피(암호문)'의 개념은 상호텍스트성과 크게 다르지 않다. 여기에서 바르트는 다른 사람의 글은 말할 것도 없고 심지어 자신의 글을 의식하지 않고 글을 쓴다는 것이 얼마나 어려운지 지적한다. 이 점과 관련하여 그는 "과거에 씌어진 모든 형태의 글, 심지어 자신이 과거에 쓴 글에서 비롯하는 집요한 잔상(殘像) 때문에 지금 내 목소리가 잘 들리지 않는다."[32] 라고 밝힌다. 또한 바르트는 『S/Z』(1970)에서 오노레 드 발자크의 작품 「사라진」(1830)을 분석하면서 크립토그라피의 개념을 좀 더 체계적으로 분석한다. 바르트는 예술 작품은 하나같이 다른 작품을 '복사'하고 있다고 지적한다. 심지어 자연이나 우주를 '있는 그대로' 객관적으로 재현하거나 표상한다는 리얼리즘 예술가들조차 예외가 아니어서 그들은 '이미 복사된 것'을 다시 복사한다는 것이다.

그러나 포스트모더니즘과 관련하여 상호텍스트성을 문학 개념으로 본격적으로 도입한 이론가는 역시 불가리아 태생의 프랑스 이론가 쥘리아 크리스테바이다. 1960년대 《텔켈》 그룹의 대표적인 멤버로 활약한 그녀는 우리에게 잘 알려진 논문 「언어, 대화, 그리고 소설」에서 이 개념을 처음 체계적으로 사용하였다. 이 논문에서 크리스테바는 어느 한 담론이 화자(작가)나 청자(독자) 또는 다른 담론(문학 작품)과 맺고 있는 상호 관련성을 크게 수평적 관계와 수직적 관계의 두 갈래로 나눈다. 여기에서 수평적 관계란 담론이 화자나 청자와 맺고 있는 관계를 가리키며, 수직적 관계란 담론이 그 이전이나 동시대의 다른 담론과 맺고 있는 관계를 말한다.

그런데 크리스테바는 바로 담론의 수직적 관계를 가리키기 위하여 상호텍스트성이라는 용어를 사용한다. 이 점과 관련하여 그녀는 "모든 텍스트(담론)는 마치 모자이크와 같아서 여러 인용문으로 이루어져 있다. 모든 텍스트는 어디까지나 다른 텍스트를 흡수하고 변형시킨 것에 지나지 않는다."[33]라고 잘라 말한다. 또한 크리스테바는 이 상호텍스트성 이론을 또 다른 논문 「텍스트 구조화의 문제점」에서 더욱 발전시킨다. 이 글에서 그녀는 텍스트의 어느 한 구조가 오직 다른 구조와의 관련성에서만 만들어진다고 주장한다. 그러면서 의미를 생산하고 변형시키는 장치를 '구조화'라고 부른다. 그녀의 관점에서 보면 어느 한 텍스트는 곧 구조화와 크게 다름없다. 크리스테바는 상호텍스트성의 개념을 이번에는 『시어의 혁명』(1974)에서 좀 더 자세히 다룬다. 이 책에서 그녀는 법률의 용어를 빌려 "모든 텍스트는 다른 담론의 관할권 아래에 놓여 있다."[34]라고 지적한다.

츠베탕 토도로프도 크리스테바 못지 않게 상호텍스트성에 깊은 관심을 기울인 이론가 중의 한 사람이다. 토도로프는 어느 한 담론이 다른 담론과 맺고 있는 상호 관련성을 가리키기 위하여 이 상호텍스트성이란 용어를 사용한다. 그는 "다른 담론과의 관련성 없이는 어떠한 담론도 존재하지 않으며, 이러한 현상은 필수 불가결하다."[35]라고 밝힌다. 가장 기본적인 층위에서 두 담론의 관계는 궁극적으로 상호텍스트적일 수밖에 없다는 것이다. 물론 여기에서 토도로프는 문학 텍스트뿐만 아니라 그 범위를 넓혀 일반적인 담론 전체를 언급한다.

상호텍스트성의 개념은 이번에는 구조주의 시학을 주창한 미국 학자 조너선 컬러가 이어받아 좀 더 구체적으로 다듬는다. 『구조 시학』(1975)에서 그는 "시는 다른 시와 독서 관습과의 관련성을 떠나서는 창작할 수 없다. 시가 시로서 존재하는 것은 바로 이러한 관련성 때문이며, 그 위치는 그것이 출판된 뒤에도 달라지지 않는다. 만약 나중에 의미가 변한다면 그것은 그 뒤에 씌어진 책과 새로운 관련성을 맺고 있기 때문이다."[36]라고 지적한다. 여기에서 컬러가 시라는 용어를 어느 특정 장르에 국한하지 않고 문학 일반을 가리키는 말로 사용하고 있음은 두말할 나위가 없다.

상호텍스트성의 개념을 처음 본격적으로 펼친 사람은 프랑스 이론가 크리스테바이지만 좀 더 멀리 그 계보를 찾아 거슬러 올라가다 보면 러시아의 문학 이론가이며 사상가인 미하일 바흐친을 만나게 된다. 크리스테바는 바흐친의 대화주의 또는 다성성(多聲性) 이론을 프랑스에 소개하면서 상호텍스트성이라는 용어를 처음 사용하였다. 바흐친은 1960년대부터 러시아와 서구 세계에 알려지면서 20세기에 활약한 가장 뛰어난 문학 이론가 또는 가장 위대한 사상가의 한 사람으로 평가받아 왔다. 크리스테바는 바흐친을 서구 세계에 처음으로 널리 알리는 데 크게 이바지하였다.

방금 앞에서 밝혔듯이 크리스테바가 상호텍스트성을 모자이크에 빗대었지만 그 표현은 바흐친의 말을 거의 그대로 옮겨놓은 것과 다름없다. 중세 문학이 고대 로마 시대의 문학과 맺고 있는 관련성과 관련하여 바흐친은 「소설 담론의 선사시대로부터」라는 논문에서 "다른 사람의 말과 우리 자신의 말 사이의 경계선은 가변적이고 모호하며 때로는 의도적으로 왜곡되어 있다. 어떤 유형의 텍스트는 마치 모자이크와 같아서 다른 사람의 텍스트로 이루어져 있다."[37] 라고 밝힌 적이 있다.

바흐친은 인간이 자신의 의도를 남에게 전달하려고 언어를 사용하지만 이러한 언어는 어쩔 수 없이 두 가지 이유 때문에 방해를 받지 않을 수 없다고 주장한다. 첫째, 모든 언어는 마치 다른 많은 사람의 손을 거쳐 나의 손에 들어오는 화폐와 같아서 이미 다른 사람들이 사용한 뒤에서야 비로소 내가 사용할 수 있게 된다. 이러한 과정에서 언어의 의미는 굴절되고 왜곡되게 마련이다. 둘째, 언어는 그것을 사용하는 사람의 의도에 따라 다시 한번 굴절되지 않을 수 없다. 이렇게 바흐친의 관점에서 보면 인간이 사용하는 언어는 하나같이 처음 만들어진 순수 상태를 그대로 유지할 수 없고 사용하는 사람의 가치 평가에서 완전히 벗어날 수도 없다.

최근 들어 상호텍스트성과 관련하여 '파스티슈(혼성 모방)'라는 기법이 부쩍 자주 입에 오르내린다. 비판적이고 풍자적인 성격이 강한 패러디가 모더니즘에서 주로 많이 사용되었다면, 비교적 유희적 성격이 강한 파스티슈는 포스트모더니즘에서 주로 많이 사용된다. '문학적 짜깁기'라고 부를 만한 파스티슈는 한 사람 이상의 작가가 쓴 여러 작품에서 빌려와 하나의 완성된 작품을 만들어 내는 예술적 태도나 기법을 말한다. 파스티슈는 비록 남의 작품에 기대고 있지만 작가 자신의 창작 의도에 따라 만들어진 예술 작품임에 틀림없다.

그런데 상호텍스트성에서 무엇보다도 문제가 되는 것이

바로 저자의 위상이다. 앞에서 이미 지적하였듯이 포스트모더니즘에 이르러 저자는 이제 더 이상 초월적인 신으로 대접받지 않는다. 저자는 이제 한낱 언어라는 원자재를 사용하여 제품을 만들어 내는 생산자에 지나지 않는다. 다시 말해서 저자는 이제 거룩한 천상의 존재에서 질퍽한 대지에 뿌리를 박고 있는 인간으로 전락한 셈이다. '저자의 실종'이니 '저자의 죽음'이니 하고 부르는 현상은 이렇게 저자의 신비가 벗겨져버린 사실과 깊이 연관되어 있다.

이탈리아의 기호학자요 소설가인 움베르토 에코의 『장미의 이름』(1983)은 상호텍스트성을 잘 보여 주는 대표적인 작품으로 꼽을 만하다. 중세기에 이탈리아의 한 수도원에서 일어난 살인 사건을 플롯으로 삼고 있는 이 작품에서 에코는 온갖 서구 문학 작품을 빌려 온다. 이 작품에서 상호텍스트성은 비단 문학 작품에 그치지 않고 철학, 신학, 역사, 생물학 등 관련을 맺고 있지 않은 분야가 거의 없다고 하여도 크게 틀리지 않다. 가히 백과사전적이라고 할 이 소설은 이렇게 직접 또는 간접적으로 그 이전에 씌어진 작품이나 저서와 상호텍스트적인 관계를 맺고 있어 이 소설을 읽고 있노라면 마치 거대한 모자이크 벽화를 바라보고 있는 듯하다.

이 문제와 관련하여 에코는 "나는 작가들이 이제까지 언제나 알고 있었던 사실을 알게 되었다. 책들은 언제나 다른 책들에 대하여 말하고 있으며, 모든 이야기는 이미 씌어진 이야기를 다시 반복하는 것에 지나지 않는다."[38]라고 밝힌다. 그런가 하면 에코는 이 작품을 두고 "다른 텍스트들로

짜인 직물, 일종의 인용문의 '추리 소설', 여러 책으로부터 만든 책"[39]이라고 묘사하기도 한다. 그러면서 에코는 이 작품에는 독창적인 문장이 하나도 없고 텍스트 전체가 오직 다른 인용문으로 구성되어 있다고 농담 삼아 말하기도 한다. 그러고 보니 에코의 『장미의 이름』이 제프리 초서의 『캔터베리 이야기』처럼 자주 표절 시비에 휩쓸리게 된 것도 우연한 일이 아니다.

실제로 에코는 『장미의 이름』에서 아드소의 입을 빌려 모든 책은 궁극적으로 상호텍스트적인 성격을 지닌다고 밝힌다. 이 소설에는 사랑 때문에 괴로워하는 아드소가 스승 윌리엄 신부와 베난시우스의 양피지를 두고 대화를 나누는 장면이 나온다. 윌리엄이 아드소에게 "책이란 다른 책들에 대하여 말할 때가 가끔 있거든" 하고 밝히자 아드소는 스승의 말을 듣고 적잖이 놀란다.

> 그때까지만 하여도 나는 책이란 인간이거나 신적이거나 책 밖에 존재하는 사물에 대하여 말하는 것으로 생각하고 있었다. 그러나 이제 나는 책이 자주 다른 책에 대하여 말한다는 사실을 깨닫게 되었다. 마치 책들이 자기들끼리 서로 이야기를 주고받는 것과 같았다. 그러고 보니 나에게 도서관은 더더욱 불안스런 존재처럼 보였다. 몇 세기에 걸쳐 이어진 속삭임의 장소, 한 양피지와 다른 양피지 사이에서 눈에 띄지 않게 이루어지는 대화의 장소, 살아 있는 어떤 것, 인간 정신의 지배에서 벗어난 권력의 요람, 수많은 지성에서 비롯한 비밀의 보고(寶庫)로 그 비밀을 만들어냈거나 전승한 사람들의 죽음마저 초월한 존재가 바로 도서관이었던 것이다.[40]

그런데 에코가 『장미의 이름』에서 '다시 반복하고' 있는 작품들이나 저서들은 그야말로 거의 모든 분야가 망라되어 있다시피 하다. 실제로 서구에서 굵직한 획을 남긴 중요한 작품이나 저서가 거의 대부분 포함되어 있다고 하여도 크게 틀리지 않다. 좀 더 구체적으로 말한다면 이 소설은 1) 문학-역사적 층위, 2) 신학-철학적 층위, 3) 민중적-문화적 층위 등 모두 세 층위로 구성되어 있다. 그리고 이 세 층위는 나머지 층위와 서로 깊이 연관되어 있다.

문학-역사적 층위에서 볼 때 이 작품은 과거의 여러 문학 작품뿐만 아니라 과거의 역사 기록이나 자료와도 밀접한 관련을 맺고 있다. 예를 들어 이 작품은 무엇보다도 제목에서부터 이미 상호텍스트적 성격을 드러낸다. 제목과 관련하여 에코 자신은 "장미는 오직 이름으로만 남아 있을 따름이다. 우리는 적나라한 이름을 지닌다."는 12세기 베네딕트회 수도승 몰레이의 베르나르드의 육보격(六步格) 시행에서 따왔다고 밝힌다. 또한 에코는 이 제목을 해석하려면 중세와 현대 이론가들이 언어적 기호의 기능과 관련하여 '장미'라는 말을 즐겨 써 왔다는 사실을 고려하여야 한다고 말한다.

그러나 이 소설의 제목을 보는 순간 곧바로 윌리엄 셰익스피어의 『로미오와 줄리엣』(1597)을 떠올릴 독자가 적지 않을 것이다. 백합이 청순함과 순결함을 상징하듯이 장미는 전통적으로 열정적인 사랑과 관련되어 있으며, 셰익스피어의 이 작품은 서구 문학 가운데에서도 가장 대표적인 러브스토리이기 때문이다. 더욱이 줄리엣은 자신이 사랑하는 로미오가 다름 아닌 불구대척의 원수 가문 출신인 것을 알아차리고는 그에게 "이름이 도대체 무슨 의미가 있다는 것입니까? 우리가 장미를 다른 어떠한 이름으로 부르더라도 향기는 역시 마찬가지이지요."(2막 2장)라고 말한다.

『장미의 이름』에는 셰익스피어 말고도 토마스 만이나 제임스 조이스 또는 T. S. 엘리엇 같은 모더니스트의 작품도 자주 어른거린다. 비교적 최근 작가 가운데에서는 호르헤 루이스 보르헤스 같은 라틴아메리카 작가들의 작품들도 심심치 않게 엿볼 수 있다. 그런데 흥미롭게도 이 소설에서 수도원의 도서관을 책임 맡고 있는 도서관장으로 등장하는 '부르고스의 호르게'라는 인물은 바로 보르헤스의 이름에서 빌려온 것이다.

그러나 『장미의 이름』에서 에코가 가장 핵심적인 상호텍스트로 사용하고 있는 작품이라면 뭐니 뭐니 하여도 코넌 도일류의 추리 소설이나 탐정 소설 등 주로 일반 독자를 대상으로 한 대중 소설이다. 이 가운데에서도 특히 셜록 홈스 이야기는 가장 중요한 뼈대를 이룬다. 이 작품에는 탐정 주인공으로 프란체스코파 영국 수도승 배스커빌의 윌리엄이 등장하며, 그의 행적은 윌리엄의 종자(從者) 아드소가 기록하고 있다. 그런데 아드소 역시 여러모로 코넌 도일의 작품에 등장하는 왓슨 박사를 떠올리게 하는 인물이다.

한편 신학적-철학적 측면에서 볼 때 『장미의 이름』은 중세기의 연대기와 깊이 관련되어 있다. 예를 들어 이 작품에서 푸코는 현대 언어학 이론에 획기적인 전환점을 마련해 준 철학자 루트비히 비트겐슈타인을 언급한다. 또한 13세기 영국의 스콜라 철학자이며 과학자인 로저 베이컨을 중요하게 다루기도 한다. 윌리엄과 마찬가지로 프란체스코회 수도사인 로저 베이컨은 자신의 신앙심을 포기하지 않고서도 자연과학의 법칙들을 설명한 사람으로 잘 알려져 있다.

또한 이 작품에는 심령과학을 주장하는 베이컨과 더불어 회의주의를 주장하는 오캄의 윌리엄이 등장하기도 한다. 주로 14세기에 걸쳐 활약한 오캄의 윌리엄은 교황 요한 22세로부터 이단자라는 낙인이 찍힌 뒤 교황과 적대 관계에 있던 신성 로마제국의 왕 루이 4세의 보호를 받았다. 오캄의 윌리엄은 그 이전의 중세 철학 전통과 결별함으로써 새로운 철학적 기원을 마련하였다는 평가를 받는다. 특히 그는 성(聖) 토마스 아퀴나스의 리얼리즘을 거부하고 유명론(唯名論)을 주창한 사람으로도 유명하다. 이 밖에도 이 작품에는 중세의 신학자들과 철학자들이 많이 등장할 뿐만 아니라, 그동안 서구 세계에 전해 내려온 신앙 고백이나 신앙 천명 등을 중요한 상호텍스트로 삼고 있어 마치 종교사를 떠올리게 한다.

그런가 하면 『장미의 이름』은 에코가 작가로 변신하기에 앞서 주요 관심을 기울인 분야인 기호학 이론과 내러티브 이론을 비롯한 최근의 비평 이론을 상호텍스트로 삼는다. 이 소설에서 일어나는 일련의 살인은 다름 아닌 아리스토텔레스의 저서와 깊이 관련되어 있다. 이 살인 사건을 해결할 수 있는 열쇠는 아리스토텔레스가 썼지만 소실되어 지금은 전해지지 않는다는 희극에 관한 책이다. 이미 아리스토텔레스는 『비극론』을 써서 그리스 비극의 이론적 초석을 다졌고, 이번에는 희극에 관한 이론서를 썼는데 이 책이 바로 지금까지 전설로만 전해 내려온 희극에 관한 책이다. 에코는 이렇게 허구적인 텍스트를 중심적인 모티프로 삼음으로써 최근 비평 이론에서 중요한 위치를 차지하고 있는 담론과 권력의 관계를 다룬다. 특히 배스커빌의 윌리엄과 부르고스의 호르게가 도서관에서 벌이는 마지막 대결 장면에서 서로 주고받는 대화는 좁게는 문학 이론, 넓게는 문화 이론에 관한 것이라고 하여도 크게 틀리지 않다. 배스커빌의 윌리엄이 아리스토텔레스의 희극론에 관한 책을 도서관에 소장하려고 하는 반면, 부르고스의 호르게는 이 책을 감추려고 온갖 노력을 아끼지 않는다.

그런데 부르고스의 호르게가 이렇게 희극론에 관한 책을 감추려고 노력하는 데에는 충분히 그럴 만한 까닭이 있다. 코미디나 패러디 또는 농담을 다룬 책들이란 경박스러움을 찬양함으로써 궁극적으로 인류 문화나 문명을 와해시킨다고 생각하기 때문이다. 그리하여 호르게는 코미디 같은 '경박한' 담론보다는 비극이나 신학 또는 철학 같은 좀 더 '진지한' 담론을 훨씬 더 높이 평가하며, 경박한 담론은 문화나 문명의 상징이라고 할 도서관에 소장할 가치가 없다고 잘라 말한다. 한편 배스커빌의 윌리엄은 아무리 경박한 담론이라도 그 나름대로 의미를 지니고 있기 때문에 진지한 담론과 마찬가지로 도서관에 보존할 가치가 있다고 주장한다. 이 점에서 볼 때 부르고스의 호르게는 바흐친이 말하는 단성성이나 독백주의를 대변하는 인물이라면, 배스커빌의 윌리엄은 다성성과 이어성(異語性) 그리고 카니발 담론을 주장하는 대화주의자라고 부를 수 있을 것이다.

상호텍스트성은 문학 말고도 다른 예술 분야에서도 폭넓게 나타난다. 특히 미술에서 상호텍스트성은 문학 못지않게 아주 중요하다. 예를 들어 파블로 피카소는 르네상스 시대의 스페인 화가 디에고 벨라스케스의 작품 〈라스 메니나스〉를 상호텍스트로 삼되 그 특유의 큐비즘적인 관점에서 새롭게 다시 구성한다. 한편 멜 라모스는 〈벨라스케스 버전〉에서 역시 벨라스케스의 작품 〈비너스의 화장〉을 상호텍스트로 삼는다. 라모스는 벨라스케스의 육감적인 누드의 모습을 상품처럼 섹스를 사고파는 현대 사회에서 섹스의 대상으로 다룬다.

문학이나 미술에서처럼 그렇게 두드러지게 드러나지는 않지만 음악에서도 상호텍스트성을 엿볼 수 있다. 음 하나 하나, 악구 하나하나를 텍스트로 삼는 음악에서 상호텍스트성이란 음과 음 사이, 악구와 악구 사이에서 일어나는 상호 관계를 말한다. 작곡가들은 기존의 텍스트와는 독립된 어떤 새로운 작품을 작곡하려고 노력하는 한편, 새로운 어떤 것을 추구하되 기존의 음악 텍스트에 의존하여 작품을 창작하려고 한다. 예를 들어 루치아노 베리오는 〈신포니아〉에서 여러 음악가의 작품을 한데 혼합하여 콜라주 음악을 시도한다. 구스타프 말러의 교향곡 제2번을 비롯하여 요한 세바스찬 바흐, 아르놀트 쇤베르크, 클로드 드뷔시, 모리스 라벨 등의 음악가의 작품을 상호텍스트로 삼는다.

기생 생물처럼 다른 텍스트에 의존한다는 점에서 상호텍스트성은 그 동안 흔히 표절이나 도용의 혐의를 받아 왔다. 러시아 태생의 미국 작가 블라디미르 나보코프는 『창백한 불꽃』(1962)에서 영국의 신고전주의 시인 앨릭샌더 포우프와 T. S. 엘리엇을 비롯한 서구 문학 전통에 속한 많은 작가들의 작품을 자유롭게 '약탈해' 온다. 어떤 의미에서 이 소설은 마치 모자이크처럼 여러 작품에서 조금씩 빌려와 만들어 낸 작품이라고 할 수 있다. 이 문제와 관련하여 레이먼드 페더먼은 자크 에르만한테서 힌트를 얻어 유희를 뜻하는 '플레이(play)'라는 말과 표절을 뜻하는 '플레이지어리즘(plagiarism)이라는 말을 서로 결합하여 '플레이지어리즘(playgiarism)'이라는 신조어를 만들어 내기도 한다. 두말할 나위 없이 동음이의어에 착안한 이 '플레이지어리즘'이라는 말은 포스트모더니즘의 유희적 특성과 함께 극단적 형태의 상호텍스트성을 웅변적으로 말해 준다.

그러나 여기에서 한 가지 염두에 두어야 할 것은 창조성이나 독창성을 회의적으로 본다고 하여 상호텍스트성을 도용이나 표절로 볼 수는 없다는 점이다. 포스트모더니즘의 한 특성인 상호텍스트성은 정당한 절차를 거치지 않고 남의 작품을 도용하거나 표절하는 행위와는 근본적으로 다르다. 포스트모더니즘을 비판하는 몇몇 이론가들이 포스트모더니즘이 곧 표절이나 도용 행위를 정당화시켜 주는 비도덕적 미학으로 여기고 있지만, 그것은 포스트모더니즘을 비판하기 위한 전략에 지나지 않을 뿐 실제 사실과는 적잖이 거리가 멀다. 한마디로 포스트모더니즘과 표절이나 도용은 사실상 아무런 관련이 없다. 빗대어 말하자면 표절이나 도용이 나무로 의자를 만드는 물리적 반응과 같은 것이라면, 상호텍스트성은 포도를 가지고 포도주를 만드는 화학적 반응과 같다고 할 수 있다. 또 다른 비유를 든다면 표절이나 도용이 음식을 먹고 식중독에 걸린 것이라면, 상호텍스트성은 음식을 먹고 제대로 소화하여 피와 살로 만드는 것과 같다.

한편 한 작가가 다른 작가의 작품을 상호텍스트로 삼지 않고 자신의 작품을 상호텍스트로 삼는 경우도 없지 않다. 일찍이 오노레 드 발자크나 제임스 조이스 또는 윌리엄 포크너 같은 작가들이 이미 자신이 출간한 작품에서 플롯이나 작중인물 또는 주제를 취해 왔다. 최근 들어 미국 작가 존스는 『편지』(1979)를 비롯한 몇몇 작품에서 자신의 작품에서 플롯이나 인물 등을 직접 빌려온다. 이 작품에서 그는 앞서 발표한 여섯 편의 작품과 끊임없는 '대화'를 나누는 셈이다. 비록 작가는 이 소설을 이해하기 위하여 반드시 앞서 나온 자신의 작품에 대하여 잘 알고 있을 필요가 없다고 밝히고 있지만 이전의 작품을 읽지 않고 『편지』를 이해하기란 그렇게 쉽지 않다. 그러나 발자크나 조이스 또는 포크너와는 달리 바스의 작품에서는 포스트모더니즘 특유의 산만하고 다원적인 성격이 훨씬 두드러지게 나타난다.

바스가 시도하는 이러한 상호텍스트성을 일컬을 때는 흔히 '내적 상호텍스트성' 또는 '개인적 상호텍스트성'이라고 부른다. 그런가 하면 이러한 상호텍스트성을 '메타텍스트'라고 부르자고 제안하는 이론가도 있다. 어떤 용어로 부르던 이 유형의 상호텍스트성에서는 동일한 작가의 작품 안에서 일어나는 한 텍스트와 다른 텍스트, 특히 동일한 장르 안에서 일어나는 한 텍스트와 다른 텍스트 사이의 상호 관계를 뜻한다. 그러나 여기에서도 한 텍스트가 다른 텍스트와 맺고 있는 관계는 수평적 관계가 아니라 어디까지나 수직적 관계이다.

3 장르 붕괴 또는 장르 확산

1989년 11월 그동안 서독과 동독을 가로막고 있던 베를린 장벽이 허물어진 것은 독일의 역사는 물론이고 서구 현내사에서 엄청난 사건이었다. 40년이 넘는 독일 분단의 역사를 접고 통일 독일로 향하여 큰 발걸음을 내딛었다는 점에서도 그러하고, 동서 냉전체제가 종식되었다는 점에서도 그러하다. 그때 베를린 장벽 위에서 환희와 성취감에 도취되어 독일 젊은이들이 서독 국기를 힘차게 흔들어대던 모습이 아직도 기억에 새롭다. 그런데 베를린 장벽은 레슬리 피들러가 말하는 '경계를 넘고 간격을 좁히는' 포스트모더니즘 정신을 상징적으로 표현하였다는 점에서도 자못 중요하다.

미국 이론가 앤드레아스 후이슨은 포스트모더니즘의 이러한 특징을 북아메리카 대륙을 가로 나누는 대분수계 로키산맥에 빗댄다. 모더니즘이 로키산맥이 미 대륙을 서부와 동부로 나누듯 고급 문화와 대중 문화를 나누었다면, 포스트모더니즘에 이르러서는 그러한 장벽이 무너져 버렸다고 지적한다. 후이슨의 지적대로 포스트모더니즘 문학은 장르와 장르 사이에 놓여 있던 높다란 장벽을 허무는 데 크게 이바지한다. 이른바 '장르 붕괴'니 '장르 확산'이니 '탈(脫)장르'니 하는 현상이 포스트모더니즘에 이르러 뚜렷이 드러난다.

리얼리즘은 말할 것도 없고 모더니즘만 하여도 장르의 순수성에 무게를 두었다. 다시 말해서 문학 장르가 서로 결합하거나 혼합하는 것을 아주 못마땅하게 생각하여 마치 이민족과의 결혼처럼 의혹의 눈길로 바라보기 일쑤였다. 말하자면 한 문학 장르와 다른 문학 장르 사이에는 베를린 장벽처럼 높다란 장벽이 가로놓여 있었다. 예를 들어 소설 장르와 시 장르, 희곡 장르와 소설 장르가 서로 엄격히 구분되었다. 더구나 시나 소설 또는 희곡 같은 창작 장르와 비평 장르 사이에는 더더욱 높은 장벽이 가로놓여 있었다. 이 점과 관련하여 자크 데리다는 "'장르'라는 말을 언급하자마자, 이 말을 듣자마자, 그 개념에 대하여 생각하려고 하자마자 곧 경계선이 그어진다. 그리고 경계선을 긋게 되면 규범과 금기가 곧 뒤따르게 된다."[41]라고 밝힌다.

그러나 포스트모더니즘에 이르러 장르와 장르 사이의 장벽이 허물어져 버리면서 장르 사이에는 전보다 훨씬 더 유동적인 관계가 이루어지기 시작하였다. 시어도어 지올코울스키는 "새로운 예술은 이제 서로 깊이 관련되어 있기 때문에 우리는 자기만족 상태에서 자기충족적 영역의 장벽 뒤에 숨어 있을 수 없게 되었다."[42]라고 밝힌다. 또한 이러한 현상은 비록 정도의 차이는 있지만 문학과 예술을 넘어 다른 분야에서도 쉽게 엿볼 수 있다. 그리고 이러한 장르 확산이나 탈장르 현상은 더 나아가 학문의 영역에서도 마찬가지로 나타난다.

포스트모더니즘이 본격적으로 대두한 제2차 세계대전 이후 시인들은 점차 특정한 시 장르에 안주하지 않고 다른 시 장르에도 큰 관심을 기울이기 시작하였다. 더욱이 그들은 전통적인 시 장르의 테두리에서 벗어나 소설이나 희곡 같은 다른 문학 장르와의 결합을 모색하기도 하였다. 이번에는 이보다 한 발 더 밀고나가 문학 외의 다른 예술 장르와도 관련을 맺으려고 하였다. 한마디로 포스트모더니즘 시인들은 그동안 고답적이고 지고의 위치를 차지해 온 시 장르로부터 순수성과 신비를 벗겨버림으로써 그것을 좀 더 세속적이고 일상적인 수준으로 끌어내리려고 하였다.

시에 나타나는 장르 확산이나 탈장르는 무엇보다도 운문의 산문화 현상에서 엿볼 수 있다. 시와 산문 사이에 놓여 있던 계급 질서가 무너지면서 시는 점차 산문화 경향을 띠기 시작하였다. 포스트모더니스트들은 이데올로기에 따라 시와 산문이 구별되었을 뿐 이 두 장르 사이에 어떤 본질적 차이란 없다고 지적한다. 포스트모더니즘 시를 특징짓는 이러한 산문화 현상은 무엇보다도 서정시가 점차 쇠퇴하고 서사시가 주목받기 시작한 사실에서 엿볼 수 있다. 서사시는 운문의 형식을 취한다는 점에서 시로 볼 수 있지만 일정한 플롯에 따라 이야기를 전개한다는 점에서는 소설 장르에 가깝다. 소설을 굳건한 문학 장르의 위치로 끌어

올리는 데 크게 이바지한 헨리 필딩은 일찍이 소설을 두고 '산문으로 된 희극적 서사시'라고 부른 적이 있다. 구체적인 역사적 시간과 사회적 공간을 중시하는 포스트모더니즘에서는 인간의 감정을 이미지로 응축하여 짧게 표현하는 서정시보다는 아무래도 역동적인 서사시가 훨씬 더 걸맞은 장르일 것이다.

포스트모더니즘 시에 나타나는 산문화 현상은 서사시 못지 않게 자유시에서도 엿볼 수 있다. 물론 자유시도 서사시처럼 포스트모더니즘에 이르러 처음 나타난 현상은 아니고 이미 그 이전의 시인들이 널리 사용하였다. 그러나 그동안 부분적으로밖에는 관심을 받지 못하던 자유시는 제2차 세계대전 이후 그야말로 눈부신 전성기를 맞는다. 포스트모더니즘 시인 치고 자유시에 관심을 기울이지 않은 시인은 거의 없다시피 하다. 좀 더 민중적이며 무정부주의적인 태도를 취하는 포스트모더니즘 시인들에게 정형시란 한낱 거추장스러운 굴레요 족쇄에 지나지 않기 때문이다.

포스트모더니즘 시에서 장르 확산이나 탈장르 현상은 이번에는 찰스 올슨이나 로버트 크릴리의 '구어시(口語詩)'와 데이비드 앤틴과 제로움 로든버그의 '담화시(談話詩)'에서도 엿볼 수 있다. 블랙마운틴 시 운동을 이끈 올슨이나 크릴리의 구어시는 앨런 긴스버그와 게리 스나이더와 마이클 맥클루어 같은 비트 시인한테서 예술적 자양분을 흡수하며 발전한다. 이 갈래의 시 장르는 시를 무엇보다도 '구어적 사건'으로 간주하는 긴스버그한테서 큰 영향을 받았다.

한편 모든 시를 일종의 담화로 간주하는 앤틴은 어떠한 시도 구체적인 일상적인 구어를 사용하는 담화를 떠나서는 존재할 수 없다고 지적한다. 앤틴은 『말하기』(1972)를 비롯한 『경계선에서 말하기』(1976)와 『조율』(1984) 같은 일련의 시집을 통하여 시각 예술인 시를 청각 예술에 속하는 다른 장르들과 결합함으로써 시 장르의 영역을 좀 더 넓히려고 시도한다. 그의 담화시는 거의 예외 없이 처음에는 느슨하고 산만한 에세이의 형식으로 시작하다가 점차 삽화적이고 허구적인 내러티브의 형태로 옮아온 뒤 마침내 시적 담론으로 바뀐다. 그가 자신의 작품을 '시'라고 부르지 않고 '토크-피스', 즉 담화-작품이라고 부르는 까닭이 바로 여기에 있다.

더구나 포스트모더니즘 시의 장르 확산이나 탈장르는 시각적 형식이나 공간 형식을 강조하는 데에서도 뚜렷이 드러난다. 흔히 구체시나 패턴시가 발전한 '포에지아 비지마(시각적 시)'는 시각적 형식과 공간적 형식에 무게를 싣는 작품이다. 이탈리아에서 처음 발전한 시각적 시는 문자 그대로 언어적 측면이나 텍스트적 측면보다는 시각적 요소에 한결 더 큰 관심을 기울인다. 시각적 시는 단순히 알파벳 같은 철자를 사용할 뿐만 아니라 더 나아가 사진이나 그 밖의 기호 같은 다른 장르를 시 속에 포함시킨다.

포스트모더니즘 시에서 장르 붕괴나 장르 확산 현상이 가장 뚜렷이 드러나는 것은 '폴리아트' 현상이다. 폴리아트란 글자 그대로 하나 이상의 예술이 복합적으로 서로 결합되어 있는 현상을 가리킨다. 리처드 코스텔러니츠가 '텍스트-사운드 시라고 부르는 이 갈래의 시는 존 케이지의 우연적 음악에서 잘 나타난다. 또한 포스트모더니즘 시는 이번에는 시와 회화 사이에 놓여 있던 벽을 허물어뜨린다. 포스트모더니즘 계열에 속하는 몇몇 시인들은 회화에 깊은 관심을 기울이고 있을 뿐만 아니라 이 분야에 대한 지식이 꽤 높다. 특히 뉴욕파 시인으로 흔히 일컫는 시인들은 그동안 시 장르를 회화와 결합하려고 애써 왔다. 그들이 작품 활동을 처음 시작하였을 때 미국 화단을 휩쓴 화풍은 바로 추상 표현주의였다. 블랙마운틴 시인들과 뉴욕파 시인들에게 추상 표현주의는 예술적 모험을 시도하는 데 그야말로 좋은 모델이 되었다. 존 애쉬베리는 시와 회화 작품을 서로 결합하려고 시도한 가장 대표적인 뉴욕파 시인이다.

장르 붕괴나 장르 확산 현상은 시 장르보다는 소설 장르에서 훨씬 더 분명하게 나타난다. 모든 문학 장르를 통틀어 아마 소설처럼 그렇게 침투력이 강한 장르도 없을 것이다. 소설은 마치 잡식 동물과 같아서 다른 문학 장르들은 말할 것도 없고 일기나 전기 또는 자서전 같이 비록 언어를 매체로 삼으면서도 흔히 비문학 장르의 테두리에 들어가는 장르까지도 닥치는 대로 받아들여 자신의 일부로 만들어 버리는 경향이 있다. 미하일 바흐친은 일찍이 소설의 이러한 특성을 '소설화'라는 용어로 사용한 적이 있다. 시나 서사시 또는 희곡 같은 장르는 일단 소설의 영향을 받게 되면 본디 지니고 있던 장르적인 특성을 잃어버린 채 소설 장르 특유의 성격을 띠게 되기 때문이다.

무엇보다도 먼저 소설의 장르 붕괴나 장르 확산은 장편

소설과 단편소설 사이에 놓여 있던 장벽이 허물어진 데에서 찾아볼 수 있다. 제2차 세계대전을 전후하여 장편소설과 단편소설의 구별은 이렇다 할 의미가 없게 되었다. 포스트모더니즘에 이르러 적지 않은 작가들이 이 두 장르의 경계선에 걸터앉아 비교적 자유로운 공간에서 활동해 왔다. 최근 들어 장편소설에 넣기도 그렇다고 단편소설에 넣기도 아리송한 작품들이 많이 창작되었다. 그리하여 호르헤 루이스 보르헤스를 비롯한 작가들이나 이론가들은 아예 '단편소설'이니 '장편소설'이니 하는 용어를 쓰지 않고 '픽션'이라는 애매한 용어를 즐겨 쓴다. 이 픽션이라는 용어는 인간의 상상력이 빚어낸 허구적 산물을 함축할 뿐 길이에 따른 구분과는 이렇다 할 관련이 없다.

예를 들어 존 바스의 『미로에서 길 잃어』(1969)는 장편소설과 단편 작품집의 중간에 속하는 작품이다. 이 책은 언뜻 보면 아무런 통일성이 없이 단편 작품을 한데 모아놓은 단편집과 같다. 그런데도 이 책은 단순히 단편집으로 볼 수 없는 몇 가지 특징을 지닌다. 작가는 이 작품 첫머리에 덧붙여 놓은 「작가의 노트」에서 "이 책은 단편 작품들을 모아 놓은 것도 아니고, 그렇다고 단편 작품들을 선별하여 뽑아 놓은 것도 아닌 일종의 시리즈에 해당한다. (……) 그러므로 이 책은 '한꺼번에' 그리고 원래 배열해 놓은 순서대로 읽어야 한다."43)라고 밝힌다.

포스트모더니즘에 이르러 장편소설 장르와 단편소설의 장르적 구분이 느슨해졌다면, 이번에는 소설과 시의 장르적 구분도 꽤 모호해졌다. 다 같이 문학 장르에 속해 있으면서도 그동안 시 장르와 소설 장르는 서로 뚜렷이 구분지을 수 있는 그 나름대로의 독특한 성격을 지니고 있었다. 시가 인간의 격정적인 감정을 표현하는 데 주로 사용하는 문학 장르라면, 소설은 주로 사회-역사적 측면에서 인간의 삶을 표현하는 데 알맞은 문학 장르이다. 그리하여 시 장르는 주로 이미지에 관심을 기울이는 반면, 소설 장르는 내러티브에 관심을 기울인다. 이 밖에도 시는 소설과는 여러모로 서로 대립적인 장르로 간주해 왔다.

그러나 포스트모더니즘에 이르러 시와 소설 사이의 관계가 전보다 한결 유동적으로 바뀌기 시작하였다. 블라디미르 나보코프의 『창백한 불꽃』(1962)은 소설의 장르 확산 현상을 보여주는 가장 좋은 예로 꼽힌다. 흔히 "20세기에 씌어진 예술 작품 중에서 가장 위대한 작품 가운데 하나"로 꼽히는 이 소설은 마치 인어처럼 한 몸 안에 서로 다른 두 모습을 지니고 있어 소설치고는 아주 색다른 작품이다. 좀 더 구체적으로 말해서 이 작품은 반은 운문 형식으로, 나머지 반은 산문 형식을 취한다. 흔히 여러 장으로 구분하는 전통적인 소설과는 달리 이 작품은 크게 네 부분으로 나뉜다. 그런데 두 번째 부분은 모두 999행의 네 칸토에 약강 오보(弱强五步)의 영웅시격으로 된 「창백한 불꽃」이라는 장시로 되어 있다. 전체 분량 가운데 무려 3분의 1에 해당하는 부분이 운문으로 되어 있다. 그러므로 이 작품을 처음 읽는 독자들은 자신이 읽고 있는 작품이 과연 소설인지 시인지 적잖이 당황하게 된다. 물론 작가는 이 책의 겉표지나 속표지에서 이 작품이 소설이라는 점을 분명히 밝히고 있지만 적어도 표현 양식이라는 점에서 본다면 장르를 구분하기란 그렇게 쉽지 않다.

한편 『창백한 불꽃』에서 장르의 모호성은 비단 소설과 시에 그치지 않는다. 이 작품은 소설과 시의 범위를 훨씬 뛰어넘어 이번에는 비평 장르를 사용한다. 이 작품은 찰스 킨보트라는 미국의 어느 지방대학 교수가 「창백한 불꽃」이라는 시를 편집하는 형식을 취한다. 이 소설의 첫 번째 부분은 마치 전문적인 학술 저서를 떠올리게 「서문」을 싣는다. 편집자가 집필한 이 서문에는 장편시 「창백한 불꽃」의 원고를 입수하게 된 경위, 그리고 그 원고를 단행본으로 출판하기까지 서지학적 역사를 자세히 기록한다. 「코멘터리」라는 제목이 붙어 있는 이 소설의 세 번째 부분은 킨보드가 이 시에 대하여 자세히 설명을 붙인 현학적 주석의 형식을 취한다. 그리고 이 소설의 맨 마지막 부분은 맨 처음 부분과 마찬가지로 전문적인 학술 저서를 방불하게 하는 인명 및 용어의 색인으로 되어 있다. 한마디로 나보코프의 이 작품에는 소설과 시 그리고 비평 등 희곡을 빼고는 나머지 문학 장르를 총망라하고 있는 셈이다.

한편 장편소설은 심지어 언어를 매체로 사용하지 않는 비문학적인 장르를 흡수하거나 그것과 결합하기도 한다. 예를 들어 소설은 그동안 어느 다른 예술보다도 같은 시각 예술에 속하는 미술과는 비교적 친밀한 관계를 맺어 왔다. 그러나 포스트모더니즘 작가들은 작품의 주제를 보강하기 위한 장치의 일부로서 회화를 사용한다. 예를 들어 도널드 바틀미는 『죽은 아버지』(1975) 같은 장편소설을 비롯하여

「톨스토이의 박물관에서」(1969), 「두뇌 손상」(1970), 「비둘기의 궁전 도피」(1970) 같은 단편소설에서 활자 매체와 회화를 효과적으로 결합하였다는 평가를 받는다.

더 나아가 소설 장르는 이번에는 비예술 장르와 손을 잡기도 한다. 예를 들어 샐먼 러쉬디는 『수치심』(1983)에서 소설과 역사의 벽을 허무는가 하면, 맥신 홍 킹스턴은 『중국 사나이들』(1980)에서 소설과 자서전의 벽을 무너뜨린다. 또한 존 밴빌의 『코페르니쿠스 박사』(1976)와 『케플러』(1981), 베릴 베인브리지의 『젊은 아돌프』(1978), 제임스 올드리지의 『마지막 일별』(1977)에서 볼 수 있듯이 소설과 전기 사이의 구분도 이제 별다른 의미를 지니지 않게 되었다. 이 밖에도 앤젤러 카터는 소설과 문화 인류학의 경계를, 앨리스 워커와 토니 모리슨은 소설과 심리학의 경계를 자유롭게 넘나든다.

그런가 하면 사실의 허구화, 허구의 사실화는 흔히 '논픽션 소설'로 일컫는 장르에서 가장 뚜렷이 드러난다. 1960년대 중엽부터 1970년대 중엽까지 10여 년 동안 미국에서 크게 유행한 이 장르는 마침내 허구와 사실 또는 의식과 현상 세계 사이에 놓여 있던 장벽을 무너뜨리는 데 크게 이바지하였다. 적지 않은 작가들이나 저널리스트들은 단순히 허구에 기대지 않고 오히려 실제 세계에서 일어나는 사건을 직접 보고하고 기록하면서 거기에 작가 자신의 의견을 덧붙이는 새로운 장르를 발전시켰다. 그리하여 상상력의 산물인 허구의 세계와 일상적인 생활에서 일어나는 객관적 사실의 세계 사이에 명확한 경계선을 긋기가 어렵게 되었다. 몇몇 이론가는 허구와 사실의 이러한 느슨한 관계를 '팩트(fact)'라는 말과 '픽션(fiction)'이라는 말을 한데 묶어 '팩션(faction)'이라는 신조어를 사용하기도 한다.[44]

트루먼 커포티의 『냉혈』(1965)에서 처음 시작한 논픽션 소설은 이번에는 노먼 메일러가 좀 더 정교하게 다듬는다. 메일러는 『밤의 군대』(1968)에서 객관적 사실에 근거를 둔 역사와 상상력이 빚어내는 허구의 산물인 소설의 경계를 허물어 버린다. 특히 '소설로서의 역사, 역사로서의 소설'라는 부제에서도 잘 드러나듯이 이 작품은 될 수 있는 대로 객관적 사실에 입각하여 정확한 지식을 독자들에게 전달해 주려고 한다. 그러나 메일러의 가장 대표적인 논픽션 작품이라면 역시 『사형 집행인의 노래』(1979)를 빼놓을 수 없다. 『밤의 군대』가 뉴 저널리즘에 더 가까운 작품이라면, 게리 길모어라는 살인자를 다루고 있는 『사형 집행인의 노래』는 논픽션 소설 장르에 좀 더 가깝다. '실화 소설'이라는 언뜻 모순어법적인 부제가 붙어 있는 이 작품에서 메일러는 이전의 작품에서처럼 주인공과 자의식적인 화자로서의 역할을 맡지 않는다.

논픽션 소설이 저널리즘 기법을 사용함으로써 소설 장르의 영역을 넓히려고 한다면, 뉴 저널리즘은 이와는 달리 소설 장르에서 주로 사용하는 기법을 빌려와 저널리즘의 영역을 넓히려고 한다. 뉴 저널리즘을 '문학적 논픽션'이라고 부르는 로널드 웨버는 『사실의 문학』(1980)에서 뉴 저널리즘을 정보 전달의 가치 외에 언어로서의 가치를 지니는 장르라고 정의내린다. 한편 존 워노크는 『실재의 재현』(1989)에서 이 장르를 두고 '내러티브 형식을 통한 진실의 사실적 재현'이라고 규정짓는가 하면, 크리스 앤더슨은 『문학적 논픽션』(1989)에서 개인적이고 사색적인 동시에 정보를 제공해 주는 장르라고 정의 내린다. 그런가 하면 짐 보일런은 문학적 논픽션은 "다른 형태의 저널리즘으로는 전달할 수 없는 삶과 문화의 다양한 모습을 포괄하려고 한다."[45]라고 밝힌다.

뉴욕에서 발행되는 잡지 《뉴요커》를 중심으로 1960년대 중엽부터 본격적으로 나타난 뉴 저널리즘은 여러모로 전통적인 저널리즘의 개념에서 크게 벗어난다. 이 저널리즘은 무엇보다도 객관적 보도라는 전통적 저널리즘의 기본 입장에 쐐기를 박는다. 단순한 정보 제공 이상의 의미를 지니는 뉴 저널리즘에서는 정보 못지 않게 그 정보를 전달하는 스타일, 즉 언어적 측면이 중시된다. 이 장르는 이른바 육하원칙(六何原則)에 입각한 객관적이고 평면적인 현대 저널리즘에 대한 비판으로 처음 시작되었다. 즉 뉴 저널리즘의 밑바닥에는 종래의 저널리즘으로써는 제2차 세계대전 이후 아주 복잡다단한 양상을 띠고 있는 현대의 삶의 모습을 제대로 묘사할 수 없다는 전제가 깔려 있다. 그리하여 뉴 저널리즘은 '올드 저널리즘'과는 달리 될 수 있는 대로 몰개성적(沒個性的)이고 객관적인 묘사를 지양하고 의식의 흐름 수법이나 내면 독백 같은 전위적 소설 기법을 포함한 소설에서 사용하는 관점이나 시점, 상징, 극적 장면, 배경, 대화, 그리고 내러티브 패턴 등을 과감하게 구사한다. 한마디로 뉴 저널리즘은 사실성을 희석하기 위하여

의식적으로 허구성에 무게를 싣는 저널리즘을 말한다.

초기 뉴 저널리즘 장르를 발전시킨 작가로는 커포티를 비롯하여 존 허쉬와 릴리언 로스 등이 꼽힌다. 허쉬는 제2차 세계대전을 종식시키는 데 결정적인 역할을 한 히로시마에의 원자 폭탄 투하를, 로스는 어니스트 헤밍웨이와 할리우드 영화 산업을, 그리고 커포티는 미국 오페라단의 러시아 순회공연과 말론 브랜도 등을 묘사하는 데 이 장르를 사용하였다. 게이 털리스의 『왕국과 권력』(1969)과 토머스 톰슨의 『피와 돈』(1976)은 뉴 저널리즘의 수준을 한 단계 올려놓은 작품으로 평가받는다.

그 뒤 뉴 저널리즘은 톰 울프와 헌터 S. 톰슨 같은 저널리스트들의 작품에서 가장 찬란한 전성기를 맞이한다. 울프의 많은 작품 가운데에서도 특히 『캔디 색깔의 탄지르 오렌지 조각 유선형 어린아이』(1965)와 『펌프장의 패거리』(1968), 그리고 『일렉트릭 쿨-에이드 애시드 테스트』 같은 작품은 흔히 가장 대표적인 뉴 저널리즘 작품으로 일컫는다. 앞의 두 작품에서는 난폭하고 역설적인 1960년대의 미국의 생활 스타일을 기록하며, 마지막 작품에서는 『뻐꾸기 둥지를 날아가다』(1962)를 쓴 켄 키지를 비롯한 '즐거운 익살꾼들'이라고 부르는 히피족들의 삶의 방식을 사실주의적 수법으로 다룬다.

한편 울프와 함께 미국 뉴 저널리즘의 대변자로 평가받는 톰슨은 1970년대와 1980년대의 미국 생활 방식을 즐겨 소재와 주제로 다룬다. 악명 높던 오토바이 갱단을 다루고 있는 『지옥의 천사』(1966), 라스베이거스의 생활을 '미국의 꿈'의 관점에서 조명한 『라스베이거스의 공포와 증오』(1971), 그리고 1972년 대통령 선거 캠페인을 다루는 『공포와 증오』(1973)는 톰슨의 대표적인 작품이다. 특히 하와이를 배경으로 호놀루루 마라톤 경기와 함께 태평양에서의 말린 낚시를 묘사하고 있는 『로노의 저주』(1983)에서 톰슨은 뉴 저널리즘을 독특한 장르로 발전시킨다. 단순히 외형적 삶의 모습을 객관적으로 묘사하기보다는 오히려 인간 심리의 내면세계를 파고든다는 점에서 그는 다른 뉴 저널리스트와는 차이가 난다. 톰슨이 염두에 두고 있는 것은 단순한 지리적 탐험이나 오락이 아니라 미국인의 정신 상태를 찾기 위한 심리적 여정이요 정신적 탐험이다. 뿐만 아니라 톰슨은 『하와이에서 보낸 편지』(1939)에 수록된 마크 트웨인의 편지나 리처드 허프의 『제임스 쿡 선장의 마지막 항해』(1965) 같은 작품에서 취해 온 발췌문을 자신의 텍스트와 나란히 대비시킴으로써 종래의 평면적인 저널리즘의 한계를 극복하려고 한다. 이러한 상호텍스트성 말고도 포스트모더니즘 소설에서 흔히 볼 수 있는 실험적인 기법을 사용하기도 한다.

뉴 저널리즘은 울프와 톰슨 외에도 존 맥피 . 조운 디디온 . 리처드 로즈 . 존 그레고리 던 . 로버트 퍼시그 . 맥신 홍 킹스턴 같은 미국 작가들, 그리고 페터 한트케 . V. S. 나이폴 . 밀란 쿤데라 같은 비(非)미국계 문화권의 작가들이 그 전통을 이어받아 발전시킨다. 더욱이 뉴 저널리즘은 울프와 톰슨처럼 주로 대중매체와 관련한 저널리스트들이 관심을 기울여 왔지만 단편소설 작가나 장편소설가 같은 정통 문학가들도 저널리스트들 못지 않게 뉴 저널리즘에 깊은 관심을 보인다. 예를 들어 방금 앞서 언급한 메일러는 논픽션 소설뿐만 아니라 뉴 저널리즘에도 관심을 보여 온 대표적인 작가로 꼽힌다. 작가가 '비공식적 역사'라고 부른 작품 『마이애미와 시카고의 포위 공격』(1968)에서 그는 서술 기법을 구사하여 정당대회 같은 정치적 사건을 극적으로 묘사하여 전통적인 저널리즘의 지평을 넓혔다. 이 밖에도 『달 위의 불에 대하여』(1970)를 비롯하여 『성(聖) 조지와 대부』(1972)와 『전투』(1975) 같은 작품도 넓은 의미에서는 모두 뉴 저널리즘으로 보아 크게 틀리지 않다.

그런가 하면 1980년대 초엽부터 뉴 저널리즘이나 문학적 저널리즘과는 또 다른 저널리즘이 나타나 관심을 끌기 시작하였나. 흔히 '신(新) 뉴 저널리즘'으로 부르는 유형의 저널리즘이 바로 그것이다. 이제까지 저널리스트들은 비록 상상력에 기초한 픽션을 사용하면서도 본질적으로는 현상 세계에서 실제로 일어난 사건이나 상황을 객관적으로 보도하고 기술하는 것을 가장 중요한 임무로 삼고 있었다. 그러나 줄잡아 1970년대 말엽과 1980년대 초엽 이후 객관적 기술과 보도를 오히려 미신이나 신화로 보는 몇몇 저널리스트들은 종래의 전통적인 저널리즘이나 뉴 저널리즘에 깊은 회의와 불신을 드러내기 시작하였다. 그리하여 실제 사건이나 상황과는 아무런 관련이 없이 완전히 날조한 저널리즘이 유행하기 시작하였다.

예를 들어 흑인 여성 저널리스트 재니트 쿡은 1981년 봄 미국의 저명한 일간신문인 《워싱턴 포스트》에 「지미의 세계」라는 글을 기고하였다. 헤로인 중독에 걸린 여덟 살 난 소년의 모습을 생생하게 묘사하는 이 기사는 이 무렵 독자들에게 그야말로 크나큰 충격을 안겨주었다. 그리하여 이 기사로 《워싱턴 포스트》지(紙)는 미국의 저널리스트들에게 수여하는 가장 권위 있는 퓰리처상을 받았고, 이 기사를 집필한 쿡 또한 그 공로가 인정되어 신문사로부터 승진되는 영광을 안았다. 그러나 이 기사는 발표된 지 얼마 되지 않아 실제 사실에 기초를 둔 객관적 보도가 아니라 필자 자신이 모두 꾸며낸 거짓 기사임이 드러났다.

한편 역시 미국의 저명한 신문 가운데 하나인 《뉴욕 데일리 뉴스》의 칼럼니스트인 마이클 데일리는 「빌파스트의 거리에서, 어린이들의 전쟁」이라는 글을 이 신문에 발표하였다. 컬럼비아대학교는 그에게 뉴욕시에 관한 훌륭한 뉴스 기사를 집필한 언론인에게 주는 메이어 버거 상을 수여하였다. 그러나 런던의 《데일리 메일》지는 데일리의 칼럼을 '새빨간 거짓말'이라고 불렀으며, 이러한 일이 있은 지 얼마 안 되어 그는 신문사를 그만두지 않으면 안 되었다. 이 칼럼도 《워싱턴 포스트》에 실린 기사와 마찬가지로 터무니없이 날조한 글에 지나지 않았던 것이다. 이와는 조금 다른 맥락이지만 미국의 유수 잡지 《에스콰이어》지(誌)에 실려 그야말로 선풍적인 인기를 끈 마이클 허의 월남전에 관한 글도 실제 상황과는 꽤 거리가 먼 것으로 드러나 화제가 되었다. 이러한 일은 비단 미국이나 유럽에 그치지 않고 동양 문화권에서도 찾아볼 수 있다. 가령 몇 해 전 일본의 NHK 텔레비전 방송은 티베트 고원지대의 생활을 보여주면서 상당 부분 날조한 내용을 방영하여 관심을 모았다. 거의 비슷한 무렵 우리나라에서도 한 중앙지의 신문기자가 북한 문제와 관련하여 날조한 기사를 써서 큰 물의를 일으키기도 하였다.

그렇다면 논픽션 소설이나 뉴 저널리즘 또는 신뉴 저널리즘이 하필이면 왜 1960년대 중엽에 이르러 갑자기 생겨났을까? 여기에는 여러 까닭이 있을 터이지만 무엇보다도 '공식적인 담론'에 대한 불신에서 그 원인을 찾아야 할 것 같다. 공식적 담론이란 국가 기관을 포함하여 대학이나 언론 기관 같은 사회의 모든 제도와 관련한 표현 행위를 말한다. 그런데 미국에서는 존 F. 케네디 대통령이 재임하던 시대까지만 하더라도 공식적 담론은 그런대로 사실이나 신실을 전달하는 것으로 생각하였다.

그러나 케네디가 암살당한 뒤부터 사정은 크게 달라지기 시작하였다. 린든 B. 존슨 행정부의 실책과 리처드 닉슨 행정부의 조작과 거짓말, 그리고 월남전쟁과 워터게이트사건 등으로 미국 국민들은 환상과 낙관주의의 꿈에서 점차 깨어나게 되었다. 그리하여 구두로 표현하건 문자로 기록하건 또는 라디오나 텔레비전을 통한 전파나 영상으로 전달하건 매스 미디어를 통한 모든 공식적 담론을 불신하기 시작하였다. 만약 역사의 내용을 대중 매체가 조작하고 텔레비전과 신문이 역사적 사실을 왜곡하고 오도한다면 사실적인 것과 비사실적인 것, 사실과 허구, 저널리즘과 픽션 사이의 구별이란 이제 더 의미를 지닐 수 없게 마련이다.

이렇게 소설이 저널리즘과 구별하기 어렵다면 소설은

또한 한 개인의 삶을 진솔하게 기록하는 전기와도 좀처럼 구별할 수 없다. 문학사에서 소설과 전기의 경계선은 언제나 불안정한 상태에 있었지만 최근만큼 그 경계선을 구분 짓기 애매한 적도 일찍이 없었다. 예를 들어 롤랑 바르트의 『사랑의 담론』(1977)은 작가 자신의 자서전으로 보아야 할는지, 소설로 보아야 할는지, 아니면 문학 비평서나 이론서로 보아야 할는지 적잖이 헷갈린다. 이보다 2년 앞서 출간한 『롤랑 바르트에 의한 롤랑 바르트』(1975)는 '자서전'이라고 밝히면서도 "여기에 기록한 내용은 모두 소설에 등장하는 작중인물이 말하는 것으로 생각하여야 한다."라고 전통적인 자서전의 개념에 찬물을 끼얹는다. 그렇다면 이 책에서 독자는 저자로서의 바르트의 목소리와 허구적 인물로서의 바르트의 목소리 두 가지를 듣는 셈이다. 더구나 바르트는 이 책에 대하여 직접 서평을 씀으로써 문제를 더욱 복잡하게 만든다.

이러한 장르 해체나 확산 현상은 문학 장르의 영역을 뛰어넘어 학문과 학문 사이에서도 마찬가지로 나타난다. 흔히 학제적(學際的)이라고 부르는 현상이 바로 그것이다. 자크 데리다 같은 해체주의자들이 문학과 철학의 벽을 무너뜨렸다고 한다면, 스티븐 그린블래트 같은 신역사주의자들이 문학과 역사의 담을 허물었다. 이제 문학과 철학 그리고 역사는 '인문학'이라는 이름 아래 하나로 통합되었다. 이러한 현상은 서양 사람들에게는 낯설는지 모르지만 동양 사람들에게는 꽤 낯이 익다. 동양에서는 벌써 오래 전부터 문사철(文史哲)이라고 하여 문학과 사학과 철학을 굳이 따로 떼어서 보지 않고 통합적으로 파악하려고 하였다.

장르 붕괴 현상은 문학뿐만 아니라 다른 예술 영역에서도 마찬가지로 나타난다. 이를테면 미국의 작곡가 존 조언은 이고르 스트란비스키의 음악에 재즈를 비롯한 엔니오 모리코네의 영화 음악, 감미로운 경음악, 펑크, 기타 반주 등을 뒤섞은 작품을 창작한다. 최근에 들어와 고전 음악과 대중음악을 서로 합해 놓은 이른바 '크로스오버' 음악이 부쩍 관심을 모으고 있다. 서양에서는 클래식 가수 플라시도 도밍고가 팝송 가수 존 덴버와 함께 「어쩌면 사랑은」이라는 노래를 불러 전 세계적으로 큰 관심을 끌었다. 우리나라에서도 성악가 박인수와 대중가요 가수 이동원이 정지용의 시를 노래로 만든 「향수」를 불러 큰 인기를 끌기도 하였다.

한편 이러한 현상은 미술에서도 그다지 어렵지 않게 찾아볼 수 있다. 최근 들어 전통적인 의미의 서양화와 동양화의 개념이 허물어졌다. 서양화가들이 동양화를 쓰는 화선지에 묵과 붓으로 그림을 그리는가 하면, 이와는 반대로 동양화가들은 서양화가들이 쓰는 페인트를 물감으로 즐겨 쓰기도 한다. 이러한 현상은 음악과 미술에 그치지 않고 무용이나 연극 같은 다른 예술 분야에서도 쉽게 찾아볼 수 있다. 장 보드리야르는 일찍이 『소비 사회』(1970)에서 포스트모더니즘의 새로운 문화에서 미술 화랑은 일류 식료품점과 차이가 없고, 《플레이보이》 잡지는 『고등생물학 개론』 같은 교과서와 이렇다 할 차이가 없다고 지적하였다.

4 자기반영성과 메타픽션

포스트모더니즘 문학은 모더니즘 문학과는 달리 자기반영성(自己反映性)에도 깊은 관심을 기울인다. '자기반영성'이란 글자 그대로 한 문학 작품이 스스로의 모습을 드러내 보이는 것을 말한다. 리얼리즘에서 자주 사용하는 거울의 비유를 빌려 말한다면, 리얼리즘 작가들은 자연이나 우주를 향하여 예술이라는 거울을 비추려고 하였다. 거울 속에 삶의 모습을 '사실 그대로' 고스란히 담아내려고 노력하였다. 한편 모더니즘 작가들은 자연이나 우주를 향하여 거울을 쳐드는 대신 작가의 내면세계를 향하여 거울을 높이 쳐들었다. 작가의 내면세계에서 일어나는 미묘한 감정과 느낌 그리고 주관적 판단을 있는 그대로 표현하려고 애썼다. 모더니즘 문학을 말할 때마다 약방의 감초처럼 자주 입에 떠올리는 '내면 독백'이니 '의식의 흐름'이니 하는 것들은 바로 이렇게 내면 풍경을 그대로 옮겨 놓으려는 기법이다.

그런데 거울을 쳐드는 방향과 그 위치가 다를 뿐 리얼리즘이나 모더니즘이나 텍스트 바깥 세계 쪽에 초점을 맞춘다는 점에서는 서로 그렇게 다르지 않다. 바꾸어 말해서 이 두 전통은 여전히 재현성이나 표상성에 무게를 실었다. 다만 리얼리즘이 외부 세계를 재현하고 표상하려고 노력한 반면, 모더니즘은 내부 세계를 재현하고 표상하려고 노력하였을 따름이다. 물론 모더니즘은 처음부터 리얼리즘의 재현성과 표상성에 의문을 품었다. 모방 이론에 토대를 둔 재현성이나 표상성보다는 창조성에 무게를 실었다. 그러나 모더니즘은 비록 정도의 차이는 있을망정 궁극적으로 재현에 대한 믿음을 완전히 버리지는 못하였다.

그러나 포스트모더니즘에서는 리얼리즘처럼 자연이나 우주를 향하여 거울을 쳐들지도 않고, 그렇다고 모더니즘처럼 작가의 내면세계를 향하여 거울을 쳐들지도 않는다. 텍스트 바깥쪽이 아니라 텍스트 안쪽을 향하여 거울을 쳐들고 있다. 포스트모더니즘에 이르러 리얼리즘이나 모더니즘의 모방과 재현성 그리고 표상성에 깊은 의문을 품는다. 이 전통에 서 있는 작가들은 삶의 모습을 표현하는 것보다는 오히려 텍스트 창작 과정에 좀 더 깊은 관심을 기울인다. 무엇보다도 문학 작품을 창조하는 과정을 독자들에게 의식적으로 드러내 보여 주려고 애쓴다.

예를 들어 영국 소설가 존 파울스는 『프랑스 중위의 여인』(1969)에서 이 작품이 현실 세계를 반영하거나 재현하는 것이 아니라 어디까지나 자신의 상상력이 빚어낸 허구적 산물에 지나지 않는다고 애써 밝힌다.

> 내가 지금 이야기하고 있는 이 스토리는 모두 상상력에서 나온 것이다. 내가 창조하는 이 작중인물들은 내 정신을 떠나서는 존재하지 않았다. (……) 나는 알랭 로브그리예와 롤랑 바르트의 시대에 살고 있다. 만약 이 작품이 소설이라면 근대적 의미의 소설이 될 수 없다.46)

이러한 태도는 고전적인 미학 이론과는 정면으로 맞서는 것이다. 고전적 미학 이론에 따른다면 예술가는 될 수 있는 대로 예술 작품이 창작되는 과정을 감추려고 온갖 노력을 기울인다. 예술가들의 이러한 태도는 옷을 짓는 사람이 될 수 있는 대로 솔깃을 감추려고 노력하는 것과 같다. 고전 미학에서는 창작 과정을 감쪽같이 숨기면 숨길수록 그 작품은 그만큼 훌륭한 작품으로 평가받았다. 그러나 포스트모더니즘에 이르러 작가들은 의도적으로 이러한 기법을 드러내 보이려고 한다. 더욱이 포스트모더니스트들은 작품이 창작되는 과정 그 자체를 아예 작품의 중심적인 주제로 삼기도 한다. 포스트모더니스트들의 이러한 태도는 러시아 형식주의자들이 말하는 '낯설게 하기'나 '기법을 드러내기' 또는 그 기법을 연극에 도입한 독일의 극작가 베르톨트 브레히트의 '소외 효과' 이론과 깊이 연관되어 있다.

여기에서 잠깐 '자의식적' 문학과 '자기반영적' 문학의 차이를 밝히고 넘어가는 것이 좋을 것 같다. 그동안 이 두 용어를 동의어로 사용해 온 학자들이 적지 않지만 이 두 문학 사이에는 분명한 차이가 있다. 자의식적 소설은 무엇보다도 자기반영적 소설과 비교해 볼 때 의미가 훨씬 더 포괄적이다. 자의식적 작가는 독자들에게 자신의 작품이 어디까지나 허구의 산물에 지나지 않는다는 점을 드러내거나, 허구와 그것이 재현하거나 표상하려는 실재 사이에는 거리가 있다는 사실을 강조한다. 로버트 올터는 "쉽게 말해서 자의식적 소설이란 인공품으로서의 자신의 위치를 체계적으로 과시함으로써 실재처럼 보이는 인공품과 실재 사이의 의심스런 관계를 탐색하는 소설이다."[47]라고 못 박아 말한다.

그렇다면 어떤 의미에서는 소설 치고 '자의식적인' 특성을 지니지 않은 작품은 하나도 없다고 하여도 크게 틀리지 않다. 근대 소설의 효시로 흔히 일컫는 미겔 데 세르반테스의 『돈키호테』(1605, 1615)에서 알랭 로브-그리예의 누보로망에 이르기까지 소설은 그 나름대로 자의식적인 특성을 지닌다. 아무리 현실을 객관적으로 모방하고 재현하거나 표상한다고 하더라도 작가는 오직 글을 쓰는 행위를 통해 시민 세계를 새창조할 수 있기 때문이다. 심지어 모방과 재현을 중시하는 리얼리즘에서도 이러한 자의식은 겉으로 드러나 있지 않을 뿐 완전히 배제되어 있다고 보기 어렵다. 마거리트 앨릭샌더가 "모든 소설은 궁극적으로 그 자체에 관한 것이다."48)라고 잘라 말하는 까닭이 바로 여기 있다. 한마디로 소설의 역사는 곧 자의식에서 시작하여 자의식에서 끝난다고 할 수 있다.

한편 자기반영적 문학은 자의식적 문학처럼 작품이 허구의 산물에 지나지 않는다는 사실을 강조하되 텍스트를 만들어 내는 과정에 좀 더 주목한다. 방금 앞에서 포스트모더니즘에서는 텍스트 쪽을 향하여 거울을 쳐들고 있다고 밝혔다. 그러나 좀 더 정확하게 말하자면 자연이나 우주 또는 작가의 내면세계를 향하여 쳐들고 있는 거울을 향하여 또 다른 거울을 쳐들고 있다고 할 수 있다. 다시 말해서 자기반영적 문학에서 작가는 허구적 산물을 창조해내는 과정 그 자체에 훨씬 더 깊은 관심을 기울인다. 이를 달리 바꾸어 말하면 자의식적 소설이 소설 장르에 내재되어 있는 경향이나 속성을 가리킨다면, 자기반영적 소설은 어디까지나 소설 장르의 하부 유형을 가리킨다. 자기반영적 소설은 하나같이 자기반영적인 특징을 지니지만, 그렇다고 자의식적 소설은 반드시 자기반영적 특성을 지니는 것은 아니다. 반짝인다고 하여 모두 황금이 아니듯이 자의식적 소설이라고 하여 모두 자기반영적 소설은 아니다.

자기반영성을 작품의 중심적인 주제로 삼는 소설을 흔히 '메타픽션'이라고 일컫는다. 이 장르의 소설을 두고 몇몇 이론가들이 반복어법을 구사하여 굳이 '자기반영적 메타픽션'이라고 부르는 까닭이 바로 여기에 있다. 자기반영성과 메타픽션은 이렇게 떼려야 뗄 수 없을 만큼 깊이 관련되어 있다. 메타픽션이란 한마디로 '소설의 소설' 또는 '소설에 관한 소설'을 가리킨다. 한편으로는 허구적 작품을 창작하고 다른 한편으로는 그러한 창작 과정을 고스란히 보여 주는 소설이 곧 메타픽션이다. 물론 여기에서 '픽션'이란 소설뿐만 아니라 모든 문학 작품, 더 나아가서는 예술 일반을 가리키는 제유적 표현이다. 그러니까 작가가 상상력을 구사하여 만들어 낸 허구적 산물은 모두 이 울타리에 들어가는 셈이다.

그동안 이론가들은 이렇게 재현성과 표상성을 거부하는 메타픽션을 두고 다양한 이름으로 불러 왔다. 예를 들어 '내향적(內向的) 소설'(존 플레처, 맬컴 브래드베리), '비(非)리얼리즘 소설'(제라르 거라드), '자기도취적 소설'(린더 허천), '자기지시적'(실비오 개기), '서픽션'(레이먼드 페더먼) 등이 바로 그것이다. '수퍼모더니즘'(마수드 자바라데), '자기생산적 소설'(스티븐 켈먼), '우화화'(로버트 숄스), '포스트-컨템퍼러리'(제로움 클링콜위츠) 등으로 부르기도 한다.

어느 문학 전통보다도 자기반영성을 좀 더 전면에 부각시키는 것은 바로 프랑스의 누보로망 계열의 작품이다. 알랭 로브-그리예는 『누보로망을 위하여』(1963)에서 "내 소설은 하나같이 그 자체의 구성을 드러내려고 한다."[49]라고 잘라 말한다. 그의 이러한 예술적 입장은 다른 누보로망 작가들에게서도 마찬가지로 엿볼 수 있다. 또한 "모든 위대한 소설은 상당 부분 실재를 반영하기보다는 오히려 그 자체를 반영한다."[50]는 레이먼드 페더먼의 말도 메타픽션의 특성을 지적한 것이다.

메타픽션에 깊은 관심을 기울이는 작가로는 콜롬비아의 소설가 가브리엘 가르시아 마르케스와 체코슬로바키아의 소설가 밀란 쿤데라를 꼽을 수 있다. 마르케스는 『백 년 동안의 고독』(1967)에서 글쓰기 행위를 중요한 주제로 삼고 있을 뿐만 아니라 창작 행위를 그대로 드러내 보이려고 한다.

> 그러고 나서 아우렐리아노는 예측한 내용을 예상하고 또 자신이 죽은 날짜와 상황을 확인하기 위하여 다시 한번 페이지를 건너뛰었다. 그러나 마지막 구절을 채 읽기도 전에 그는 자신이 그 방에서 영원히 나갈 수 없으리라는 것을 깨달았다. 이 거울의 (또는 환영의) 도시는 바람에 휩쓸려 아우렐리아노 바빌로니아가 양피지를 모두 해독하는 순간 인간의 기억에서 사라질 것이라는 사실을 예상할 수 있었기 때문이다. 또한 양피지에 쓰인 내용은 하나같이 영원에서 영원에 이르기까지 절대로 반복될 수 없을 것이라는 사실도 예상할 수 있었다. 백 년 동안의 고독을

> 언도 받은 집안은 지상에서 제2의 기회를 얻을 수 없기 때문이었다.[51]

독자들이 읽고 있는 작품 『백 년 동안의 고독』의 내용은 소설의 맨 마지막 장면에서 부엔디아 집안의 마지막 후예 아우렐리아노 바빌로니아가 집시 멜키아데스가 양피지에 적어놓은 글을 해독하고 있는 것과 똑같다. 다시 말해서 이 양피지에는 지금까지 독자들이 읽어 온 내용이 하나도 빠짐없이 그대로 적혀 있다. 이 작품은 마치 뱀이 자신의 꼬리를 물고 있는 모습을 하고 있는 셈이다.

자기반영적 메타픽션은 쿤데라의 『참을 수 없는 존재의 가벼움』(1984)에서 훨씬 더 분명하게 드러난다. 소련 군대가 탱크를 몰고 프라하를 점령하여 저 '프라하의 봄'을 꽁꽁 얼어붙게 만든 그 암울한 역사적 사건을 다루고 있는 탓에 이 소설을 읽는 독자들은 메타픽션의 요소를 자칫 놓쳐 버리기가 쉽다. 그러나 이 소설은 생각해 보면 생각해 볼수록 자기반영성을 유감없이 드러내는 실험적인 작품이다. 이름을 밝히지 않은 화자는 작품 곳곳에서 토마스와 테레사 그리고 프란츠와 사비나를 중심으로 한 이야기를 쓰고 있다는 사실을 독자들에게 끊임없이 상기시켜 준다.

예를 들어 이 소설의 화자는 "예기치 않게 테레사는 토마스를 찾아 프라하로 왔을 때 그는 그녀를 내가 제1부에서 서술했듯이, 바로 그날 그 시각에 사랑했다."라고 말한다. 또한 "이 소설의 제3부에서 나는 사비나가 반나(半裸)의 모습으로, 머리에는 멜론모를 쓰고 정장을 한 토마스 옆에 서 있는 것을 이야기했다."라고 밝힌다. 그런가 하면 화자는 또 다른 장면에서 아예 "이미 말했듯이 소설에 등장하는 인물들은 실제의 인간처럼 어머니 뱃속에서 태어나는 것이 아니고, 핵심에 인간의 가능성을 내포하고 있는 어떤 상황, 어떤 은유에서 태어난다."라고 말하기도 한다.52)

호르헤 루이스 보르헤스와 가브리엘 가르시아 마르케스와 함께 서구에서 현대 문학의 3대 거장으로 흔히 꼽는 이탈리아의 작가 이탈로 칼비노도 자기반영적 소설에 깊은 관심을 기울인다. 예를 들어 칼비노는 『만약 어느 겨울밤에 한 여행자가』(1979)에서 "당신은 지금 이탈로 칼비노의 새 소설 '만약 어느 겨울밤에 한 여행자가'를 읽으려고 한다."라는 문장으로 이 소설을 시작한다. 그러면서 독자에게 "마음을 가다듬어라. 정신을 집중하라. 다른 생각을 모두 떨쳐 버려라."라고 권한다. 그런 뒤 곧 이어 칼비노는 "이 소설은 기차역에서 시작한다. 기관차가 내뿜는 한 줄기 연기, 피스턴에서 나오는 수증기 때문에 이 첫 장의 처음 부분이 보이지 않는다. 자욱한 연기 때문에 첫 단락의 일부가 보이지 않는다."라고 적는다.53) 이러한 문장을 읽으며 독자들은 이 소설이 실제 삶의 모습을 재현하거나 표상한 작품이 아니라 어디까지나 작가가 언어 매체를 사용하여 허구 세계를 만들어 내고 있다는 사실을 깨닫게 된다. 이렇게 이 작품이 언어적 구성물이라는 사실을 상기시킴으로써 칼비노는 객관적이고 보편타당성 있는 현실 세계와는 거리가 멀다고 지적한다.

유럽 대륙뿐만 아니라 영국이나 미국의 작가들도 이러

한 자기반영적 메타픽션에 깊은 관심을 기울인다. 예를 들어 영국 소설가 B. S. 존슨은 『크리스티 몰리 자신의 이중 등장』(1973)에서 메타픽션의 여러 장치를 구사한다. 이 작품에서 작가는 주인공 크리스티가 살아 숨 쉬는 인물이 아니라 이 소설을 집필하는 동안 자신의 머리에 떠오른 낱말들을 단순히 결합해 놓은 결과에 지나지 않는다는 사실을 독자들에게 끊임없이 일깨워 준다. 이 작품에는 존슨 자신이 크리스티의 임종을 지켜보기 위하여 병원으로 찾아가는 장면이 나온다. 그런데 간호원들은 환자의 임종이 가까웠다는 이유로 작가를 병실에 들여보내려고 하지 않는다. 그러자 작가는 "내가 없이는 그가 사망할 수 없는데도 나더러 병실 밖으로 나가라."고 하느냐고 불평을 털어놓는다. 말하자면 존슨은 과감하게 전통적인 허구의 틀을 부수는 것이다.

또한 미국 작가 존 바스도 자기반영적 메타픽션에 깊은 관심을 기울인다. 잘 알려진 그의 작품 『미로에서 길 잃어』는 화자(話者) 앰브로스가 '앰브로스'라는 작중인물이 등장하는 소설 '미로에서 길 잃어'라는 작품을 집필한다는 것이 얼마나 어려운지를 기술하는 작품이다. 앰브로스는 가족과 함께 오션시티를 방문하여 유원지의 미로에서 시간을 보낸다. 그런데 작가는 이 소설이 현실 세계가 아니며 어디까지나 언어로 구성한 허구라는 사실을 끊임없이 독자들에게 상기시킨다. 한 장면에서 작가는 "지금까지는 대화다운 대화가 하나도 없었고, 감각적인 세부 사항도 거의 없었으며, 주제라고 할 것도 아무것도 없었다."[54]라고 적는다.

이렇게 포스트모더니즘 소설에 자주 나타나는 자기반영적 현상을 두고 브라이언 맥헤일은 '존재론적 불확실성'이라고 일컫는다. 존재론적 불확실성은 자신의 작품에 저자가 직접 등장하는 데에서 엿볼 수 있을 뿐만 아니라, 역사적 인물이나 다른 작가의 작품에 등장하는 작중인물이 나타나는 데에도 엿볼 수 있다. 가령 로버트 쿠버는 『공개 화형』(1977)에서 리처드 닉슨 대통령이 에설 로즌버그가 처형되기 전날 밤 그녀를 방문하여 유혹한다. 또한 E. L. 닥터로우는 『래그타임』(1975)에서 카를 융과 지그문트 프로이트가 함께 여행을 떠나기도 한다.

더 나아가 앞에서 이미 언급한 존 파울스는 『프랑스 중위의 여인』에서 '열린 결말'을 제시함으로써 인과 관계에 따른 결말을 중시하는 전통적인 소설 개념에 쐐기를 박는다. 이 작품은 전통적인 소설에서 흔히 볼 수 있는 남녀의 삼각관계를 다루고 있으면서도 그 관계를 다루는 방법은 사뭇 다르다. 파울스는 독자들에게 세 가지 결말을 제시하고 독자가 능동적으로 소설 창작에 참여하도록 이끌고 있다. 그런데 문제는 작가가 이 세 가지 결말 중에서 어느 쪽에도 우선권을 부여하지 않고 오직 독자의 판단에 맡긴다는 점이다. 그렇게 함으로써 작가는 독자를 상업 자본주의의 수동적인 소비자가 아니라 생산에 참여하는 능동적인 생산자로 간주하려고 한다.

메타픽션은 비단 소설 장르에만 그치지 않고 문학 장르 전반에 걸쳐 폭넓게 나타난다. 가령 호메로스의 『오디세

이아』에는 내러티브 중심의 서사시에 걸맞지 않게 이따금 음유시인이 등장하며, 에우리피데스에서는 그리스 비극의 전통을 패러디의 대상으로 삼는다. 윌리엄 셰익스피어의 『햄릿』(1603)에서 주인공 햄릿 왕자는 극중극을 통하여 자신이 등장하는 연극을 관람하며, 『폭풍우』(1623)에서는 주인공 프로스페로가 마치 무대의 감독처럼 행세하기도 한다. 『말괄량이 길들이기』(1623) 같은 작품에서는 「서문」을 덧붙여 자기반영성을 강조한다. 이러한 현상은 벤 존슨의 『바톨로뮤 시장』(1614)에 등장하는 마구간 주인을 통해서 나타나는가 하면, 루이지 피란델로의 희곡 작품을 통해서도 나타난다. 그런가 하면 스테판 말라르메 같은 프랑스의 상징주의 시인들을 비롯하여 월러스 스티븐스와 오집 만델스탐 같은 현대 시인들의 작품도 여기에서 크게 벗어나지 않는다.

자기반영적 메타픽션은 문학 외의 다른 예술 장르, 더 나아가서는 문화 일반에서도 매우 중요한 몫을 한다. 특히 음악이나 미술 또는 영화 같은 예술 영역에서 핵심적인 현상의 하나로 평가받는다. '영원한 금모올'이라는 부제가 붙어 있는 더글러스 호프스타터의 책 『괴델, 에셔, 바흐』(1979)는 흔히 예술과 문화 현상으로서의 자기반영성을 밝힌 대표적인 책으로 꼽힌다. 예를 들어 18세기의 작곡가 시마로사의 「일 마이스트로 데 무지카」나 리샤르트 스트라우스의 오페라 『카프리치오』는 자기반영적 특성이 잘 나타나 있는 작품이다. 특히 요한 세바스찬 바흐는 푸가 작품에서 자신의 이름 철자인 'B-A-C-H' 음조에 기초하여 음악을 작곡함으로써 자기반영성을 은근히 드러낸다. 그리고 비교적 최근 들어 랠프 본 윌리엄스의 「음악을 위한 세레나데」 같은 작품도 자기반영성을 비교적 잘 보여 주는 작품이라고 할 만하다.

이러한 현상은 청각 예술인 음악보다도 시각 예술인 미술에서 좀 더 분명하게 나타난다. 15세기 네덜란드의 화가 한스 멤링, 15세기와 16세기 네덜란드의 화가 퀜틴 마사이스, 17세기 스페인의 화가 디에고 벨라스케스, 20세기에 들어와서는 파블로 피카소와 르네 마그리트, 그리고 에른스트 에셔 등 같은 화가들이 자기반영성에 깊은 관심을 기울였다. 그들은 한결같이 실제 세계를 반영하거나 재현하는 작업 못지 않게 예술을 창조하는 과정이나 행위 그 자체를 아주 중요한 주제로 삼았다.

이 가운데에서도 스페인 바로크 전통을 대변하는 벨라스케스는 자기반영성과 관련하여 최근 들어 많은 이론가들로부터 남다른 주목을 받고 있다. 그의 여러 작품 가운데에서도 왕궁에서 나이 어린 황녀를 시중하고 있는 하녀들의 모습을 그린 『라스 메니나스』는 특히 유명하다. 그런데 이 작품에서 벨라스케스는 주인공 황녀 못지 않게 화가 자신을 중요하게 다룬다. 그림의 왼쪽에는 화가 자신이 손에 화필을 든 채 커다란 캔버스 앞에 서서 앞쪽을 바라보고 있으며, 그의 뒤쪽에 걸려 있는 거울에는 왕과 왕비의 모습이 나란히 나타나 있다.

자기반영성은 영화에서도 예외가 아니어서 앨프리드 히치콕은 영화 장면에 자신의 전면 얼굴이나 옆모습을 삽입

하곤 하였다. 장-뤼크 고다르나 미켈란젤로 안토니오니 또는 페데리코 펠리니 같은 영화 예술가들도 영화 만들기 자체를 영화의 중요한 주제로 삼는다. 이 가운데에서도 고다르는 후기 작품에서 영화 제작을 의사소통 행위로 간주하기보다는 오히려 영화 제작에 관하여 문제를 제기하는 일종의 텍스트를 만들어 내고 있다.

비교적 최근 들어 스티븐 스필버그가 감독한 〈쉰들러의 리스트〉(1993)는 자기반영적 기법을 잘 보여 주는 작품이다. 나치의 유대 인 학살을 소재로 삼은 '다큐멘터리' 영화라고 할 이 작품은 일부 장면은 컬러로 나머지 장면은 흑백으로 처리함으로써 허구적 인위성을 강조한다. 이러한 허구적 인위성은 특히 장면 전체가 흑백으로 되어 있는데도 나이 어린 한 소녀만이 빨간색 레인코트를 입고 있는 장면에서 더욱 두드러지게 드러난다. 스필버그는 이렇게 흑백과 컬러를 사용함으로써 이 영화가 어디까지나 허구적 구성물에 지나지 않는다는 사실을 관객들에게 끊임없이 일깨워 준다. 다시 말해서 관객들은 1939년 폴란드에서 일어난 끔찍한 역사적 사건을 목격하고 있는 것이 아니라 스필버그와 그의 제작팀이 만든 3시간짜리 셀룰로이드 필름에 담긴 '이야기'를 감상하고 있다고 느낀다.

이 〈쉰들러의 리스트〉에 대하여 홀로코스트 역사학자인 데이비드 M. 크로는 《뉴욕 타임스》 기자와의 인터뷰에서 "오스카 쉰들러는 그 유대 인 명단과 거의 관련이 없다."라고 주장하여 관심을 끌었다. 쉰들러의 부인 에밀리도 자서전과 기자 회견을 통하여 쉰들러는 '영화가 만들어 낸 가짜 영웅'이라고 지적하였다. 그러나 이 두 사람은 스필버그가 노리고 있는 메타픽션적인 기법을 도외시한 채 지나치게 역사적 사실만을 강조한다는 비판을 면하기 어렵다. 비록 스필버그가 역사적 사실을 재구성하려고 하였다고 해도 그가 '진실'이라고 파악하는 것, 그것마저도 일부를 다룰 수 있을 뿐 '진실' 전체를 모두 다룰 수는 없을 것이다. 궁극적으로 그는 이 작품이 한낱 영화에 지나지 않는다는 사실을 보여 줄 뿐이다.

쿠엔틴 타란티노는 스필버그의 자기반영적 기법을 한 발 더 밀고나간다. 로스앤젤레스 암흑가의 이야기를 독특한 블랙코미디 터치로 그려낸 〈펄프 픽션〉(1994)은 지하 범죄 조직보다는 다른 영화에서 빌려온 인용이나 암유, 파스티슈 등에 훨씬 더 관심을 기울인다는 점에서 자기반영적인 특징을 지닌다. 영화가 시작하는 첫 장면에서부터 타이틀카드 또는 인터타이틀을 통하여 '펄프'에 관하여 두 가지 사전적 정의를 내린다. 그 뒤 플롯도 일직선적으로 앞으로 진행하지 않는 대신 같은 이야기를 되풀이한다. '펄프 픽션'이라는 제목에서 엿볼 수 있듯이 타란티노는 현실의 반영보다는 작품의 허구성에 무게를 싣는다. 한편 이 영화는 〈킬링〉(1956)을 비롯한 〈민 스트리트〉(1973), 〈허드슨 호크〉(1991), 〈마지막 액션 영웅〉(1993) 같은 영화와 상호텍스트적 관계를 맺고 있기도 하다.

그런가 하면 자기반영성은 건축에서도 드러난다. 렌조 피아노와 리처드 로저스가 함께 설계하여 1977년에 완공한 파리의 조르주 퐁피두센터는 에펠탑을 건축할 때만큼

이나 큰 관심을 모았다. 두 건축가는 금속 골조, 유리, 유색 플라스틱 등 현대적인 건축 재료를 주로 사용하였다. 그런데 환기용 도관과 난방용 도관을 뚜렷하게 색으로 구분하여 초록색은 수도, 파란색은 환기, 노란색은 전기, 빨간색은 순환 배관임을 한눈에 알 수 있도록 하였다. 이렇게 도관을 눈에 띄게 만들었을 뿐만 아니라 도관과 철근이 바깥으로 그대로 노출되도록 설계하였다. 모더니즘 건축 양식 같았으면 도관이나 철근 같은 장치를 될 수 있는 대로 눈에 띄지 않도록 벽 속에 숨겼을 것이다. 그러나 피아노와 로저스는 보라는 듯이 건물의 장치를 그대로 내보인다.

5 고급 문화에서 대중 문화로

포스트모더니즘이 그동안 장르와 장르 사이의 '경계를 넘는' 작업에 큰 관심을 보여 왔다면, 또한 고급 문화와 대중 문화 사이의 '간격을 좁히는' 작업에도 적잖이 관심을 기울여 왔다. 포스트모더니즘은 엘리트주의인 고급 문화보다는 좀 더 민주적인 대중 문화에 남다른 관심을 보인다. 고답적인 입장을 취하는 모더니즘은 대중 문화에 이렇다 할 관심을 기울이지 않았다. 잘 알려진 바와 같이 매슈 아널드는 일찍이 누구보다도 저급 문화에 맞설 수 있는 고급 문화의 중요성을 역설한 것으로 유명하다. 여기에서 그가 말하는 고급 문화란 "이제까지 이 세상에서 알려지고 생각되어 온 최상의 것"에 기초를 둔 엘리트 문화를 말한다. 어떤 의미에서 모더니즘은 대중 문화의 오염으로부터 순수성을 지키기 위한 노력으로 볼 수도 있다.

그러나 포스트모더니즘에 이르러 지그문트 프로이트가 말하는 '억압된 것들의 복귀' 현상이 나타나기 시작하였다. 레슬리 피들러는 「새로운 돌연변종」과 「경계를 넘고 간격을 좁혀라」 같은 논문들에서 '반(反)예술적'이고 '진지성에 맞서는' 대중 예술의 출현을 열렬히 환영한다. 특히 그는 "엘리트 문화와 대중 문화 사이에 놓여 있는 간격을 좁히는 것이 오늘날 소설이 맡아야 할 몫이다."[55]라고 잘라 말한다. 피들러의 주장을 받아들이기라도 하듯 20세기 중엽부터 포스트모더니스트들은 그동안 억압받아 온 문학 장르에 새로운 가치를 부여하기 시작하였다. 가령 서부개척소설, 외설 소설, 탐정 소설, 공상 과학소설, 로맨스 소설처럼 모더니즘에서 서자 취급을 받던 장르들이 문학의 중심부로 옮겨왔다.

서부개척 소설은 광활한 땅과 그 땅을 개척하는 경험을 겪은 미국에서만 볼 수 있는 독특한 문학 장르이다. 어떤 의미에서 서부개척 소설은 미국적 경험을 가장 잘 보여주는 장르라고 할 수 있다. 미국이 아닌 다른 나라에서 서부개척 소설을 상상한다는 것은 어딘지 모르게 걸맞지 않아 보인다. 그런데 그동안 기껏해야 어린이들을 위한 통속적인 오락물로 여겨 왔을 뿐 본격적인 문학의 위치에서 따돌림 받던 이 대중 문학 장르는 포스트모더니즘에 이르러 비로소 중요한 장르로 재평가 받기 시작한다. 예를 들어 존 바스는 한편으로는 실험성을 극한점까지 밀고

나가 자기반영적 소설에 탐닉하면서도, 다른 한편으로는 『연초 소매상』(1960, 1967) 같은 작품에서 서부개척 소설 같은 대중 소설에도 관심을 기울인다.

또한 토머스 버거는 『작은 거인』(1964)에서 서부개척 소설 장르를 더욱 발전시킨다. 1876년 리틀빅혼 강에서 인디언과 백인 사이에서 벌어진 치열한 전투에서 그 소재를 빌려오는 이 소설에서 버거는 유일하게 살아남은 백인 생존자에 관한 이야기를 카우보이와 인디언의 관점에서 다룬다. 이 밖에도 켄 키지는 『뻐꾸기 둥지를 날아가다』(1962)에서 치프라는 인디언 화자를 통하여 문명과 원시, 사회와 개인, 문화와 자연 사이의 첨예한 대립을 다룬다.

더구나 서부개척 소설은 미국이 유럽의 영향권에서 벗어나 비로소 문화적으로 독립하는 데 결정적인 역할을 하였다. 이 장르의 소설은 좁게는 유럽 문학, 넓게는 유럽 문명, 그리고 더 넓게는 서구 기독교적 휴머니즘에 대한 도전이요 비판이라고 하여도 크게 틀리지 않다. 또한 서부개척 소설은 미국의 소수 민족에 대한 관심을 환기시키는 데에도 크게 이바지하였다. 서구 민주주의를 대변하는 대표적인 국가로 자처해 온 미국은 그동안 인디언 원주민이나 흑인 또는 그 밖의 소수 민족에 대해서 지극히 무관심한 입장을 취해 왔던 것이 사실이다. 이 점에서 이 문학 장르는 미국 사회에서 'WASP', 즉 인종에서는 백인, 혈통으로는 앵글로-색슨, 그리고 종교에서는 개신교를 믿는 사람들 못지 않게 소수 민족도 중요한 구성원이라는 사실을 새삼 일깨워 준다.

외설 소설은 서부개척 소설과 함께 포스트모더니즘 대중 문화를 보여주는 중요한 문학 장르로 꼽힌다. 레슬리 피들러는 일찍이 외설 문학을 중요한 포스트모더니즘의 장르로 파악하였다. 피들러와 마찬가지로 그동안 외설 미학에 큰 관심을 보여 온 수전 손택은 이 장르에 이론적 토대를 마련해 준 비평가라고 할 만하다. 그녀는 1960년대 미국의 반문화와 관련하여 새로운 자발성과 새로운 감수성을 역설한다. 그녀는 흔히 '캠프'로 일컫는 이론에서 반문화적인 외설 문학을 부르짖는다. 더욱이 외설 문학은 이러한 문학 장르를 전문적으로 출간하는 출판사들이 생겨나면서 더욱 큰 활기를 띠게 되었다.

손택의 이론적 뒷받침과 출판사의 후원을 받은 몇몇 작가들은 그동안 지하에 숨어 있었던 것과 서의 나름없던 외설 문학을 지상으로 끌어올려 햇빛을 보게 하는 데 누구보다도 앞장섰다. 예를 들어 블라디미르 나보코프와 노먼 메일러는 외설 문학을 본궤도에 올려놓은 대표적인 작가이다. 나보코프는 『롤리타』(1955)에서 그동안 문학에서 금기시되어 오다시피 한 근친상간 같은 주제를 과감하게 다룬다. 외설 문학에 관한 한 노먼 메일러는 나보코프에 결코 뒤지지 않는다. 그동안 정치나 사회 문제에 큰 관심을 기울이고 있던 메일러는 점차 외설 문학에도 깊은 관심을 보이기 시작하였다. 그의 이러한 관심은 『미국의 꿈』(1965)과 『우리는 왜 지금 베트남에 와 있는가?』(1967)에서 쉽게 엿볼 수 있다.

공상과학 소설도 포스트모더니즘에 이르러 새롭게 조명

받기 시작한 장르에 속한다. 이 장르에서는 현세보다는 내세, 인간이 현재 살고 있는 지구보다는 외계에 더 큰 관심을 기울인다. 몇몇 이론가들이나 비평가들이 이 공상과학 소설을 '부재의 문학'이니 '불가능성의 문학'이니 라고 부르는 까닭이다. 그런데 '공상'이라는 말이 보여주듯이 여기서는 무엇보다도 인간의 상상력이 아주 중요한 자리를 차지한다. 웰치 D. 에버먼의 말대로 이 장르는 말하자면 '종이 위의 세계'에 해당한다. 공상과학 소설가에게 "이러한 상상력의 텍스트들은 오직 책 속의 언어로서만 존재하는 세계, 즉 종이 위의 세계로서만 존재하는 세계"[56]일 뿐이다. 그렇기 때문에 공상과학 소설은 비록 먼 미래의 세계를 다룰망정 궁극적으로는 현재의 세계와 깊은 관계를 맺지 않을 수 없다. 마찬가지로 이 소설은 흔히 지구가 아닌 외계를 핵심적 공간적 배경으로 삼고 있지만 지금 우리가 살고 있는 지구의 문제와 결코 무관하지 않다.

더욱이 '과학'이라는 말에서도 드러나듯이 공상과학 소설은 과학이나 유사 과학을 핵심적 플롯이나 배경으로 삼는다. 비록 환상적인 형식을 취하면서도 그것은 과학이라는 말의 어원 그대로 지식이나 지식에 기초한 진리를 다룬다. 이 점에서 볼 때 '공상과학 소설'이라는 용어는 엄밀히 말하면 모순어법이다. 무엇보다도 엄정하고 객관적인 법칙을 다루는 과학은 상상력의 산물인 허구의 소설 세계와는 서로 양립할 수 없기 때문이다.

그런데 1960년대부터 공상과학 소설은 그 이전의 소설과는 여러모로 크게 다르다. 지금까지 이 소설은 비록 공상적인 특성을 지니고 있을망정 어디까지나 리얼리즘과 연관되어 있었다. 그러나 1960년대부터는 점차 재현성이나 지시성의 굴레에서 벗어나 좀 더 자기반영적인 특징을 띠기 시작하였다. 이것이 바로 흔히 많은 비평가들이 '뉴 웨이브'라고 부르는 새로운 유형의 공상과학 소설이다. 뉴 웨이브 공상과학 소설이란 한편으로는 전통적 과학 소설의 테누리 안에서 활동하고, 다른 한편으로는 그 테두리에서 벗어나 전혀 새로운 소설 유형을 창안해 내는 소설을 말한다. 즉 이 유형의 소설은 다른 문학 장르에서 발전한 혁신적인 기교를 사용함으로써 자체의 언어적 구성에 관심을 기울이면서 그 허구성을 드러내려고 한다.

포스트모더니즘의 대중 문화와 관련한 공상과학 소설이란 나름 아닌 뉴 웨이브 소설을 가리킨다. 브라이언 올디스와 J. G. 밸러드 같은 작가들이 영국에서 이 장르를 발전시켰고, 거의 동시에 필립 딕 . 새뮤얼 R. 딜러니 . 조애너 러스 같은 작가들이 미국에서 이 장르를 독특한 형태로 발전시켰다. 토머스 M. 디쉬 . 로저 질래즈니 . 마이클 무어콕 등은 이 전통에 속하는 가장 대표적인 작가들이며, 이 밖에도 도리스 레싱 . 조우셉 맥엘로이 . 레이먼드 페더먼 . 커트 보니거트 . 이탈로 칼비노 . 스타니슬로 렘 같은 작가들이 포스트모더니즘 공상과학 소설의 위상을 높이는 데 크게 이바지하였다. 그러나 가장 일반적 의미의 뉴 웨이브 과학 소설은 1960년대와 1970년대에 걸쳐 새로운 문학적 자의식과 새로운 사회의식을 지니고 있는 과학 소설 작가들의 작품을 가리킨다.

포스트모더니즘 공상과학 소설은 무엇보다도 패러디의 성격을 지닌다. 이 전통에 서 있는 대부분의 작가들은 이 과학 소설 장르를 그대로 답습하기보다는 자의식적으로 그 법칙과 인습에 의문을 던진다. 다시 말해서 공상 과학에 관한 작품을 창작할 뿐만 아니라 더 나아가 공상과학 소설 자체에 관한 작품을 창작하려고 한다. 실제로 이러한 자기 반영성은 포스트모더니즘 계열에 속하는 작품에 나타나는 특징이다. 예를 들어 이탈리아의 작가 칼비노는 『t 제로』(1969)나 『코스미코믹스』(1970) 같은 작품들을 통하여 공상과학 소설이 씌어지는 과정 자체를 드러냄으로써 과학의 언어와 소설의 언어가 얼마나 허구적인가 하는 점에 주목한다. 이러한 현상은 폴란드의 작가 스타니슬로 렘에 이르러 좀 더 분명하게 드러난다.

또한 포스트모더니즘 공상과학 소설에서는 상호텍스트적인 성격을 엿볼 수도 있다. 이 장르의 소설은 어디까지나 '종이 위의 세계'라는 점을 강조하기 위하여 전통적인 신화나 우화 또는 기존의 문학 작품을 구성상의 틀로 삼기 일쑤이다. 바꾸어 말해서 과거에 이미 존재한 텍스트를 모델로 삼아 플롯을 다시 구성함으로써 이른바 '문학에 대한 문학'을 창안해 내는 것이다. 예를 들어 새뮤얼 R. 딜라니는 『노바』(1969)에서 중세부터 전해 내려온 성배(聖杯) 추구의 기독교 전설을, 토머스 M. 디쉬는 『집단 수용소』(1980)에서 자신의 영혼을 팔아서까지 지식을 추구한 파우스트 신화를 각각 상호텍스트로 삼는다. 그런가 하면 로저 잘래즈니는 『이 불멸의 인간』(1966)에서 아하

수에루스, 즉 십자가를 메고 골고다 언덕으로 향하는 예수 그리스도를 모욕하였다는 이유로 최후 심판의 날까지 영원히 이 세상에 방황하도록 저주받은 '방황하는 유대인'의 신화를 핵심적인 모델로 삼고 있다.

그러나 무엇보다도 포스트모더니즘 대중 문화를 규정짓는 가장 전형적인 장르라면 두말할 나위 없이 탐정 소설이다. 마이클 홀퀴스트의 지적대로 모더니즘 문학이 주로 제임스 조지 프레이저와 문화 인류학과 지그문트 프로이트의 심층 심리학에 의존하였다면, 포스트모더니즘은 주로 탐정 소설을 지배적인 모티프로 삼는다.57) 물론 탐정 소설은 포스트모더니즘이 모습을 드러내기 훨씬 앞서 19세기 중엽에 이미 크게 유행하였다. 이 장르는 에드거 앨런 포가 그의 단편 작품 「모르귀 가(街)의 살인」과 「도둑맞은 편지」에서 처음 사용한 것으로 널리 알려져 있다. 그가 창조해 낸 슈발리에 뒤팽은 이 장르에서 핵심적 역할을 하는 최초의 전형적인 탐정으로 일컫는다. 그 뒤 영국에서 아서 코넌 도일을 비롯하여 윌키 콜린스와 G. K. 체스터튼이, 미국에서는 대쉴 해미트와 레이먼드 챈들러 같은 작가가 좀 더 세련된 형태로 발전시켰다.

20세기에 들어와 탐정 소설은 크게 세 전통에서 발전해 왔다. 하나는 흔히 '화이트글로브' 탐정 소설로 알려진 전통이고, 다른 하나는 '하드보일드' 탐정 소설로 일컫는 전통이다. 주로 영국에서 발전한 전자는 좀 더 문학적인 성격을 지니는 것이 특징이다. 문학성이나 고급 문화를 강조하는 이 장르에서는 상호텍스트적인 성격을 강하게 띠게 마런이다. 1930년대에 본격적인 궤도에 오르기 시작한 '화이트글로브' 탐정 소설은 제2차 세계대전 이후 가장 찬란한 꽃을 피웠으며, 에드먼드 크리스핀은 바로 이 유형을 대변하는 가장 대표적인 작가로 평가받고 있다.

한편 미국에서 주로 발전한 '하드보일드' 탐정 소설은 화이트글로브 탐정 소설과는 여러모로 다르다. 흔히 반문학적인 태도를 취하는 이 장르는 엘리트주의적인 고급 문화를 거부하고 대중 문화를 한결 더 높이 평가한다. 대표적인 하드보일드 탐정 소설 작가라고 할 레이먼드 챈들러는 『단순한 살인의 기술』(1950)이라는 책에서 영국의 화이트글로브 탐정 소설을 탐탁하지 않게 생각하고 있다. 그는 "영국 작가들은 이 세상에서 언제나 가장 뛰어난 작가라고는 할 수 없지만 분명히 가장 재미없는 작가임에는 틀림없다. (……) 그들은 지나치게 기교에 치우쳐 있으며, 이 세계에서 일어나고 있는 사건에 대해서 너무나 모르고 있다.'[58] 라고 날카롭게 꼬집는다.

이 두 전통의 탐정 소설과 비교하여 비교적 최근에 발전한 세 번째 전통은 '형이상학적 탐정 소설'이다. 이 용어는 하워드 헤이크래프트가 『쾌락을 위한 살인』(1941)에서 체스터튼의 작품을 기술하기 위하여 처음 사용한 것으로 알려져 있다. 포스트모더니즘과 관련하여 주로 말하는 탐정 소설이 바로 이 세 번째 장르이다. 형이상학적 탐정 소설은 서부개척 소설이나 공상과학 소설처럼 전통적인 장르가 사용하는 기본적인 틀을 거의 그대로 받아들이되 중요한 점에서 그 한계를 극복하려고 한다. 이 새로운 유형의 탐정 소설은 비(非)목적론적인 성격을 지닌다는 데 그 특징이 있다. 종래의 탐정 소설에서 살인 같은 범죄 사건은 탐정이 작품의 결말 부분에 이르러 증거를 논리적으로 해석하면서 수수께끼가 끝난 것으로 되어 있다. 그러나 이 새로운 탐정 소설에서는 다분히 기계적이라고 할 이러한 해결 방법은 좀처럼 찾아보기 어렵다. 오히려 여기에서는 독자들에게 잘 알려진 고전적인 탐정 소설의 패턴을 의도적으로 깨뜨리려고 한다.

흔히 누보로망의 기수로 알려진 알랭 로브-그리예는 블라디미르 나보코프와 호르헤 루이스 보르헤스가 세운 형이상학적 탐정 소설의 수준을 한 단계 올려놓는 데 크게 이바지하였다. 로브-그리예의 형이상학적 탐정 소설에서는 포스트모더니즘 공상과학 소설처럼 무엇보다도 자기반영성이 주목을 받는다. 그의 소설은 거의 대부분 탐정 소설의 텍스트를 창작하는 바로 그 과정 자체에 독자의 관심을 돌린다. 그런가 하면 그는 탐정 소설과 외설 소설을 교묘히 결합하여 독특한 작품을 만들어 내기도 한다. 그런데 어떤 의미에서 이러한 시도는 실험 소설 특유의 난해성을 극복하는 한편, 그동안 난해성 때문에 문학으로부터 멀어졌던 독자들을 다시 끌어들이기 위한 전략으로 볼 수 있다. 로브-그리예의 작품 가운데에서도 『고무』(1953), 『변태 성욕자』(1955), 『랑데부의 집』(1965) 같은 소설은 가장 대표적인 형이상학적 탐정 소설이다.

최근 들어 탐정 소설은 다시 한번 변신을 시도하기도 한다. 가령 에드윈 모건이나 폴 멀둔은 몇몇 작품에서 탐정 소설을 시 장르와 결합하려고 한다. J. G. 밸러드는 『크래시』(1993)에서 탐정 소설을 포르노와 결합한다. 제목에서도 잘 드러나듯이 이 작품에서 밸러드는 자동차 충돌 사고를 다루고 있지만 그것 못지 않게 외설적으로 섹스를 다루고 있다. 더 나아가 작가는 기계와 인간을 결합하는 이른바 '포스트-휴먼' 세계를 묘사하기도 한다. 그런가 하면 톰 스토퍼드는 희곡 장르와 탐정 소설의 결합을 모색하기도 한다.

한편 대중 문화에 대한 관심은 비단 문학에 국한되지 않고 다른 예술에서도 쉽게 찾아볼 수 있다. 그 가운데에서도 주로 영국과 미국 미술계에서 일어난 팝 아트는 좋은 예가 된다. 권위와 규범 그리고 계급 질서에 대한 도전에 기초를 두고 있는 팝 아트라는 영화와 텔레비전과 광고 같은 매스미디어를 통한 대중 문화, 그리고 상업 디자인에서 이미지와 소재를 빌려온다. 흔히 '네오-리얼리즘'이나 '네오-다다주의'라고도 일컫는 팝 아트는 한마디로 모더니즘의 엘리트주의적인 고급 문화에 대한 비판이나 반작용으로 시작되었다. 특히 미술에서 팝 아트는 추상 표현주의와 '아르 앵포르멜'에 대한 반발로 생겨났다. 팝 아트는 그동안 상아탑 속에 갇혀 있던 엘리트주의적인 미술을 대중의 수준으로 끌어내리는 데 크게 이바지하였다.

팝 아트는 영국보다는 미국에서 더욱 찬란한 꽃을 피운다. 프랜시스 베이컨 . 에두아르도 파올로치 . 야스퍼 존스 . 로버트 라우션버그 같은 예술가들은 추상 표현주의에서 팝 아트로 옮겨가는 과정에서 과도기적 역할을 맡은 예술가들이다. 그 가운데에서도 특히 존스와 라우션버그의 활동은 특히 눈여겨볼 만하다. 멀게는 마르셀 뒤샹, 그리고 가깝게는 작곡가 존 케이지한테서 많은 영향을 받은 이 두 예술가는 주로 뉴욕의 레오캐스텔리 갤러리를 중심으로 활약하였다. 존스는 성조기나 과녁 같은 일상생활에서 흔히 볼 수 있는 대상을 예술적 맥락 안에 끌어들이려고 하였다.

한편 라우션버그는 '컴바인 페인팅'이라고 일컫는 콜라주와 아상블라주를 창안하였다. 컴바인 페인팅이란 글자 그대로 추상 표현주의 화법의 유화 그림에 현대 자본주의 사회의 일상생활로부터 취해 온 여러 물건들을 결합시켜 만들어 낸 작품을 가리킨다. 예술과 삶 사이의 간격에서 작업하기를 원한다는 라우션버그는 박제한 농불, 교통 신호판, 사진, 찢어진 포스터 같은 일상생활과 관련한 여러 물건을 작품 속에 하나로 통합한다. 우주 시대를 상징하는 로켓 사진과 유화를 서로 결합한 〈거룻배〉, 자신이 그린 추상 유화에 박제한 염소 . 이불 . 베개 . 라디오 . 코카콜라 병 등을 결합한 〈코카콜라 플랜〉, 그리고 캔버스 위에 유화와 실크스크린으로 페터 루벤스의 〈비너스의 화장〉의 사진 복제에 다른 그림들을 결합한 〈트레이서〉 같은 작품은 흔히 그의 대표작으로 평가받는다.

이렇게 1950년대에 시작한 팝 아트는 1960년대 들어오면서 뉴욕과 로스앤젤레스 그리고 샌프란시스코를 중심으로 더욱 발전하였다. 톰 웨슬먼은 주로 부엌이나 목욕탕 같은 현대 사회의 생활 도구를 소재로 삼거나 '위대한 미국의 누드'처럼 일련의 나체화를 그렸다. 제임스 로우즌퀴스트는 상업적 스타일로 그린 이미지들을 몽타주하여 대형 광고판 사이즈의 그림을 그렸으며, 클리스 올든버그는 비닐이나 에나멜 칠을 한 캔버스 위에 대형 크기의 햄버거나 아이스크림을 즐겨 그렸다. 한편 웨인 티보드는 파스텔 색깔의 오일 페인트를 사용하여 마치 설탕을 입힌 것 같은 케이크의 그림을 실감나게 그리기도 하였다. 로스앤젤레스에서 주로 활약한 에드워드 킨홀스는 티보드보다 한 발 더 나아가 〈싸구려 음식점〉에서 음향 효과와 음식 냄새를 결합시킴으로써 이차원적 회화를 좀 더 입체적인 삼차원적 회화로 발전시켰다.

그런가 하면 로이 릭텐스타인은 독특한 산업적 양식을 구현한 팝 아티스트로 이름을 크게 떨쳤다. 상업 자본주의 사회에서 대량으로 생산한 상품과 광고의 이미지를 미술 작품으로 표현하는 데 힘을 쏟았다. 또한 미키마우스처럼 일반 대중들이 즐겨 읽는 만화의 장면에서 작품의 소재를 빌려 오기 일쑤였다. 특히 릭텐스타인은 만화 주인공의 눈물방울과 폭발을 의미하는 별 모양, 작중인물들이 주고받는 대화나 머릿속의 생각들을 나타내는 풍선 모양, 그리고 만화의 이미지 인쇄에서 사용하는 벤데이 점 기법 등 만화에서만 볼 수 있는 특징을 응용하여 간결하고 상업적인 작품을 창작하였다.

그러나 1960년대에 걸쳐 활약한 미국의 팝 아티스트 가운데에서 가장 널리 알려진 예술가라면 역시 앤디 워홀이 첫손가락에 꼽힌다. 다른 팝 아티스트처럼 그도 일반 대중들에게 친숙한 대상에서 예술적 오브제를 즐겨 빌려온다. 그런데 그의 팝 아트 기법은 크게 세 가지 갈래로 나뉜다. 첫 번째 기법은 실크스크린을 이용하여 대중들의 관심도가 높은 배우나 정치가 같은 유명인사의 얼굴 모습을 복제해내는 수법이다. 예를 들어 그는 1962년에 실크스크린 수법으로 미국 남성으로부터 섹스의 상징으로 추앙 받아 온 여배우 마릴린 먼로의 초상화를 복제하여 만들어 낸 작품을 창작하였다. 이 작품에는 먼로의 정면 얼굴 모습이 정사각형의 캔버스 속에 가로로 네 장, 세로로 다섯 장 등 모두 스무 장의 사진이 배열되어 있다. 그러나 워홀은 먼로의 모습을 원래 사진 그대로 복제하지 않고 조금 수정을 가하여 변형시킨다. 그러므로 이 작품은 말하자면 '복제품의 복제품'이라고 할 수 있다.

워홀은 그 이듬해 예술적 오브제를 다시 『서른은 하나보다 낫다』라는 또 다른 시리얼 초상화를 창작하였다. 그러나 이 작품에서 그는 대중의 우상에서 소재를 취해 오지 않고 이번에는 마르셀 뒤샹처럼 고전적인 걸작품인 레오나르도 다빈치의 〈모나리자〉에서 빌려온다. 그런데 르네상스 시대의 이 명화는 대중 매체 사회에서 기계가 대량으로 복제해 내어 일반 대중이 쉽게 감상할 수 있기 때문에 어떤 의미에서는 그 자체로서 이미 대중 문화의 일부를 이루고 있다고 할 수 있다. 그러므로 워홀의 이 작품은 다빈치와 뒤샹의 작품을 동시에 언급하고 있는 셈이다.

워홀의 두 번째 기법은 일반 대중들에게 친근한 상품을 초대형으로 확대하는 수법이다. 그가 즐겨 소재로 삼는 것은 상업주의적 대중 사회에서 대량으로 생산되고 대량으로 소비되는 상품이다. 예를 들어 그는 코카콜라 상표의 청량음료 병이나 캠벨 상표의 수프 캔 또는 브릴로 상표의 합성세제 상자 등을 즐겨 소재로 삼는다. 그런데 여기에서 찬찬히 눈여겨보아야 할 것은 워홀이 이러한 상품을 예술의 오브제로 삼는 것은 단순히 자본주의 사회의 산업 생산품을 선전하거나 광고하기 위해서가 아니라는 점이다. 일상생활의 평범한 이미지들에 큰 관심을 기울이고 있는 워홀은 이러한 상품에서 예술의 가능성을 발견하기 때문이다. 워홀의 예술관은 "모든 것은 다 아름답다."라는 그의 슬로건에서도 단적으로 엿볼 수 있다. 그리고 워홀의 세 번째 기법은 한 인물의 이미지를 여러 형태로 변형한 초상화를 그려내는 수법이다. 케네디 대통령의 부인 재클린의 사진을 소재로 한 작품은 이 기법을 보여주는 가장 대표적인 예이다.

그런데 팝 아트는 모더니즘의 고급 예술과는 뚜렷이 다른 몇 가지 중요한 특징을 지닌다. 무엇보다도 먼저 팝 아트는 비판적 기능을 지닌다. 20세기 중엽부터 부쩍 힘을 떨치기 시작한 상업적 자본주의 사회에 대한 비판이기도 하다. 둘째, 팝 아트는 한 비평가의 지적대로 '부호와 부호 체계에 대한 예술'이라고 할 수 있다. 기호학적이고 상호텍스트적인 성격을 지니기 때문에 팝 아트는 어떤 다른 장르보다도 '그림의 그림'에 깊은 관심을 기울인다. 셋째, 팝 아트는 추상 표현주의의 전통에 뿌리를 박고 있으면서도 본질적으로 리얼리즘적인 요소를 지닌다. 일상적 삶과 예술 사이에 거리감을 두는 모더니즘 예술과는 달리 팝 아트는 일상생활의 대상이나 이미지에 주목한다. 넷째, 팝 아트는 리얼리즘의 기본 정신에 따라 낙관주의적이고 휴머니즘적인 특성을 지닌다. 이 장르에 속하는 예술가들은 현대 사회에서의 인간의 삶을 긍정적으로 접근한다. 다섯째, 팝 아트는 상당 부분 20세기의 과학과 기술, 특히 미디어 기술과 운송 기술에 의존한다. 대중 문화는 현대 기계에 따른 대량 생산과 매스 미디어의 선전에 자극 받는 대량 소비와는 떼려야 뗄 수 없을 만큼 깊은 관계를 맺고 있기 때문이다. 마지막으로, 특히 미국의 팝 아트는 넓게는 로고스중심주의, 좁게는 유럽중심주의에 대한 비판의 성격을 띤다. 이 점에서 미국의 문화 제국주의는 다름 아닌 팝 아트가 그 씨앗을 뿌렸다고 하여도 그렇게 지나친 말이 아닐 것이다.

제3장
포스트구조주의와 철학

포스트모더니즘을 규정짓는 가장 중요한 특징 가운데 하나는 흔히 탈중심화(脫中心化)나 반정초주의(反定礎主義) 또는 반본질주의(反本質主義)로 일컫는 현상이다. 상대성과 다원주의로 굳게 무장한 채 절대적인 권위에 도전하는 포스트모더니즘은 중심적인 힘을 거부하고 보편성과 절대성이 기초를 두고 있는 근본적인 토대나 본질을 허물고 무너뜨리려고 한다. 포스트모더니즘과 관련한 문제는 하나같이 이 현상에서 비롯하는 것이라고 하여도 크게 틀리지 않다. 포스트모더니즘이 모더니즘이나 구조주의와 뚜렷이 구분되는 것도 따지고 보면 이렇게 진리의 절대성 대신에 상대성, 보편성 대신에 특수성, 합리성과 필연성 대신에 우연성과 역사성에 무게를 실으려는 원심적 태도 때문이다.

모더니즘은 형식에서는 전통과 인습을 과감하게 타파하였으면서도 그 주제나 내용에서는 권위나 중심에 대한 갈망을 완전히 떨쳐버리지 못하였다. 그러한 갈망을 떨쳐버리기는커녕 오히려 19세기 말엽에서 20세기 초엽에 걸쳐 널리 퍼져 있는 혼돈과 무질서를 통제하기 위한 수단으로 권위나 중심에 의존하려고 하였다. 다시 말해서 모더니즘은 형식이나 기교에서는 아주 급진적이고 때로는 혁명적인 입장을 취하였으면서도 내용이나 주제에서는 여전히 보수주의적인 태도를 취하였던 것이다. 이것이 바로 모더니즘이 안고 있는 이중적이고 양면적인 성격이다.

그러나 포스트모더니즘에 이르러 이러한 권위와 중심에 대한 갈망은 적잖이 도전을 받기 시작한다. 모더니즘이 리얼리즘의 전통이나 인습과의 단절을 출발점으로 삼았다면, 포스트모더니즘은 바로 모더니즘의 권위와 중심에 대한 도전을 출발점으로 삼는다. 포스트모더니즘의 특징은 계급조직적 질서와 체계에 대한 도전, 즉 장-프랑수아 리오타르가 말하는 '거대 이론(메타내러티브)'에 대한 회의에서 엿볼 수 있다. 포스트모더니즘이 흔히 우상파괴적이라고 비난받는 것은 바로 그 때문이다. 물론 여기에서 '포스트모더니즘'이란 용어를 포스트구조주의와 포스트모더니티를 포함하는 넓은 개념으로 사용하고 있음은 두말할 나위가 없다.

1 포스트구조주의의 얼굴들

유럽 철학 전통이란 따지고 보면 결국 플라톤에 대한 일련의 각주에 지나지 않는다고 설파한 사람은 바로 20세기 철학에 꽤 영향을 끼친 영국의 철학자요 수학자인 앨프리드 노스 화이트헤드였다. 이 말을 뒤집어 보면 서양 철학은 저 까마득히 멀리 옛 그리스시대에 살았던 이 철학자가 그 씨앗을 모두 뿌려 놓았다는 말이 된다. 그만큼 서양 철학은 플라톤한테서 지고 있는 빚이 무척 크다고 할 것이다.

그러나 요즈음 들어 부쩍 자주 입에 올리는 포스트구조주의에 이르러서는 화이트헤드의 말이 그렇게 썩 잘 들어맞는 것처럼 보이지 않는다. 포스트구조주의의 개념은 플라톤에게서는 좀처럼 찾아보기 어렵기 때문이다. 차라리 포스트구조주의는 신의 죽음을 선포하고 초인의 도래를 열렬히 바랐던 프리드리히 니체를 비롯하여 게오르크 빌헬름 프리드리히 헤겔의 관념론에 맞서 유물론의 깃발을 높이 쳐든 카를 마르크스, 진리보다는 존재를 앞세워 서구 형이상학에 비판의 칼날을 들이댄 마르틴 하이데거한테서 그 뿌리를 찾는 쪽이 훨씬 더 옳다. 흔히 '차별성의 철학자들'로 일컫는 니체와 마르크스와 하이데거는 전통적인 철학 사상을 떠받들고 있는 주춧돌을 뿌리째 흔들어 놓았던 것이다.

또한 포스트구조주의는 계몽주의에 대한 비판에서 자양분을 섭취하여 성장하기도 하였다. 테오도르 아도르노와 막스 호르크하이머는 『계몽의 변증법』(1944)에서 계몽주의와 모더니티를 날카롭게 비판하면서 포스트구조주의가 발전하는 토대를 다졌다. 이 두 이론가는 인간을 미신과 공포로부터 해방시키고 인간을 지배자의 위치에 올려놓은 계몽주의가 점차 인간을 억압하는 힘으로 전락하였다고 지적한다. 18세기를 흔히 '이성의 시대'라고 부르듯이 이 무렵 서구를 휩쓴 계몽주의는 신을 몰아내고 그 자리에 이성을 올려놓았다. 그런데 아도르노와 호르크하이머에 따르면 도구적 이성이 막강한 힘을 휘두르면서 궁극적으로 인간을 도구와 수단으로 취급하는 전체주의가 출현하게 되었다. 그리하여 그들은 "계몽주의는 곧 전체주의적이다."[59] 라고 못 박아 말한다.

이렇게 아도르노와 호르크하이머를 비롯한 프랑크푸르트학파 이론가들이 처음 불을 댕긴 계몽주의 비판은 프랑스 신철학자들에 이르러 정점에 이른다. 신철학자들은 계몽주의에 대한 비판을 좀 더 극단적으로 밀고 나간다. 그런데 그들은 어떤 객관적 이론의 기반이 되는 토대나 기초를 좀처럼 받아들이려고 하지 않는다. 이 점에서 신철학자들의 계몽주의 비판은 반정초주의나 반본질주의 또는 반휴머니즘이라고 부를 수 있다. 이렇게 어떠한 기초나 토대도 받아들이지 않는다면 절대적이고 객관적인 진리라는 집을 세울 수 없음은 두말할 나위가 없다. 비록 그러한 집을 세운다고 하여도 글자 그대로 모래 위에 세운 집과 같아서 곧 무너져 버리게 될 것이다.

철학이나 사상의 '막내아들'로 가장 뒤늦게 태어난 포스트구조주의는 지난 몇 십 년 동안 서구 지성사에 크나큰 영향을 끼쳐 왔다. 포스트구조주의는 인간의 본질과 성격을 밝혀내고 인간 행위와 그 산물을 설명하는 데 아주 굵직한 획을 그었다. 다시 말해서 포스트구조주의는 인문학은 말할 것도 없고 사회과학과 심지어 자연과학에 이르기까지 여러 분야에 걸쳐 그야말로 획기적인 전환점을 마련해 주었다. 단순히 학문의 보급이나 전파를 뛰어넘어 정치적 토양과 문화적 풍토를 이룩하는 데에도 큰 구실을 맡았다. 특히 철학과 사상에 끼친 영향은 가히 혁명적이라고 할 만하다. 서구 철학사를 통하여 포스트구조주의만큼 그렇게 급진적인 이론도 아마 찾아보기 쉽지 않을 것이다.

지성사의 개념이 흔히 그러하듯이 포스트구조주의도 단일한 사상 체계라기보다는 20세기 후반에 본격적으로 나타나기 시작한 여러 현상을 포괄적으로 가리키는 표현에 지나지 않는다. 바꾸어 말해서 다양한 스펙트럼에 걸쳐 폭넓게 나타나는 현상을 뭉뚱그려 가리키는 용어이다. 예를 들어 포스트구조주의에는 흔히 해체주의나 해체론이라고 부르는 자크 데리다의 철학 이론과 그것을 문학 연구에 적용시킨 미국 예일학파의 문학 이론이 포함되는가 하면, 미셸 푸코의 사회 이론과 역사 이론이 포함된다. 지그문트 프로이트의 정신분석 이론을 페르디낭 드 소쉬르의 언어 이론으로 새롭게 해석하는 자크 라캉의 심리분석 이론, 그리고 거대 이론에 회의를 품는 장-프랑수아 리오타르의 철학 이론도 하나같이 포스트구조주의의 울타리에 들어간다.

또한 1960년대 말엽 이후의 롤랑 바르트의 문학 이론과 문화 이론을 비롯하여 쥘리아 크리스테바의 기호학, 프로이트와 칼 마르크스를 창조적으로 접목하는 루이 알튀세르의 네오-마르크스주의, 그리고 피에르 마슈레의 문학생산 이론도 포스트구조주의 이론으로 보아 크게 틀리지 않다. 이 밖에도 푸코의 영향을 받은 질 들뢰즈와 라캉의 영향을 받은 펠릭스 가타리의 반(反)오이디푸스 이론, 데리다와 푸코의 이론을 한 발 더 밀고 나간 팔레스타인 출신의 미국 이론가 에드워드 사이드의 오리엔탈리즘도 넓은 의미에서는 포스트구조주의와 맞닿아 있다. 그러므로 1960년대 말엽 이후 모습을 드러낸 거의 모든 사상이나 이론이 사실상 포스트구조주의의 개념적 우산 속에 들어가는 셈이다.

데리다와 푸코 그리고 라캉을 비롯한 이론가들한테서 엿볼 수 있듯이 포스트구조주의는 1960년대 말엽 프랑스에서 처음 발전한 이론이다. 물론 포스트구조주의 뿌리를 단순히 1960년대 말엽, 그리고 프랑스 한 나라에만 국한시키는 것은 너무 좁은 생각일는지 모른다. 포스트구조주의의 씨앗은 실제로 1960년대보다 훨씬 이전에, 그리고 프랑스 말고도 다른 여러 나라에서도 이미 뿌려졌기 때문이다. 그렇지만 적어도 그 씨앗이 싹을 터서 포스트구조주의라는 식물로 자란 것은 다름 아닌 1960년대 말엽의 프랑스라고 할 수 있다.

포스트구조주의는 장-폴 사르트르의 실존주의, 모리스 메를로-퐁티의 현상학, 그리고 이 두 철학에 대한 비판과 그 대안으로 나타났다고 할 수 있는 구조주의에 뒤따라 생겨났다. 이 점에서 프랑스는 20세기에 들어와 현대 지성의 메카 같은 역할을 맡았다. 그리고 거의 대부분의 현대 사조나 이론이 흔히 그러하듯이 포스트구조주의 또한 프랑스 국경을 넘어 점차 세계 곳곳으로 널리

퍼져나갔다. 그리하여 이제 이 이론은 파리에서 유행하는 최신 의상처럼 국제적인 현상이 되다시피 하였다.

1970년대 초엽과 중엽에 걸쳐 가장 찬란한 꽃을 피운 포스트구조주의는 1990년대에 들어와 그 힘이 조금 누그러진 것처럼 보인다. 그리하여 몇몇 이론가들은 벌써부터 포스트구조주의의 죽음을 선언하고 나선다. 몇몇 이론가들은 적어도 프랑스에서는 이 이론이 이제 더 이상 '살아 있는 힘'이나 '응집력 있는 입장'으로서는 그 가치를 잃어버리게 되었다고 지적한다. 그러나 포스트구조주의가 죽었다고 진단하는 것은 포스트모더니즘이 죽었다고 진단하는 것과 마찬가지로 너무 성급한 결론이다.

물론 1980년대 중반 이후 포스트구조주의는 그 이전에 누리던 막강한 영향력이나 힘을 점차 상실한 것만은 틀림없다. 전통적 의미의 형이상학을 되찾으려고 하면서 정치성과 종교성에 좀 더 무게를 실으려는 잡지 《신(新)철학》을 중심으로 활약하는 프랑스의 신철학자들이 점차 힘을 얻고 있다. 가령 좀 더 실존적이고 현실적인 문제에 눈을 돌리려는 임마누엘 레비나스와 모리스 블랑쇼, 그리고 정치 철학을 다시 되살리려고 하는 클로드 르포르 같은 철학자들이 철학계에 출현하면서 포스트구조주의는 타격을 받기 시작하였다. 그러나 프랑스는 말할 것도 없거니와 영국과 미국, 그리고 우리나라를 포함한 동양에서 포스트구조주의는 아직도 여전히 그 힘을 떨치고 있다.

2 구조주의에서 포스트구조주의로

포스트구조주의를 좀 더 쉽게 이해하기 위해서는 여기에서 잠깐 구조주의의 기본 개념을 살펴보는 것이 좋을 것 같다. 포스트모더니즘을 '모더니즘'이라는 의미소(意味素)를 떠나서는 생각할 수 없듯이 포스트구조주의도 '구조주의'라는 의미소를 떠나서는 도저히 생각할 수 없기 때문이다. 러시아 형식주의와 프라하 언어학파의 이론에서 큰 영향을 받고 발전한 구조주의는 그 이름에서도 분명히 드러나 있듯이 인간의 모든 행위와 그 행위의 산물, 좀 더 구체적으로 말해서 언어와 문학 작품을 비롯한 모든 지식과 문화 현상에 내재되어 있는 구조나 체계를 찾아내는 것을 가장 중요한 목표로 삼았다.

구조주의의 이러한 목표는 그것이 발전한 형태라고 할 서술학 이론에서 가장 뚜렷하게 나타난다. 서술학은 프랑스 이론가 제럴드 프랭스의 말대로 "내러티브의 역학을 발견하고 기술하며 설명하는 것"에 초점을 맞추려는 학문이다. 또는 러시아의 이론가 보리스 우스펜스키가 『작문의 시학』(1970)에서 지적하듯이 구조주의는 "예술 텍스트의 구조적 조직을 지배하는 법칙"을 찾아내는 데에도 그 목적을 둔다.[60] 한마디로 구조주의는 인간의 행위나 그 결과를 자족적이고 자기결정적인 구조를 지니는 의미 체계로 파악하려는 이론이다.

프랑스에서는 언어학자들과 문학 이론가들, 인류학자들, 철학자들, 그리고 심리학자들이 구조주의의 집을 짓는 데 힘을 모았다. 예를 들어 클로드 레비-스트로스나 롤랑 바르트는 그동안 언어 분석의 이론과 방법을 기초로 이러한 내재적 구조나 체계를 찾아내는 데 온 힘을 쏟았다. 그들은 동화나 신화 또는 문학 작품은 말할 것도 없고 의상, 음식, 레슬링 경기, 심지어 스트립쇼에 이르기까지 연구 대상으로 삼았다. 구조주의자들의 연구 대상이 되지 않는 것이 이 세계에 하나도 없다고 할 만큼 사실상 인간의 모든 행위가 그동안 구조주의의 분석 대상이 되었던 것이다.

그러나 이러한 구조나 체계에 대한 관심은 비단 20세기 후반에 이르러 처음 시작된 것은 물론 아니다. 이러한 시도는 그보다 훨씬 오래 전에 시작되었으며, 그 계보를 거슬러 올라가 보면 흔히 현대 언어학의 아버지로 부르는 스위스의 언어학자 페르디낭 드 소쉬르와 만나게 된다. 1906년부터 1911년까지 제네바 대학에서 행한 일련의 강의를 통하여 그는 현대 언어학의 흐름을 획기적으로 돌려놓았다. 특히 소쉬르의 강의록을 기초로 그의 제자들이 엮은 『일반 언어학 강의』(1915)는 거의 한 세기가 지난 지금까지도 기호학과 구조주의의 성서로 꼽힌다.

언어의 추상적 체계에 깊은 관심을 기울이는 소쉬르는 언어를 '랑그'와 '파롤'의 두 갈래로 나눈다. 전자는 실제 언어 이전에 이미 존재해 있는 추상적 체계로서의 언어를 가리키고, 후자는 개인의 구체적 언어 수행으로서의 언어를 가리킨다. 바꾸어 말해서 랑그가 언어에 내재되어 있는 추상적 규칙 체계라면, 파롤은 그 체계가 개별적으로 구체화되는 발화나 스피치라고 할 수 있다. 그러므로 랑그와 파롤은 미국의 변형 문법학자 노엄 촘스키가 말하는 '언어 능력'과 '언어 수행', 또는 구조주의자들이 즐겨 쓰는 '구조'와 '사건'과 거의 비슷한 개념이다. 그런데 소쉬르는 이 두 갈래의 언어 가운데에서 오직 추상적 체계인 랑그만이 언어학의 대상이 될 수 있을 뿐 구체적인 개인 발화는 언어학의 대상이 될 수 없다고 못 박았다.

소쉬르가 일반 언어학에서 가장 큰 관심을 기울이고 있는 것은 바로 말과 사물 사이의 관계이다. 그는 "말은 사물과 과연 어떠한 관계를 맺고 있는가?"라는 질문에 아주 깊은 관심을 보였다. 그리하여 이 물음에 대한 답을 찾기 위하여 소쉬르는 언어 기호를 '기표(시니피앙)'와 '기의(시니피에)'의 두 갈래로 나눈다. 기표가 음성으로 되어 있는 청각적인 소리 이미지나 문자로 되어 있는 시각적 부호를 가리키는 반면, 기의는 그 언어가 가리키는 추상적 개념을 말한다. 예를 들어 소리나 글자로 표현한 '꽃'이라는 말은 기표에 해당하고, 그 말을 듣거나 읽을 때 마음속에 떠오르는 개념은 바로 기의에 해당한다. 그런데 소쉬르에 따르면 기표와 기의는 떼어놓을 수 없을 만큼 서로 깊이 연관되어 있다. 육체 없이 정신이 있을 수 없고 정신없이 육체가 있을 수 없듯이, 기표 없이 기의가 존재할 수 없고 기의 없이 기표가 있을 수 없다.

소쉬르에 따르면 기표와 기의 사이에는 어떤 논리적 관계도 어떤 필연적 관계도 존재하지 않는다. 그 관계는 어디까지나 임의적인 약속에 지나지 않는다. 좀 더 구체적으로 말해서 문화적으로 결정된 기호 체계에 해당하는 언어가 외부 실제 세계와 맺고 있는 관계는 본질적이거나 자연적인 관계가 아니다. 만약 기표와 기의 사이에 어떤 본질적이거나 자연적인 관계가 성립한다면, 한 낱말은 아마 이 세계에 존재해 있는 모든 언어에서 공통적으로 쓰이게 될 것이다. 예를 들어 '꽃'이라는 말은 이 세계의 수많은 언어 가운데에서도 오직 한국어에서만 쓰이고 있을 뿐 어떤 다른 언어에서도 쓰이지 않는다. 그러므로 우리는 이 '꽃'이라는 말 대신에 얼마든지 다른 말을 사용하여도 아무 상관이 없다.

언어의 이러한 임의성은 교통 신호 체계를 보면 훨씬 분명해진다. 우리는 길을 건널 때 교통 신호등에 빨간 불이 켜지면 발걸음을 멈추고 파란 불이 켜지면 다시 길을 건넌다. 많은 사람들은 이러한 행동을 아주 당연하고 자연스러운 것으로 생각할는지 모르지만, 실제로 이것은 한 공동사회의 구성원들이 만들어 낸 약속이나 관습에 따르는 것일 뿐이다. 빨강이나 파랑 같은 색깔은 무한한 빛의 파장의 연속체 가운데에서 임의로 만들어 낸 것이다.

더구나 빨강이나 파랑 같은 색깔에는 본질적으로 어떤 고유한 의미가 담겨져 있지 않으며, 따라서 교통 신호 체계를 지금 사용하고 있는 것과 정반대로 사용하더라도 아무런 상관이 없다. 실제로 영국 사람들은 유럽연합(EU)의 전신인 유럽공동체(EC)에 가입하기 전까지만 하더라도 지금과는 전혀 다른 신호 체계를 지키고 있었다. 그러나 유럽공동체에 가입하고 난 뒤 자신들의 신호 체계를 버리고 비로소 유럽식 체계를 받아들였다. 이렇게 영국 사람들은 유럽 공동체의 구성원이 되기 위해서는 어쩔 수 없이 유럽 다른 나라의 기호적 관습을 받아들이지 않으면 안 되었던 것이다.

더 나아가 소쉬르는 언어가 의미를 지니는 것은 바로 차별성 때문이라고 지적하였다. 방금 앞에서 교통 신호 체계를 예로 들었지만 빨간색은 바로 초록색이 아니기 때문에 '멈춤'이라는 의미를 지닐 수 있으며, 마찬가지로 초록색은 빨간색이 아니기 때문에 '진행'이라는 의미를 지닐 수 있다. '꽃'이라는 말이 의미를 지닐 수 있는 것은 음성이나 문자에서는 '꼴'이라는 말, 의미에서는 '풀'이나 '나무'라는 말과 변별적 차이가 있기 때문이다. 이번에는 페미니즘 이론가들이 즐겨 쓰는 낱말을 예로 들어보자. '창녀'라는 말이 '처녀'나 '어머니'라는 말과 서로 구분되는 것은 어디까지나 음성적 특성이나 문자적 특성뿐만 아니라 의미에서도 서로 변별적 차이가 나기 때문이다.

포스트구조주의는 구조주의의 이러한 추상적 구조나 체계에 대한 불신이나 회의를 그 출발점으로 삼는다. 포스트구조주의자들은 구조주의자들과는 달리 인간 행위나 그 행위에서 비롯하는 모든 현상에서 어떤 추상적 체계나 구조가 존재한다는 사실을 좀처럼 받아들이려고 하지 않는다. 추상적 체계나 구조를 찾아내려는 구조주의자들의 노력이 얼마나 헛된가 하는 점을 깊이 깨닫고 있는 포스트구조주의자들은 구조주의자들의 이러한 과학적 시도에 가차 없는 조소와 경멸을 보낸다. 인간이 만들어 낸 기호 체계를 완전히 정복하려고 한다는 점에서 구조주의자들은 진지하고 영웅적이며 과학적이라고 할 수 있다. 한편 그러한 시도를 지극히 허망하고 부질없는 노력이라고 생각하는 포스트구조주의자들한테는 구조주의자들이 가히 희극적이고 반(反)영웅적이며 반(反)과학적으로 보일 것이다.

그러나 포스트구조주의자들이 구조주의자들에게 보내는 조소와 경멸은 엄밀히 따지고 보면 한낱 자기조소와 자기경멸에 지나지 않는다. 어느 날 갑자기 거울을 쳐다보고 달라진 자신의 모습을 바라보며 냉소 짓는 중년 여성처럼, 포스트구조주의자들은 어느 날 갑자기 자신들의 과학적 방법론에 한계가 있음을 발견한 구조주의자들과 크게 다르지 않기 때문이다. 포스트모더니즘과 모더니즘의 관계가 그러하듯이 포스트구조주의와 구조주의의 그것도 따지고 보면 이웃 사이의 싸움이라기보다는 어디까지나 집안싸움에 지나지 않는다.

구조주의와 포스트구조주의의 관계는 롤랑 바르트한테서 뚜렷하게 드러난다. 그는 처음에는 소쉬르의 일반 언어학과 레비-스트로스의 문화 인류학 그리고 자크 라캉의 정신분석을 토대로 그 특유의 구조주의 문학 이론을 세운다. 그러나 바르트는 1960년대 말엽에 이르러 자신의 이론에 점차 회의를 품기 시작한다. 흔히 그의 대표적인 저서 중의 하나인 『기호학의 요소』(1967)는 구조주의와 포스트구조주의를 가르는 분수령과 같은 책이다. 이 책에서 바르트는 한편으로는 아직도 과학적인 기호 체계를 세울 수 있다고 굳게 믿고 있고, 다른 한편으로는 이러한 시도가 과연 가능한가 하고 회의를 품기 시작한다.

이 책에서 바르트는 일종의 교착 상태나 이중 결속이라고 할 '아포리아'의 개념을 처음 끌어들인다. 추상적 체계를 찾아내는 일이 어쩌면 헛된 꿈이 될 수도 있다는 가능성을 어렴풋하게나마 깨닫는 순간이다. 그 뒤 바르트는 「저자의 죽음」 같은 논문과 『S/Z』(1970) 같은 저서에 이르러 구조주의의 과학적 열망에 대한 신념을 거의 모두 잃어버리게 된다. 이때부터 그는 지금까지 취해 온 구조주의 입장을 버리고 포스트구조주의 입장을 천명한다. 그런데 이러한 현상은 비단 바르트 한 사람에게만 그치지 않고 자크 라캉을 비롯한 몇몇 다른 이론가한테서도 마찬가지로 찾아볼 수 있다.

그러므로 포스트구조주의를 구조주의와 너무 엄격히 구분 지어 보려는 태도는 그렇게 바람직하지 않다. 포스트구조주의를 구조주의와의 급진적 단절로만 이해하려는 이론가들의 입장은 적잖이 과장되어 있다. 이러한 태도는 흔히 '예일학파'나 심지어는 '예일 갱단'으로까지 부르는 미국의 해체주의자들한테서 쉽게 찾아볼 수 있다. 그런데 그들은 그동안 알게 모르게 유럽 문화에 대한 문화적 열등감을 극복하려고 노력해 왔다.

한마디로 포스트구조주의는 구조주의와 그렇게 뚜렷하게 구분되지 않는다. 포스트구조주의의 원산지라고 할 프랑스에서조차 '포스트구조주의'라는 용어를 사용하지 않는다는 사실은 이 점을 뒷받침한다. 이 용어는 어디까지나 미국 이론가들이 만들어 낸 말일 뿐이다. 자크 데리다나 미셸 푸코 또는 자크 라캉 같은 이론가들은 자신을 두고 한

번도 '포스트구조주의자들'이라고 부른 적이 없다. 특히 푸코는 자신이 모더니티가 무엇인지도 잘 모르는데 하물며 어떻게 포스트모더니티를 알 수 있겠느냐고 항변한다. 장 피아제는 언제가 푸코의 사상 체계를 '구조가 없는 구조주의'라고 부른 적이 있다. 그런데 이 표현에서 구조주의와 포스트구조주의 관계를 엿볼 수 있다. 포스트구조주의자들은 구조에 깊은 회의와 불신을 품으면서도 비록 무의식적일망정 구조의 개념에 여전히 의존하지 않을 수 없다.

구조주의와 포스트구조주의는 한편으로는 중요한 점에서 차이를 보이고, 다른 한편으로는 중요한 면에서 서로 공통점을 지닌다. 포스트구조주의의 중요한 특징은 사실상 구조주의 이론에서 꽤 많이 찾아볼 수 있다. 바꾸어 말해서 포스트구조주의는 처음부터 구조주의 안에 이미 그 씨앗이 뿌려져 있었다. 그렇다면 포스트구조주의는 어떤 점에서 구조주의와 서로 공통점을 지니고 있는가? 좀 더 정확히 말해서 포스트구조주의는 과연 어떤 면에서 구조주의의 논리적 발전이며 계승으로 볼 수 있는가?

포스트구조주의는 무엇보다도 언어를 인간의 가장 핵심적인 현상으로 파악한다는 점에서 구조주의와 비슷하다. 참다운 의미에서의 구조주의자들이라면 누구나 일반 언어학과 그 언어학에서 사용하는 용어에 크게 의존한다. 실제로 이러한 현상은 구조주의가 소쉬르의 일반 언어학의 토대 위에 서 있다는 점에서도 잘 드러난다. 물론 소쉬르에 앞서 이미 20세기 초엽 루트비히 비트겐슈타인이나 A. J. 에이어 같은 영국 철학자들이 언어를 철학의 핵심적 연구 대상으로 삼았다. 그러나 엄밀한 의미에서 언어를 가장 핵심적인 연구 대상으로 간주하기 시작한 사람들은 역시 구조주의자들이다. 구조주의는 프랑스 철학에 언어 이론이 들어오면서 비로소 첫걸음을 내딛었다고 하여도 그다지 틀린 말이 아니다.

구조주의자들과 포스트구조주의자들은 언어에 강박관념 비슷한 것을 지니고 있다. 존 스터록의 말대로 그들은 한결같이 '언어의 제도적 성격'과 '언어의 무한한 생산성'에 사로잡혀 있다.[61] 여기에서 '언어의 제도적 성격'이란 언어가 본질적으로 지니는 문화적 특성을 말한다. 언어는 인간이 이 세상에 태어날 때부터 생득적으로 가지고 오는 것이 아니라, 태어난 뒤 사회화 과정의 가장 중요한 요소로서 유년 시절에 점차 습득하는 일종의 문화적 제도에 지나지 않는다. 자크 라캉의 포스트구조주의적 정신분석 이론은 바로 언어의 이러한 특성에 뿌리를 둔다. 그의 이론에서 핵심적인 개념으로 사용하는 '상상계'와 '상징계'는 바로 언어가 지니는 이러한 특성을 가리키는 용어이다.

한편 '언어의 무한한 생산성'이란 의미 작용을 무한히 가능하게 해주는 언어의 특성을 말한다. 언어의 이러한 특성을 처음 지적한 이론가는 자크 데리다이다. 그에 따르면 한 텍스트의 의미는 저자가 그 텍스트에서 의도하는 의미와 서로 일치하지 않는다. 오히려 그 의미는 누가 그 텍스트를 읽느냐, 그리고 어떠한 상황에서 그 텍스트를 읽느냐에 달려 있다. 이렇게 데리다는 언어 의미의 생산성에 주목함으로써 전통적인 철학 체계를 무너뜨리려고 한다.

이렇듯 포스트구조주의는 인간 행위에서 객관적 의미를 별로 중요하게 생각하지 않는다는 점에서도 구조주의의 유산을 거의 그대로 물려받는다. 구조주의자들과 포스트구조주의자들은 하나같이 텍스트의 객관적 의미에 이렇다 할 관심을 기울이지 않는다. 이 두 이론이 전통적인 이론과 차이가 난다면 바로 이러한 의미에 회의를 품고 있기 때문이다. 언어의 의미란 마치 사막의 신기루와 같아서 고정불변한 상태에 있지 않고 상황에 따라 얼마든지 달라질 수밖에 없다.

잘 알려진 바와 같이 전통적인 이론은 문학 텍스트에서 의미를 찾아내고 그 의미를 독자들에게 전달해 주는 것을 가장 중요한 목표로 삼고 있었다. 그러나 구조주의자들은 개별적인 텍스트의 의미에 대해서는 별다른 관심을 기울이지 않는다. 그들이 관심을 기울이는 것은 오히려 의미가 만들어지는 과정이다. 해체주의자들은 의미에 대한 회의를 좀 더 극단적으로 밀고 나간다. 그들은 모든 텍스트의 의미란 결코 고정 불변한 상태로 남아 있지 않고 언제나 개방적인 상태로 열려 있다고 지적한다. 해체주의를 처음 펼친 데리다에 따르면 문학 텍스트는 오직 독자의 마음속에 온갖 의미 작용의 유희를 유발시키는 '흔적'만을 남길 뿐이다.

더 나아가 구조주의와 포스트구조주의는 비역사적이고 비정치적이라는 특징을 지닌다. 이 두 이론은 역사에 어떤 전반적인 패턴이 존재한다는 생각을 좀처럼 받아들이려고 하지 않는다. 클로드 레비-스트로스는 일찍이 『야만의 정신』(1962)에서 실존주의 철학자 장-폴 사르트르의 역사적 유물론을 날카롭게 비판하고, 푸코 또한 레비-스트로스와 마찬가지로 헤겔의 목적론적 역사관을 신랄하게 비판한다. 이렇게 역사성을 가볍게 보거나 아예 무시하려는 태도는 데리다한테서도 쉽게 찾아볼 수 있다. 이 점과 관련하여 데리다는 역사에는 종점이란 존재하지 않는다고 말한 적이 있다. 특히 그는 텍스트를 벗어난 외적 세계에는 별다른 관심이 없다는 점을 분명히 하였다. 적어도 이 점에서 본다면 구조주의와 포스트구조주의는 역사적 발전과 진보를 신앙처럼 떠받드는 마르크스주의와는 크게 다르다.

그런가 하면 포스트구조주의는 궁극적으로 체계나 구조를 벗어나지 못한다는 점에서도 구조주의와 아주 비슷하다. 이미 앞서 말하였듯이 포스트구조주의는 한편으로는 추상적 체계나 구조를 갈망하고 정복하려는 구조주의의 과학적 방법론을 날카롭게 비판하면서도, 다른 한편으로는 그 역시 구조나 체계로부터 완전히 벗어날 수 없다. 데리다나 푸코 또는 리오타르 같은 포스트구조주의자들은 로고스중심적인 인식론을 비판하면서도 구조주의적 접근방법을 떠나서는 그것을 제대로 설명할 수 없다. 바꾸어 말해서 그들이 여전히 이성의 도구인 언어를 사용하는 한, 로고스중심적 인식론으로부터 완전히 벗어난다는 것은 거의 불가능하다. 물고기가 물을 떠나서는 한 순간도 살 수 없듯이 포스트구조주의자들 또한 추상적 구조나 체계를 벗어나서는 한 순간도 존재할 수 없다. 이 점과 관련하여 캐나다의 이론가 린더 허천은 "심지어 이러한 이론 중에서 가장 중심에서 벗어나는 이론에도 어느 한 중심이 존재해 있지 않은가? 푸코에게 권력이란 과연 무엇이고, 데리다에게 글쓰기란 과연 무엇이며, 마르크스주의한테 계급이란 과연 무엇인가?"62)라고 묻는다.

3 포스트구조주의의 갈래

포스트구조주의의 개념과 본질을 정확히 밝히기 위해서는 무엇보다도 먼저 그 갈래를 살펴보는 것이 중요하다. 포스트구조주의는 이론가들에 따라 적게는 두 갈래, 많게는 세 갈래로 나누는 것이 보통이다. 예를 들어 존 스터록은 일반성이냐 특수성이냐의 관점에 따라 포스트구조주의자들을 '보편주의자'와 '상대주의자'로 나눈다. 그의 분류 방법에 따른다면 클로드 레비-스트로스와 자크 라캉은 앞쪽에 속하고, 롤랑 바르트와 미셸 푸코와 자크 데리다는 뒤쪽에 속한다.

스터록은 보편주의적 포스트구조주의자들이란 "단순히 보편적인 인간 정신이 수행하는 활동에만 관심을 기울일 뿐 특정한 시대의 특정한 정신 활동에는 관심을 두지 않는" 사람들이라고 말한다. 예를 들어 레비-스트로스는 온갖 경험적 사실을 기초로 좀 더 보편적인 정신 구조를 세우는 데 관심을 기울인다. 라캉 또한 개별적인 환자를 치료하는 일보다는 오히려 일반적인 인간 심리의 기능을 설명할 수 있는 보편적 구조를 세우는 일에 초점을 맞춘다. 다시 말해서 메타인류학이나 메타심리학이 바로 이 두 이론가들의 주요 관심사라고 할 수 있다. 한편 스터록에 따르면 상대주의적 포스트구조주의자들은 "사고의 역사적 차원, 시간을 통한 사고의 발전, 그리고 주어진 사회에서의 사고의 의미에 관심을 기울이는"63) 사람들이다. 바르트와 푸코 그리고 데리다 같은 이론가들은 레비-스트로스나 라캉과는 달리 좀 더 국부적이고 특수한 현상에 주목한다.

그런가 하면 크리스 위든은 스터록과는 달리 포스트구조주의를 1) 해체주의적 포스트구조주의, 2) 페미니즘적 포스트구조주의, 그리고 3) 역사적 포스트구조주의 등 크게 세 갈래로 나눈다. 위든은 포스트구조주의가 생각보다 훨씬 넓은 스펙트럼을 지닌다고 말한다. 그러나 좀 더 넓은 의미에서 페미니즘적 포스트구조주의는 역사적 포스트구조주의로 보아 크게 틀리지 않는다. 또한 페미니즘은 포스트구조주의보다는 사회 이론이라고 할 포스트모더니티에 속한다고 보는 쪽이 더 옳을 것 같다. 물론 데리다를 비롯한 포스트구조주의자들한테서 큰 영향을 받을 뿐만 아니라 기존 질서나 전통을 날카롭게 비판한다는 점에서도 페미니즘은 포스트구조주의와 적잖이 관련이 있다. 그러나 포스트구조주의보다는 훨씬 더 실천적이고 정치적인 페미니즘은 텍스트성에 한결 무게를 싣는 포스트구조주의와는 차이가 난다.

위든의 분류 방법을 조금 고쳐 포스트구조주의를 크게 '텍스트주의적' 유형과 '정치적' 유형의 두 갈래로 나누는 것이 좋을 듯하다. 그런데 여기에서 한 가지 새겨 두어야 할 것은 이 두 갈래가 차이 못지 않게 서로 공통점도 적지 않다는 점이다. 이러한 분류 방법은 어디까지나 무엇을 더 강조하느냐 하는 차이에서 비롯할 뿐 어떤 본질적인 면에서 차이가 나는 것은 아니다. 이 두 갈래는 그 뿌리를 거슬러 올라가 보면 다 같이 프리드리히 니체와 만나게 된다. 데리다가 대표하는 텍스트주의적 포스트구조주의건 푸코가 대표하는 정치적 포스트구조주의건 이 두 갈래는 하나같이 이 독일 철학자에게서 힘입은 바 무척 크다.

데리다는 『철학의 주변』(1972)을 비롯한 많은 저서와 논문에서 니체로부터 많은 영향을 받았다고 밝힌다. 푸코도 사망하기 얼마 전 자신이 니체의 사상을 따르는 사람이었다는 사실을 고백하면서 니체에게 진 빚이 많다고 인정하였다. 그런가 하면 니체의 영향은 푸코와 함께 정치적 포스트구조주의자로 흔히 일컫는 질 들뢰즈에게서도 마찬가지로 드러난다. 『니체와 철학』(1962)은 들뢰즈가 니체한테서 얼마나 큰 영향을 받았는지를 엿볼 수 있는 책이다. 어떤 의미에서 포스트구조주의란 니체의 계보학이 하이데거의 형이상학과 소쉬르의 일반 언어학을 서로 결합하여 만들어 낸 결과라고 하여도 그렇게 틀리지 않다.

텍스트주의적 포스트구조주의는 크리스 위든이 말하는 해체주의적 포스트구조주의와 거의 비슷한 개념이다. 크리스토퍼 노리스나 마이클 라이언을 비롯한 이론가들은 지금까지 데리다의 이론에서 사회적 · 정치적 가능성을 찾기도 한다. 그러나 엄밀한 의미에서 해체주의는 비정치적이고 비역사적이라는 점에서 다른 포스트구조주의 갈래와는 다르다. 흔히 비평가들이 자주 입에 올리는 "텍스트를 벗어나서는 아무것도 존재하지 않는다."[64]는 데리다의 말에서 해체주의의 특성을 잘 읽을 수 있다.

물론 이 말이 함축하고 있는 의미를 지나치게 축어적(逐語的)으로만 해석하는 데에는 문제가 없지 않다. 이때 텍스트라는 말은 텍스트를 둘러싸고 있는 주변 상황, 즉 '컨텍스트'를 가리키는 말로 보아 크게 틀리지 않다. 그러나 본질적인 면에서 데리다의 이론은 텍스트 밖에 존재해 있는 역동적이고 구체적인 세계보다는 오히려 텍스트 안의 세계에 관심을 기울이는 것은 부정할 수 없는 사실이다. 한마디로 텍스트주의적 포스트구조주의는 언어를 떠나서는 좀처럼 생각할 수 없다.

어떤 이론가는 데리다의 해체주의를 두고 익살스럽게 '데리다다이즘'(Derridadaism)이라고 부른다. 두말할 나위 없이 이 말은 해체주의의 기수 데리다의 이름과 1916년부터 1922년에 걸쳐 서유럽을 휩쓴 전위적인 문예 운동인 다다이즘을 서로 결합하여 만들어 낸 신조어이다. 데리다의 해체주의는 전통적인 형이상학과 문학 이론 그리고 언어 이론에 가차 없는 조롱과 경멸을 보낸다는 점에서 다다이즘에서 흔히 볼 수 있는 허무주의적이고 무정부주의적인 특성을 지닌다는 뜻일 것이다. 한편 또 다른 이론가는 '데리다다이즘'이라는 용어 말고도 '라캉캉'(Lacacan)이라는 신조어를 만들어 내기도 한다. 이 용어 또한 자크 라캉의 이름과 자유분방하게 추는 캉캉 춤을 결합하여 만들어 낸 말로 라캉의 포스트구조주의 이론이 지니는 유희적 특징을 가리킨다.

그런데 해체주의의 텍스트주의적 특성은 데리다의 이론을 한 발 더 밀고 나간 미국의 예일학파 이론가들에게서 한결 더 분명하게 나타난다. 폴 드 만이나 J. 힐리스 밀러 그리고 해럴드 블룸 등은 이러한 특성을 지니는 가장 대표적인 이론가들로 흔히 꼽힌다. 해체주의가 영국이나 독일 같은 유럽 나라들에서보다도 오히려 미국에서 그렇게 많은 관심을 받아 온 것은 유난히 텍스트성에 무게를 싣기 때문이다. 아무리 정치적 의미나 역사적 의미를 지닌 이론이라고 할지라도 일단 미국에 오면 그 특유의 기풍에 따라 그것을 탈정치화하거나 탈역사화하려는 경향이 있다.

한편 정치적 포스트구조주의란 텍스트성보다는 정치성과 역사성을 강조하는 포스트구조주의를 말한다. 언어적 측면에 무게를 싣는 텍스트주의적 유형과 달리, 정치적 포스트구조주의는 사회적 공간과 역사적 시간 안에서 이루어지는 구체적이고 역동적인 세계에 훨씬 깊은 관심을 기울인다. 푸코의 지적대로 여기에서는 "언어, 제도, 건축물, 통제적 결정 사항, 법률, 행정 조치, 과학적 진술, 철학적 · 도적적 · 박애주의적 명제, 한마디로 말해진 것과 아직 말해지지 않은 것들로 이루어진 이질적인 앙상블"로서의 사회 구성체에 깊은 관심을 기울인다.65)

이 갈래에 속하는 포스트구조주의자들에 따르면 이 세계는 단순히 텍스트라는 무수한 별들이 함께 모여 있는 은하수 이상의 뜻을 지닌다. 팔레스타인 출신의 미국 이론가 에드워드 사이드가 이 갈래의 포스트구조주의를 두고 '세속적' 포스트구조주의라고 부르는 것은 바로 그 때문이다. 그런데 이 갈래를 대표하는 이론가들로는 앞서 말한 푸코와 들뢰즈 말고도 루이 알튀세르, 사이드, 펠릭스 가타리, 자크 동즐로, 그리고 1980년대에 이르러 한때 미국과 영국을 휩쓴 '신역사주의(뉴 히스토리시즘)' 이론가들을 들 수 있다. 그들은 접근방법에서는 큰 차이를 보이면서도 적어도 정치적 · 역사적 의미를 높이 여긴다는 점에서는 서로 공통점이 있다.

데리다와 마찬가지로 니체한테서 큰 영향을 받은 미셸 푸코는 언뜻 데리다 못지 않게 비정치적이고 비역사적인 포스트구조주의자처럼 보일는지도 모른다. 니체가 『도덕의 계보학』(1887)에서 현재를 과거로부터 따로 떼어내어 합법적인 것에서 벗어나게 한 것처럼, 푸코 역시 대부분의 저서에서 현재를 과거로부터 단절시킨다. 헤겔이나 마르크스가 주장해 온 일직선적 목적론을 강조하는 역사가들과는 달리, 푸코는 한편으로는 과거가 얼마나 생소한가를 밝히면서 다른 한편으로는 현재의 합법성이 얼마나 상대적인가 하는 점을 보여 주려고 한다. 적어도 이렇게 목적론적 역사관을 받아들이려고 하지 않는다는 점에서 푸코는 비역사적인 입장을 취한다고 할 수 있다.

그런데도 푸코의 이론은 아주 중요한 점에서 정치적이고 역사적 특성을 지닌다. 데리다의 해체주의가 정치적 · 경제적인 힘과 사회적 · 이데올로기적 통제를 단순히 의미 작용의 한 형태로만 보려고 하는 점을 푸코는 아주 못마땅하게 생각한다. 바꾸어 말해서 푸코는 언어를 핵심적인 인간 행위로 여기면서도 바르트나 데리다처럼 언어를 '일반적 텍스트'나 '거대한 의미의 바다'로는 간주하지 않는다. 『광기와 문명』(1961), 『병원의 탄생』(1963), 『사물의 질서』(1966), 『감시와 처벌』(1975), 『성의 역사』(1976) 같은 일련의 저서에서 푸코는 여러 형태의 지식이 어떻게 만들어지고 변천해 왔는가를 밝혀내려고 한다.

푸코는 아무리 훌륭한 이론이라고 하여도 만약 당대의 제도나 권력과 일치하지 못한다면 좀처럼 받아들여질 수 없다고 지적한다. 19세기 중엽에 처음 발견되었지만 20세기에 들어와서야 비로소 빛을 보게 된 멘델의 유전 법칙을 고전적인 예로 든다. 당대의 제도나 권력에 따르지 않는 이론은 인정받지 못할 뿐만 아니라, 경우에 따라서는 미치광이로 간주되거나 병원에 감금되거나 아니면 감시와 처벌을 받기 일쑤이다. 한마디로 푸코는 모든 지식이란 니체가 말하는 '권력 의지'의 표현에 지나지 않는다고 결론짓는다. 그에게 담론과 권력, 곧 지식과 권력은 마치 동전의 양면처럼 서로 깊이 연관되어 있다. 이렇게 지식과 권력의 힘에 밀려 '타자(他者)'의 위치로 떨어진 사람 중에는 정신병자, 범죄자, 성도착자, 그리고 백인이 아닌 유색 인종 등이 속한다.

정치적 포스트구조주의는 알튀세르한테서도 마찬가지로 엿볼 수 있다. 사회 체계나 질서 같은 총체적 통일성을 거부할 뿐만 아니라 문학과 예술을 단순히 이데올로기의 형태로 보려고 하지 않는다는 점에서 알튀세르는 고전적 마르크스주의와는 입장을 달리한다. 그런데도 그는 역사적 차원과 정치적 차원에 여전히 깊은 관심을 기울인다. 인간은 하나같이 이데올로기의 '신민'(臣民)에 해당한다는 점, 따라서 이데올로기에 따라 사회 구조 안에서 저마다 자리를 잡도록 요구된다고 지적한다. 알튀세르에 따르면 이러한 요구는 종교와 법률 그리고 교육과 같은 '이데올로기적 국가 기구(ISA)'와 깊이 연관된 이른바 '담론 형성물'을 통하여 작용한다.

이렇게 알튀세르는 푸코와 마찬가지로 인간 경험이 사회 제도, 특히 이데올로기적 담론에 따라 만들어진다고 주장한다. 그런데 이데올로기에 관한 알튀세르의 입장은 종래의 이론과는 적잖이 다르다. 알튀세르에게 이데올로기는 사회적 투쟁을 겪으며 만들어 내는 역동적인 산물에 해당하기 때문이다. 이데올로기를 정치적 · 법률적 · 교육적 · 종교적인 물질적 제도 안에 놓는다는 점에서 그의 입장은 이데올로기를 단순히 '허위 의식'으로 보아 온 고전적인 입장과는 큰 차이가 난다. 알튀세르를 흔히 정치적 포스트구조주의자 못지 않게 '포스트마르크스주의자'로 일컫는 것은 아마 이러한 이유 때문일 것이다.

여러모로 푸코의 이론을 이어받아 더욱 발전시킨 에드워드 사이드는 텍스트 안에서 일어나는 세계보다는 오히려 텍스트 밖의 사회적 · 정치적 문제에 큰 관심을 기울인다. 좀 더 정확히 말한다면 사이드는 '텍스트의 세속성'에 관심을 둔다고 말하는 쪽이 더 옳을 것이다. 실제로 사이드는 『세계, 텍스트, 그리고 비평가』(1983)에서 텍스트의 세계와 현실 세계가 이제까지 많은 이론가들이 주장해 온 것처럼 그렇게 뚜렷이 구별되지 않는다고 말한다. 이 두 세계는 결코 상호 배타적인 관계를 맺고 있다기보다는 오히려 유기적인 상호 관련성을 맺고 있다는 것이다.

사이드는 19세기 말엽 '예술을 위한 예술'을 주창한 대표적인 예술지상주의자로 꼽히는 오스카 와일드에게서 좋은 예를 찾는다. 사이드에 따르면 탐미주의를 극단적으로 밀고 나간 와일드였지만 그의 텍스트는 일상적인 현실 세계로부터 완전히 벗어나지 못한 채 어쩔 수 없이 현실과 관련을 맺을 수밖에 없었다. 예를 들어 와일드의 서명이 적혀 있는 별로 대수롭지 않은 것 같은 편지 한 통이 그가 연루된 형사 소송에서 매우 귀중한 서류로 쓰였다는 것이다.

사이드는 결국 문학 텍스트는 말할 것도 없고 심지어는 흔히 비문학적이라고 할 모든 텍스트까지도 '세속적'이라고 지적한다. 더욱이 그는 텍스트와 현실 세계를 서로 연결해 주는 중재자로서의 역할에서 비평가의 임무를 찾는다. 이제까지 비평가는 단순히 문학 텍스트를 분석하여 독자들로 하여금 텍스트를 이해하도록 도와주던 수동적인 임무를 맡아 왔을 따름이다. 그러나 비평가는 이제 이러한 수동적인 역할에서 벗어나 좀 더 세속적이고 좀 더 일상적인 일에 관심을 기울이는 능동적 역할을 떠맡아야 한다. 다시 말해서 비평가는 이제 푸코가 말하는 '기록 보관소' 안에서 글을 쓰지 않으면 안 된다는 것이다.

4 포스트구조주의와 회의주의

18세기 영국의 철학자 데이비드 흄은 일찍이 회의주의란 아주 고질적인 질병으로 아무리 치료를 하더라도 쉽게 재발되게 마련이고 오직 무관심만이 그 치료 방법이 될 수 있다고 말한 적이 있다. 그런데 흄의 이 말은 포스트구조주의의 본질을 밝히는 데에도 참으로 알맞은 말이 아닐 수 없다. 포스트구조주의는 무엇보다도 극도의 회의주의와 상대주의의 특성을 지닌다. 서구 지성사를 통하여 모든 '이즘'이나 '주의' 중에서 포스트구조주의만큼 회의적이고 상대적인 입장을 취하는 이론도 아마 찾아보기 쉽지 않을 것이다.

뱅상 데콩브는 제2차 세계대전 이후 프랑스를 휩쓴 철학 사상을 1945년을 분수령으로 크게 두 갈래로 나눈다. 그런데 이러한 이행은 그가 '3 H'의 세대라고 부르는 사상가들에서 그가 '회의의 세 대가들'로 일컫는 사상가들로 옮겨온 것을 뜻한다. 여기에서 '3 H'란 다름 아닌 헤겔과 후설 그리고 하이데거를 가리킨다. 한편 '회의의 세 대가들'이란 바로 플라톤 이후 서구 전통 철학에 회의를 품은 대표적인 세 현대 철학자, 즉 마르크스와 니체 그리고 프로이트를 가리킨다.

'3 H' 세대의 철학 사상에서는 헤겔처럼 절대정신을 신의 반열에 올려놓은 관념론이나, 후설이나 하이데거처럼 인간의 의식이나 주체의 역할을 중시하는 현상학이 그 주축을 이루고 있었다. 그러나 절대성에 뿌리를 두는 이러한 사상과 철학은 제2차 세계대전 이후부터 점차 적잖이 도전을 받기 시작하였다. 마르크스는 생산력과 생산 관계에서, 니체는 권력 의지에서, 그리고 프로이트는 무의식에서 각각 절대성에 깊은 회의를 품었다. 그리고 1968년 5월 혁명의 역사적 사건 이후 훨씬 더 첨예하게 드러난 이러한 회의와 도전은 곧 포스트구조주의로 이어졌던 것이다.

그런데 데콩브가 여기에서 하이데거를 헤겔이나 후설과 동일선상에서 보려는 데에는 적잖이 무리가 따른다. 하이데거는 뤼크 페리와 알랭 르노가 말하는 '1968년적 사고', 그러니까 해체주의를 비롯한 포스트구조주의에 결정적인 영향을 끼친 사상가 가운데 한 사람이다. 데리다의 해체주의는 하이데거의 형이상학을 재해석하여 논리적으로 발전시킨 것으로 볼 수 있다. 마찬가지로 푸코 노한 하이네거가 중요한 스승이었다는 점을 밝힐 만큼 그로부터 받은 영향이 자못 크다. 합리성이나 이성, 그리고 이성의 소유자인 주체에 깊은 회의를 보인다는 점에서 하이데거는 반이성적이고 반휴머니즘적인 경향을 띠는 프랑스의 포스트구조주의자들과 비슷한 데가 적지 않다. 그러므로 그는 '3 H'의 철학가보다는 오히려 그 '회의의 세 대가들'의 한 사람으로 보는 쪽이 더 옳을는지도 모른다.66)

그렇다면 포스트구조주의는 과연 어떤 점에서 구조주의와 다른가? 무엇보다도 먼저 포스트구조주의는 언어의 지시적 기능을 좀처럼 믿으려고 하지 않는다. 구조주의가 언어의 지시성을 굳게 믿는 반면, 포스트구조주의는 오히려 언어의 지시성에 깊은 회의를 품는다. 구조주의자들이 '언어의 감옥'에 갇혀 있는 수인들이라면, 포스트구조주의자들은 언어의 감옥을 박차고 뛰쳐나온 탈주자들이라고 할 수 있다. 특히 로고스중심주의가 허물어져버린 지금 포스트구조주의자들은 이성의 도구인 언어를 오히려 유희의 대상으로 삼는다.

앞에서 이미 밝혔듯이 페르디낭 드 소쉬르는 언어적 기호란 오직 임의적이고 차별적인 관계에 지나지 않는다고 지적하였다. 그에 따르면 언어의 의미는 어떤 긍정적인 특성이나 내재적인 특성보다는 오히려 언어 구조 안에서의 차별성 때문에 생겨날 따름이다. 뿐만 아니라 그에게 언어는 개별적인 주체의 의도에서 비롯되지도 않으며, 개인과 언어와의 관계는 상당 부분 무의식적으로 이루어진다. 이러한 언어관에서는 기표와 기의, 즉 언어와 사물 사이의 관계는 매우 불안정할 수밖에 없다. 소쉬르의 일반 언어학은 언어와 사물을 일대일의 상응 관계로 파악한 전통 언어학과 비교한다면 그야말로 혁명적 발상이라고 할 만하다. 그런데도 소쉬르의 일반 언어학은 지시성에 대한 미련을 완전히 떨쳐 버릴 수 없었다. 기표와 기의에는 임의적인 결합을 통하여 어떤 '긍정적인' 의미를 창출한다고 주장함으로써 궁극적으로 안정된 기호의 통일성을 믿었던 것이다.

> 어느 한 언어 체계는 일련의 소리의 차이와 관념의 차이가 서로 결합된 것이다. 그러나 일정 수의 청각적 부호와 동일한 수의 사고가 서로 결합되어 어느 한 가치 체계를 만들어 낸다. 그리고 이 체계는 음성적 요소와 심리적 요소를 연결하는 효과적인 관련성으로서의 기능을 담당한다. 비록 기표와 기의는 따로 떼어

> 서 생각할 때는 둘 다 순전히 차별적이고 부정적이지만 그것들이 함께 결합하면 긍정적인 것이 된다.[67)]

이렇게 일반 언어학과 구조주의에서는 기호의 통일성과 언어의 지시성 그리고 고정된 의미를 믿었지만 포스트구조주의에 이르러 그러한 믿음은 마침내 파산 선고를 맞게 된다. 포스트구조주의자들은 기의의 위치를 깎아내리는 반면 기표의 위치를 높이 올려놓기 때문이다. 그들의 관점에서 보면 기의는 마치 거울이 이미지를 반영하는 것처럼 그렇게 기의를 직접 만들어내지 않는다. 다시 말해서 기표와 기의 사이에는 일대일의 상응 관계가 존재하지 않는다. 기표와 기의는 끊임없이 분리되며 경우에 따라서는 새롭게 다시 결합한다.

한마디로 포스트구조주의자들은 기표와 기의가 마치 동전의 양면처럼 관련되어 있다는 소쉬르의 언어 모델을 받아들이지 않는다. 이 점과 관련하여 자크 라캉은 기의가 끊임없이 기표 속에 '미끄러져 들어간다'는 말로 표현한다. 마찬가지로 데리다도 모든 기의는 언제나 기표의 위치에 놓여 있다고 지적한다.

5 데리다의 해체주의

소쉬르의 일반 언어학을 누구보다도 날카롭게 비판한 사람은 다름 아닌 자크 데리다이다. 특히 데리다는 다음 세

가지 면에서 소쉬르가 중대한 과오를 저지르고 있다고 지적한다. 첫째, 소쉬르는 언어에서 의미의 다원성이나 의미의 변화를 좀처럼 인정하려고 하지 않는다. 그의 언어 이론에서 의미는 역사적 · 사회적으로 특정한 여러 담론 안에서 변화를 겪기보다는 오히려 고정 불변한 상태로 계속 남아있을 수밖에 없다. 소쉬르의 일반 언어학은 무엇보다도 언어의 통시성 대신에 공시성에 뿌리를 둔다는 점을 생각하면 이러한 현상은 어쩌면 어쩔 수 없는 결과라고 할 수 있을 것이다. 또한 소쉬르는 언어적 부호가 이미 고정된 의미를 지니고 있을 뿐만 아니라, 그 의미는 합리적인 화자나 청자의 자의식을 통하여 인지할 수 있다고 보았다.

그러나 데리다가 무엇보다도 소쉬르의 일반 언어학에서 불만을 느낀 것은 이 스위스의 언어학자가 글보다는 말, 문자 언어보다는 음성 언어에 특권을 부여한다는 점이다. 물론 소쉬르는 그의 일반 언어학 체계에서 음성 언어 못지않게 문자 언어에 관심을 두었다. 그러나 적어도 묵시적으로 소쉬르는 문자로 된 글보다는 음성으로 된 스피치에 훨씬 더 무게를 실은 것이 사실이다.

데리다는 이렇게 문자 언어보다 음성 언어에 무게를 싣는 경향이 서구 철학에서 그 뿌리가 꽤 깊다고 지적한다. 소쉬르의 이러한 태도는 실제로 플라톤 이후 그동안 서구 이론가들이 흔히 범해 온 일반적인 '과오'라고 할 수 있다. 『그라마톨로지에 대하여』(1967)에서 데리다는 문화 인류학자 클로드 레비-스트로스가 문자보다 구어에 무게를 둔다고 지적한다. 또한 데리다는 이러한 경향을 장-자크 루소한테서 찾기도 한다. 루소는 소쉬르나 레비-스트로스와 마찬가지로 스피치야말로 언어의 가장 근원적이고 건강하며 자연적인 상태라고 굳게 믿었다. 데리다는 미처 언급하지 않지만 실제로 이러한 태도는 20세기에 들어와서도 전혀 달라지지 않는다. 예를 들어 미국의 언어학자 레너드 블룸필드는 글이 언어가 아니라 단순히 언어를 기록하는 한 방법에 지나지 않는다고 밝힌다. 또한 수사학자 월터 옹도 우리는 글에 너무 익숙해 있어 글을 자연스럽게 받아들이지만 실제로는 '완전히 인위적인' 것일 뿐이라고 지적한다.

데리다는 이렇게 오랫동안 서구 철학을 지배해 온 이러한 태도를 두고 음성중심주의라고 부른다. 음성중심주의란 문자로 된 언어보다는 음성으로 된 언어를 중시하는 태도를 말한다. 그러나 데리다는 글을 말에 종속되어 있는 '부가물'로 간주하거나 말이라는 숙주에 기대어 살아가는 '기생물'로 간주하지 않는다. 오히려 글은 말과는 별도로 그 자체로서 가치를 지니고 있다고 주장함으로써 말과 글 사이의 '폭력적 계급 조직'을 해체하려고 한다. 데리다가 이렇게 말과 글 사이의 계급 조직을 해체하려고 하는 데에는 그럴 만한 까닭이 있다. 글이 말에 종속되어 있다고 보려는 입장은 이보다 훨씬 중요한 어떤 경향이나 현상을 보여 주는 증후에 지나지 않기 때문이다.

『그라마톨로지에 대하여』에서 데리다는 이 음성중심주의를 다름 아닌 로고스중심주의와 연관 짓는다. 로고스중심주의란 글자 그대로 '로고스'를 중심으로 삼는 태도, 데리다가 마르틴 하이데거로부터 빌려 온 표현을 쓴다면 '존재의 형이상학'을 중요하게 생각하는 태도를 가리킨다. 잘 알려진 것처럼 이 로고스는 본디 '말'을 뜻하는 그리스어이지만 '말'이라는 뜻 말고도 '이성'이나 '합리성' 또는 '지혜'라는 뜻을 지닌다.

그러나 초기 기독교에서는 고전 철학을 다른 것으로 바꾸려는 나머지 이 로고스라는 말에 성언(聖言), 즉 '하나님의 말씀'이라는 뜻을 부여하였다. "태초에 말씀이 계셨다. 그 말씀은 하나님과 함께 계셨다. 그 말씀은 하나님이셨다."(「요한복음」 1장 1절)는 신약성서의 구절은 바로 이러한 의미의 로고스를 단적으로 보여 준다. 이 성서 구절에서 잘 드러나듯이 오직 하나님만이 자족적인 존재이고 모든 말 가운데에서도 오직 그의 말씀만이 자족적이다. 이렇게 '하나님의 말씀'은 창조의 원리로서 모든 존재의 근원이 되며, 그 밖의 모든 것들은 어디까지나 이 근원으로부터 갈라져 나온 것에 지나지 않는다. 그러므로 로고스는 모든 것의 근원이 되는 어떤 권위나 중심적인 힘을 뜻한다.

데리다에 따르면 플라톤과 아리스토텔레스로부터 루소와 하이데거를 거쳐 레비-스트로스와 소쉬르에 이르는 서구 철학, 좀 더 넓은 의미에서 서구 문화는 하나같이 '만물의 창조자로서의 하나님'을 비롯하여 '플라톤적 형식' 같은 통일성의 원리로 작용하는 어느 한 중심적 체계를 토대로 삼아 왔다. 절대적 중심이 되는 통일성의 원리를 지향하려는 욕망은 초월적 신이나 플라톤적 형식 말고도 '절대적 지식', '근원적 진리', '결정적 의미 작용' 같은 의미에 대한 태도, 그리고 '통일된 존재', '자의식적 의식', '궁극적 본질', '고정 불변한 의도' 존재에 대한 태도에서 잘 드러난다. 이 밖에도 이러한 절대성에 대한 갈망은 수많은 모습으로 나타난다.

데리다는 절대적 기초나 제1원리에 의존하는 모든 사고 체계에 '형이상학적'이라는 낙인을 찍는다. 어떤 식이건 절대적 근원을 증명하려는 철학적 시도는 하나같이 사막의 신기루처럼 부질없는 환상에 지나지 않는다고 지적한다. 데리다의 철학은 바로 이렇게 어떤 절대적 근원이나 기초가 되는 중심적 체계와 통일성의 원리를 해체하려고 하는 데에서 출발한다. 그런데 여기에서 찬찬히 한 가지 눈여겨볼 것은 그가 말하는 해체는 파괴와는 조금 다르다는 점이다. 마치 시계공이 시계를 고치기 위하여 시계를 분해한 뒤 다시 결합하듯이, 데리다도 전통적인 형이상학의 기본 전제를 무너뜨리면서도 궁극적으로는 새로운 철학 체계에 대한 미련을 완전히 떨쳐버리지 못한다.

데리다는 소쉬르의 음성중심주의와 로고스중심주의를 해체하기 위하여 그가 '차연'(差延, differance)이라고 부르는 새로운 개념을 만들어 낸다. 차연이란 공간적 개념인 '차이(differ)'의 뜻과 시간적 개념인 '지연(defer)'의 뜻을 함께 내포하도록 만든 신조어이다. 이 개념은 언어가 본질적으로 지니고 있는 비결정적이고 비종결적인 특성을 강조한다. 좀 더 구체적으로 말해서 한 발화는 수많은 다른 의미와의 변별적 차이 때문에 그 의미가 생겨난다. 만약 한 기표가 다른 기표와 '차이'가 난다면, 그 기표는 또한 그것이 만들어 내는 의미를 '지연'할 수밖에 없다. 다시 말해서 기표가 기의를 대신하는 것이다.

그런가 하면 이 의미는 '초월적 기의'의 상태로는 존재할 수 없기 때문에 '자유로운 유희' 속에서 끊임없이 지연될 수밖에 없다. 데리다가 만들어 낸 또 다른 용어를 빌린다면, 모든 발화는 음성 언어로 표현하건 문자 언어로 표현하건 마치 농부가 밭에 씨앗을 흩뿌리듯 어쩔 수 없이 수많은 대안적 의미 속에 그 의미를 '산종'(散種)시키게 마련이다. 그러므로 언어에서 어떤 고정 불변한 의미를 찾아내기란 거의 불가능하다. 이 점과 관련하여 데리다는 "초월적 기의의 부재로 말미암아 의미 작용의 영역과 유희가 무한히 확장된다."68)라고 잘라 말한다.

이렇게 '차연'을 중시하는 데리다의 언어 이론에서는 고정된 기의란 결코 존재할 수 없다. 기표도 오직 다른 기표와의 차별성에 의해서만 동일성을 부여받는 탓에 매우 불안정한 상태에 놓여 있게 마련이다. 데리다와 라캉을 비롯한 포스트구조주의자들의 언어 이론은 소쉬르의 일반 언어학에 크게 기대면서도 그것을 급진적으로 수정하고 변형한다는 점에서 '포스트-소쉬르적'이라고 부를 수 있을 것이다.

말과 글, 음성 언어와 문자 언어의 '폭력적' 계급 질서를 해체하려는 데리다의 입장은 이항 대립이나 이분법을 거부하는 태도에서도 엿볼 수 있다. 그는 전통적인 형이상학이 그동안 자연스럽게 받아들여 온 제1원리나 절대적 기초를 꼼꼼히 살펴보면 거의 예외 없이 다른 중요한 것들을 제외시킴으로써 비로소 그 존재 이유를 부여받는다고 주장한다. 이 말을 바꾸어 표현한다면 이러한 원리나 기초는 어디까지나 이항 대립을 전제로 할 때 비로소 가능하다는 말이 된다. 그런데 이러한 이항 대립은 파롤/랑그, 기표/기의, 통시성/공시성, 말/글, 객체/주체, 진리/허위, 현상/본질, 선/악, 내용/형식, 감성/이성, 육체/영혼, 공간/시간, 수동성/능동성, 남성/여성, 인간/자연, 문명/원시 등 하나하나 예를 들 수 없을 만큼 수없이 많다.

이러한 이항 대립은 가깝게는 소쉬르의 일반 언어학과 로만 야콥슨을 비롯한 프라하학파의 언어 이론, 멀게는 르네 데카르트의 철학에서 찾아볼 수 있지만 그 뿌리를 거슬러 올라가 보면 까마득히 멀리 저 서구 철학의 요람과 만나게 된다. 데리다는 구조주의자들이 이러한 이항 대립에 물음을 던지기는커녕 오히려 그것을 구조주의 이론의 발판으로 삼고 있다고 비판한다. 데리다에 따르면 이러한 이항 대립은 이데올로기가 으레 그러하듯이 받아들일 수 있는 것과 받아들일 수 없는 것, 진리로 인정할 수 있는 것과 진리로 인정할 수 없는 것 사이에 작둣날을 세워 놓는다. 다시 말해서 이항 대립은 어쩔 수 없이 상호배타적인 두 구성 요소 가운데에서 유독 어느 한 쪽에만 특권을 부여하는 한편, 나머지 다른 하나를 부정하게 마련이다.

데리다는 형이상학이 기초하고 있는 바로 이러한 이항 대립이나 이분법을 무너뜨리는 데 온힘을 쏟는다. 특히 그는 이항 대립을 이루고 있는 구성 요소들이 언뜻 겉으로는 서로 맞서는 것처럼 보이지만 실제로는 이 두 항목 가운데 어느 한쪽은 다른 쪽 속에 이미 내재되어 있다고 지적한다.

물론 이항 대립이나 이분법으로부터 완전히 벗어난다는 것은 그렇게 쉬운 일이 결코 아닐 것이다. 이항 대립이나 이분법은 지금까지 인간 사고와 경험의 범주에 가장 핵심적인 원칙으로 작용해 왔기 때문이다. 그러나 데리다는 우리가 이러한 이분법적 사고의 틀에서 벗어나지 않는 한 참다운 사고를 하기란 매우 어렵다고 말한다. 어떤 의미에서는 '해체'라는 말은 바로 이러한 이항 대립이나 이분법을 허물어 버리려는 데리다의 태도를 일컫는 용어에 지나지 않는다.

더구나 데리다의 해체주의는 언어의 수사성(修辭性)을 강조하는 데에서도 잘 드러난다. 그는 언어란 어쩔 수 없이 수사성에 기대지 않을 수 없다고 지적한다. 이제까지 수사성은 흔히 문학 작품에서만 쓰는 것으로 널리 생각해 왔지만, 데리다는 문학은 말할 것도 없거니와 사실상 모든 언어에서 폭넓게 쓰이고 있다고 지적한다. 언뜻 축어적인 것처럼 보이는 언어조차 좀 더 찬찬히 뜯어보면 그 비유성이 그동안 잊혀졌을 뿐 본디 비유로 쓰였다는 사실이 밝혀진다고 말한다. 한마디로 모든 언어는 수사적인 특성을 지니고 있다는 것이다.

우리말을 예로 들어 보더라도 '산허리'니 '바늘귀'니 '상다리'니 하는 명사에서 '쏜살같이' 같은 부사, '애태우다'니 '속썩이다'니 '기죽인다'니 하는 동사에 이르기까지 우리가 무심코 사용하는 일상어 중에서 비유가 아닌 것이 하나도 없다. 그리하여 데리다한테 큰 영향을 받은 미국의 두 언어학자 조지 레이코프와 마크 존슨은 "우리는 비유로써 살아간다."라고 말한다. 심지어 의도적으로 지시성이나 논리성을 강조하는 철학에서조차 비유성에서 벗어날 수 없다.

데리다로부터 큰 영향을 받은 폴 드 만은 이러한 언어의 수사성을 좀 더 극단적으로 밀고 나간다. 드 만은 문학 작품은 말할 것도 없고 일상어도 수사성에 '오염'되어 있다고 지적한다. 그리하여 그는 '창조적 오독'을 독서 행위의 중요한 범주로 여긴다.[69] 이와는 조금 다른 맥락이지만 예일학파의 한 사람인 J. 힐리스 밀러도 드 만과 마찬가지로 "모든 독서는 필연적으로 언제나 오독일 수밖에 없다"[70]라고 주장한다.

이렇게 언어의 지시성을 거부하는 데리다의 해체주의는 더 나아가 추상적 체계나 총체성에 대한 불신으로 이어진다. 장-프랑수아 리오타르가 거대 이론에 선전 포고를 하는 것처럼 데리다도 체계나 총체성에 적잖이 회의를 품는다. 궁극적으로 데리다가 지향하는 것은 '아포리아'의 세계, 즉 무한한 회귀의 세계라고 할 수 있다. 실제로 이항 대립에 대한 거부는 말할 것도 없고 그가 즐겨 쓰는 '차연'이니 '산종'이니 '흔적'이니 '보체'(補替)니 하는 개념들은 하나같이 절대적 권위나 체계성에 쐐기를 박기 위하여 만들어 낸 장치에 지나지 않는다. 그러나 이러한 절대적 권위나 체계성이 모두 무너진다면 이 세계에 남아 있는 것이라고는 아마 회의주의와 상대주의밖에는 아무 것도 없을 것이다. 그의 이론이 때로는 회의주의적이고 허무주의적이라고 비판받는 것은 바로 그 때문이다.

6 거대 이론의 위기

총체성이나 체계성에 깊은 회의를 품는다는 점에서는 장-프랑수아 리오타르도 데리다와 크게 다르지 않다. 리오타르는 『포스트모던 조건』(1979)에서 포스트모더니즘이나 포스트구조주의를 한마디로 '거대 이론의 위기'라고 잘라 말한다. 그는 "극단적으로 단순화시켜 말하자면 나는 포스트모더니즘을 거대 담론에 대한 불신이라고 규정짓는다."[71]라고 밝힌다. 이제 지식도 시장에 내다 팔고 돈을 주고 사고파는 상품으로 전락한 포스트모더니즘 시대에 이르러 거대 이론에 대한 믿음도 모두 깨뜨려졌다고 지적한다.

리오타르가 말하는 거대 이론이란 인간의 삶을 지배하고 통제하는 보편적 제도나 사고 구조 또는 체계를 말한다. 그런데 이 개념은 데리다가 말하는 로고스중심주의와 그렇게 동떨어져 있지 않다. 리오타르는 "정신의 변증법, 의미의 해석학, 합리적 주체나 노동 주체의 해방, 또는 부(富)의 창조" 등을 거대 담론의 가장 좋은 예로 꼽는다.[72] 그런가 하면 그는 또 다른 글에서 거대 이론을 모더니티를 규정짓는 범주로 파악하기도 한다.

> 모더니티는 이른바 '거대 이론'을 만들어 내려고 하였다. 그런데 이러한 이론의 예로는 프랑스 대혁명에서 시작하는 해방의 담론과 독일 사상에 볼 수 있는 정신의 실현에 대한 담론이 해당한다. 부(富)의 담론, 자본주의의 정치 경제학의 담론도 이 예에 속한다. 이러한 모든 담론은 한 세기 동안 유럽과 다른 세계의

철학적 · 정치적 단계를 지배한 마르크스주의 담론에 따라 재조직되고 강화되었다.[73]

리오타르가 말하는 거대 이론을 좀 더 구체적으로 말한다면 헤겔의 관념 철학, 마르틴 하이데거의 해석학, 애덤 스미스와 데이비드 리카도우의 자본주의, 또는 카를 마르크스와 프리드리히 엥겔스의 변증법적 유물론 등을 꼽을 수 있다. 또한 찰스 다윈의 진화론과 지그문트 프로이트의 정신분석학도 하나같이 거대 이론에 들어간다.

그런데 리오타르는 이러한 모든 총체적인 사고 체계가 현대 사회에 이르러 완전히 파산 선고를 맞이하였다고 지적한다. 그러한 체계는 공룡처럼 시대착오적인 것으로 이제 더 20세기 후반의 정치 · 사회 · 경제 · 문화 현상을 설명하기에는 걸맞지 않다는 것이다. 그렇기 때문에 리오타르는 큰 것보다는 작은 것, 전반적인 것보다는 국부적인 것, 그리고 총체적인 것보다는 파편적인 것을 훨씬 더 설득력 있는 것으로 받아들인다. 그리하여 그는 총체성과 그것에 기초한 전통 철학에 선전 포고를 하기에 이른다.

리오타르와 위르겐 하버마스 사이에 벌어진 그 유명한 논쟁도 따지고 보면 바로 이러한 맥락에서 이해할 수 있다. 리오타르는 총체성에 대하여 선전 포고를 하는 반면, 하버마스는 여전히 18세기 계몽주의에 뿌리를 둔 채 아직 완성하지 못한 모더니티의 원대한 계획을 실현하려고 온갖 노력을 아끼지 않는다. 더구나 아직도 이성의 절대적 힘을 믿는 하버마스는 의사소통의 사건에 참여하는 사람들은 합의를 통하여 어떤 공통적 의견을 이끌어 낼 수 있다는 믿음을 저버리지 않는다. 하버마스가 말하는 모더니티의 미완성 계획은 영국 이론가 앤터니 기든스가 다시 물려받는다. 그러나 리오타르는 이렇게 이성과 그것에 기초한 의사소통의 가능성을 굳게 믿는 하버마스의 이론이야말로 '부드러운 제국주의'나 '대화적 제국주의'에 지나지 않는다고 꼬집는다.

그렇다면 거대 이론의 위기나 붕괴는 과연 어디에서 비롯되는 것일까? 이탈리아의 철학자 지아니 바티모는 이러한 총체적 이론이 설득력을 잃어버리게 된 까닭을 현대사의 굵직한 사건에서 찾는다. 헤겔 관념 철학에서 뿌리를 박고 있는 합리성의 이론은 아우슈비츠가 상징하는 나치의 전체주의한테 큰 도전을 받았다. 또한 마르크스와 엥겔스의 역사적 유물론에 기초하는 사회주의 혁명의 담론은 스탈린과 소련의 강제 집단 수용소인 굴락 때문에 큰 위기를 맞이하였다. 그런가 하면 민주주의 이론은 1968년 5월 프랑스 혁명으로 그야말로 치명적인 타격을 받았다. 그리고 스미스와 리카도우의 자본주의 자유시장 경제의 이론 또한 최근 자본주의 국가에서 자주 일어나고 있는 경제 위기에서 그 모순과 한계를 뚜렷하게 드러내기 시작하였다.

이렇게 거대 이론에 회의를 품는다는 점에서는 펠릭스 가타리도 리오타르와 크게 다르지 않다. 가타리는 그동안 리오타르의 철학이 장 보드리야르의 철학과 마찬가지로 철학이 아니라 오히려 '공중에 우연히 떠 있는 정신 상태'이나 '주위 환경으로부터 진리를 담보 받는 여론의 조건'

이라고 날카롭게 비판해 왔다. 그런데도 놀랍게도 거대 이론에 관해서는 리오타르와 서로 의견을 같이한다. 가타리 또한 리오타르와 마찬가지로 세기말의 공중에 떠 있는 시대정신을 호흡하였기 때문일 것이다. 이 점과 관련하여 가타리는 "진보와 모더니티에 관한 몇몇 관념은 이제 파산 상태를 맞이하였으며, 그러한 관념이 무너지면서 사회적 행동을 통한 해방의 개념에 대한 믿음도 상실되었다. (……) 좀 더 공정한 사회를 건설하는 데 안내 역할을 하는 척하던 이데올로기들은 이제 모든 신뢰를 잃어버리게 되었다."[74]라고 지적한다.

그런데 리오타르의 거대 이론 비판도 그 자체로서 또 다른 거대 이론이 된다는 데 아이러니가 있다. 전통적 형이상학을 무너뜨리려는 포스트구조주의도 궁극적으로는 여진히 형이상학의 틀에서 벗어날 수가 없기 때문이다. 바로 여기에 포스트구조주의가 안고 있는 자기모순과 한계가 있다. 포스트모더니즘처럼 포스트구조주의도 결국 언어의 감옥에 갇혀 있을 수밖에 없다. 급진적인 진보주의자의 관점에서 보면 이 두 이론 모두 구체성과 실천성이 부족한 탓에 참다운 의미에서의 해방과 자유는 아직도 이룰 수 없는 꿈에 지나지 않을는지 모른다.

7 포스트모던 자아

포스트구조주의는 인간 주체나 개별적 자아의 개념에

깊은 회의를 보인다. 르네상스 이후 신 중심의 세계관에서 해방된 인간은 자유스런 지적 행위자로서 아주 융숭한 대접을 받았으며, 따라서 역사적 상황이나 문화적 상황에 얽매이지 않은 채 비교적 자유롭게 생각하고 판단할 수 있었다. 이렇게 합리적 이성에 입각한 개인적 자아의 개념은 "나는 생각한다. 그러므로 나는 존재한다. 나는 의도와 목적과 목표를 가지고 있다. 그러므로 나는 내 행위의 유일한 기원이며 자유로운 행위자이다."라는 르네 데카르트의 말에서 단적으로 드러난다. 여기에서 데카르트가 말하는 '나'는 의식적인 주체인 동시에 자기인식의 주체이기도 하다. 그러므로 개인적 자아는 자율적이고 일관성을 지닌 존재라고 할 수 있다.

그런데 구조주의에서 처음 드러나기 시작한 주체에 대한 불신은 포스트구조주의에 이르러 훨씬 더 극단적인 형태로 발전한다. 합리적 이성을 소유한 인간의 주체성이 후기 자본주의 사회에 이르러 거의 완전히 소멸되었다는 극도의 회의주의가 포스트구조주의의 밑바탕에 깔려 있다. 이렇듯 포스트구조주의자들은 데카르트의 '코기토(cogito)'에 깊은 회의를 품는다. 인간의 자아는 이제 더 이상 사고의 중심도 아니며, 자유롭게 행동하는 행위자도 아니다. 자아는 말하자면 텅 비어 있는 공간과 크게 다름없다. 그리하여 최근 들어 이론가들은 휴머니즘을 함축하는 '자아'라는 용어보다는 가치중립적이고 더 나아가 사회적 힘에 종속된다는 의미에서 '주체'라는 용어를 즐겨 사용한다.

루이 알튀세르는 포스트구조주의의 이러한 입장을 대변

하는 대표적인 이론가 가운데 한 사람이다. 카를 마르크스나 그의 유물론을 반휴머니즘적 관점에서 새롭게 조명하면서 알튀세르는 인간 주체를 해체시킨다. 인간 주체에 대한 깊은 회의는 지그문트 프로이트의 정신분석 이론을 새롭게 조명하고자 하는 자크 라캉한테서도 마찬가지로 찾아볼 수 있다. 라캉은 인간을 사유의 주체로 보는 데카르트의 철학에 회의를 품기 때문이다. 데카르트의 말을 비틀어 라캉은 "나는 존재하지 않는 곳에서 생각한다. 그러므로 나는 생각하지 않는 곳에 존재한다."니 "나는 존재한다고 말할 수 없는 곳에서 생각한다."니 하고 밝힌다.[75]

그런데 이러한 현상은 니체의 전통을 이어받고 있는 미셸 푸코에게서도 크게 다르지 않다. 현대적 의미의 자아, 즉 주체는 사회 구조나 제도를 벗어나서는 생각할 수 없다고 지적한다. 그에 따르면 주체는 오직 우리가 살아가는 사회관계 안에서만 규정될 뿐이다. 이 말을 달리 바꾸면 주체는 언제나 사회 권력의 영향권 아래 놓여 있다는 말이 된다. 그가 『사물의 질서』에서 "사고(思考)의 고고학에서 보면 인간은 분명히 최근에 생겨난 산물로서 어쩌면 벌써 종말을 향하여 치닫고 있는지도 모른다."[76]라고 밝히는 것은 그 때문이다.

이러한 주체의 실종과 그에 따른 정체성의 위기는 미국의 대중 가수 마돈나한테서 엿볼 수 있다. 1980년대부터 미국 대중 문화의 여왕으로 청소년들한테서 폭발적인 인기를 끌고 있는 마돈나는 음악 CD나 비디오 못지않게 포스트모더니즘 이론가들한테서도 큰 주목을 받고 있다. 그런데 마돈나가 이렇게 이론가들한테서 주목을 받고 있는 것은 그녀가 대중에게 온갖 이미지를 보여 줌으로써 자신의 정체성을 끊임없이 숨기고 있기 때문이다. 언뜻 보기에는 다큐멘터리를 표방하는 듯한 뮤직 비디오 〈마돈나와 함께 침대에서〉(1991)에서 그녀는 드러내 놓고 "당신들은 이것을 보고 '아직도 마돈가가 누구인지 모르겠는 걸.' 하고 말할 것이다. 그렇게 말하는 것도 무리가 아니다. 당신들은 내 진짜 모습을 결코 알 수 없을 것이기 때문이다."라고 말한다.

이렇게 카멜레온처럼 자신의 이미지나 역할을 끊임없이 바꿈으로써 확고 불변한 자아나 정체성에 의문을 던지는 것은 미국의 사진 예술가 신디 셔먼도 마찬가지이다. 1970년대와 1980년대에 걸쳐 셔먼은 '무제(無題) 필름 스틸'이라고는 부르는 일련의 흑백 사진을 통하여 영화 장면을 연출해 낸다. 때로는 앨프리드 히치콕 영화에 등장하는 여주인공을 연출하는가 하면, 때로는 프랑스 예술 영화에서 한 장면을 연출하기도 한다. 그런가 하면 요부의 모습을 보이기도 하고, 탈선한 사춘기 소녀의 모습을 보이기도 한다. 마돈나와 마찬가지로 셔먼의 경우에도 이미지가 쌓이면 쌓일수록 '신디 셔먼'의 정체성을 깨닫기가 오히려 더욱 어려워진다. 셔먼의 자아나 정체성은 말할 것도 없고 심지어 성차(性差)조차 불안정하고 미완성적이며 인위적이라는 사실을 깨닫게 된다.

구조주의 이후에 적지 않은 이론가들이 인간의 삶이나 문학이 과연 가능한가라는 물음을 자주 던진다. 소쉬르와 함께 구조주의를 세우는 데 크게 이바지한 클로드 레비-스트로스는 인간의 주체에 의문을 던진 이론가의 한 사람이다. 그는 인간 주체를 두고 '철학의 버릇없는 자식'이라고 부른 적이 있다. 그리하여 그는 이 버릇없는 자식을 훈육하고 바로잡는 데 남다른 관심과 정열을 보였다. 레비-스트로스가 인문학의 궁극적인 목표는 인간을 형성하는 것이라기보다는 오히려 인간을 해체시키는 것이라고 말한 것도 이러한 맥락에서 이해할 수 있다. 이러한 물음은 주체의 상실이나 주체의 죽음이 중요한 의제로 떠오른 포스트구조주의에 이르러 더욱 절실하다.

8 포스트모더니즘 역사학

포스트구조주의는 철학과 사상에서 활짝 꽃을 피웠지만 역사학 같은 다른 학문에서도 자못 중요한 의미가 있다. 20세기 중엽까지만 하여도 객관주의 역사 이론이 역사학의 주류를 이루고 있었다. 헤겔로부터 레오폴트 랑케를 거쳐 최근 페르낭 브로델을 중심으로 한 아날학파에 이르기까지 전통적인 역사학에서는 객관성과 총체성을 목숨처럼 중시하였다. 다시 말해서 역사 기술도 과학적 방법론에 따라 엄밀성과 객관성을 유지하였다.

그러나 이러한 객관주의적 역사 이론은 20세기 중반에 접어들면서 점차 도전을 받기 시작하였다. 예를 들어 미국의 역사학자 루이스 고츠초크는 역사 방법론에 관한 책

『역사의 이해』(1969)에서 "역사는 삼차원적이다. 즉 그것은 과학과 예술 그리고 철학의 성격을 지니고 있다."[77]라고 주장함으로써 종래의 일차적 역사 기술에 쐐기를 박았다. 거울에 사물을 비추듯 객관적으로 사실을 기록하는 역사학에 예술과 철학을 도입한다는 것이 여간 놀랍지가 않다.

물론 역사 기술에서 주관성을 강조하는 이러한 현상은 포스트모더니티에 이르러 처음으로 나타났다고 할 수 없을는지도 모른다. 실제로 이러한 조짐은 포스트구조주의가 본격적으로 모습을 드러내기에 훨씬 앞서 이미 몇몇 역사가들에게서 찾아볼 수 있다. 가령 전통적인 역사관과 큰 차이를 보이는 이탈리아의 역사철학자 지암바티스타 비코는 객관성 못지 않게 주관성에도 깊은 관심을 기울였다. 역사 기술에서 언어가 차지하는 몫을 강조한 점에서도 그러하고, 종래의 기독교 전통에 뿌리를 둔 일직선적 시간관보다는 이교도적인 순환론적 시간관을 주장한 것도 그러하다. 『새로운 과학』(1725)에서 비코는 역사에서 큰 발자취를 남긴 사람들의 전기를 기술하던 역사, 그리고 신의 의도가 전개되는 과정을 기술하던 전통적인 역사를 받아들이지 않았다. 비코에게 역사란 한낱 인간 사회와 제도가 처음 만들어진 뒤 발전하여 쇠퇴해 가는 과정을 기술하는 것에 지나지 않았다.

그러나 가히 혁명적이라고 할 역사관은 아무래도 20세기 후반 포스트구조주의에 이르러서야 비로소 본격적으로 나타났다고 할 수 있다. 문학이 '허구의 역사화'에 깊은 관심을 가지고 있듯이, 역사는 이제 '사실의 허구화'에 큰 비중을 두고 있다. 흔히 '포스트모던' 역사학자 또는 '해체주의적' 역사가로 부르는 미국의 역사 이론가 도미니크 라카프라와 헤이든 화이트는 특히 눈여겨볼 만하다. 역사 이론을 세우는 데 이 두 이론가들은 한결같이 자크 데리다의 해체주의에서 큰 영향을 받는다.

라카프라는 『역사와 비평』(1985)에서 역사는 문학과 마찬가지로 언어를 매체로 삼고 있으며, 이렇게 언어를 매체로 삼고 있는 이상 어쩔 수 없이 텍스트와 관련을 맺지 않을 수 없다고 지적한다. 이 점과 관련하여 그는 "과거는 텍스트와 텍스트화된 잔존물, 즉 회고록 · 보고서 · 출판된 저서 · 기록 보관소 · 기념물 등의 형식을 통하여 우리에게 전달된다."[78]라고 밝힌다. 또 다른 저서에서도 역사는 텍스트 자체는 아닐는지 모르지만 텍스트의 형식을 거치지 않고서는 우리에게 전달될 수 없다고 주장하기도 한다.

전통적인 역사 이론에 깊은 회의를 보이기는 화이트도 마찬가지이다. 화이트는 라카프라와 마찬가지로 역사 기술에서 언어가 차지하는 몫에 큰 비중을 둔다. 19세기 유럽 역사를 다루는 『메타역사』(1973)에서 화이트는 역사 저술을 한마디로 "서사적 산문 담론의 형태를 취하고 있는 언어 구성물"이라고 못 박아 말한다. 그에 따르면 모든 역사는 "일정한 양의 자료, 이 자료를 설명하는 이론적 개념, 그리고 그 자료를 제시하는 서사적 구조"를 서로 결합하게 마련이다. 이와 관련하여 '역사적 상상력'이라는 이 책의 부제를 찬찬히 살펴볼 필요가 있다. '상상력'이라는 말에서도 엿볼 수 있듯이 화이트는 역사 기술을 문학이나 예술 창작과 동일한 차원에서 보려고 한다.[79] 그는 『담론의 회귀선』(1978)에서 이 이론을 한 발 더 밀고 나간다.

> 역사적 서사는 (……) 언어적 허구물이고, 그 내용은 발견하는 것 못지 않게 만들어 내는 것이다. 또한 그 형식도 과학의 형식보다는 문학의 형식과 공통점이 더 많다.[80]

화이트가 이렇게 역사를 과학보다는 문학으로 간주하려는 데에는 그럴 만한 까닭이 있다. 역사 기술에서 언어의 수사성이 차지하는 몫이 무척 크기 때문이다. 문학에서 사용하는 언어는 말할 것도 없고 역사 기술에서 사용하는 언어조차 비유와 수사성에 '오염'되어 있다고 그는 말한다. 이렇게 수사성에 오염되어 있기는 문학이나 역사 기술에서 사용하는 언어에 그치지 않는다. 이렇게 언어가 수사성과 비유의 영향을 받고 있다고 한다면, 객관적으로 역사를 기술한다는 것은 마치 무지개를 잡으려고 하는 것처럼 아예 처음부터 불가능할 것이다. 그리하여 화이트는 이러한 해체주의적 역사 방법론에 따라 칼 마르크스와 지그문트 프로이트 그리고 E. P. 톰슨 같은 서구의 대표적인 사상가들의 저서들을 해체시키고 있다.

포스트모던 역사학이나 해체주의적 역사학과 관련하여 여기에서 잠시 1980년대 초엽 처음 모습을 드러내기 시작한 신역사주의를 살펴볼 필요가 있다. 신역사주의는 포스트구조주의의 통찰을 역사나 인류학과 결합하려는 시도이다. 신역사주의는 처음에는 문학 연구에서 주로 사용하다가 점차 문화 연구의 여러 범위로 그 영역을 넓혀 나갔다. 스티븐 글린블래트와 조너선 돌리모어를 비롯한 신역사주의자들은 생산에서 분배를 거쳐 소비에 이르는 특정한 역사적 조건에서 텍스트의 의미를 새롭게 밝혀내려고 한다. 좁게는 해체주의, 넓게는 포스트구조주의의 영향을 받고 있는 신역사주의에 '신'이라는 접두어를 붙이는 것은 바로 전통적인 역사주의와 구별 짓기 위해서이다.

신역사주의는 거시사(巨視史) 쪽보다는 미시사(微時史) 쪽에 관심을 둔다. 전통적인 역사가들이 좀처럼 눈여겨보지 않았던 역사적 사실을 새롭게 조명하려고 한다. 『신역사주의』(1989)라는 앤솔로지를 편찬하면서 H. 애럼 비저는 서문에서 신역사주의의 범위와 집근방법을 이렇게 밝힌다.

> 이 책에 실린 글들은 광범위한 탄도를 예측하는 데 관심을 기울이기보다는 별난 중복 부분에 주목하는 데 관심을 기울인다. 길거리에서 창문을 깨뜨리며 참정권을 주창하는 시위, 파리의 '워르트' 패션 가문이 선보인 '호블 스커트.' 17세기 양성 구유자의 범죄 재판, 셰익스피어의 『12야』와 가죽장갑이나 고무장갑. 고대 로마 시대의 세금 브래킷과 현대 고등학교의 능력별 학급 편성 제도. 찰스 디킨스와 가부장 제도와 1940년대 대중소설에 나타난 문학적 강간 등…….[81)]

이 인용문에서도 잘 드러나듯이 신역사주의자들은 전통적인 역사주의자들이 소중하게 간주하였던 것을 하나같이 거부한다. 첫째, 그들은 총체적인 가설이나 설명 또는 역사

서술을 받아들이지 않는다. 오히려 국부적인 지식 생산에 관심을 기울인다. 둘째, 역사 시기를 뚜렷하게 구분 짓지 않으며, 또한 역사 시기마다 단일한 세계관을 지니고 있다고 보지도 않는다. 셋째, 신역사주의자들은 이해관계를 떠난 어떠한 객관성도 받아들이지 않는다. 텍스트는 어디까지나 사회적 실천의 네트워크에 얽혀 있을 뿐이라고 본다. 넷째, 신역사주의에서는 고급 문화와 대중 문화를 서로 엄격히 구별 짓지 않는다. 정전(正典)에 속하지 않고 주변적인 작품 그리고 언뜻 시시하고 하찮아 보이는 사건이나 일화 따위를 중시한다. 다섯째, 해체주의가 철학과 문학의 경계를 허물어 버리는 것처럼 신역사주의는 문학 작품과 비문학 작품의 경계를 허물어 버린다. 재판 기록이나 심지어 세탁소 영수증도 텍스트로 간주한다. 여섯째, 사회적인 것과 문화적인 것을 굳이 구별하지 않으며, 텍스트가 사회를 '반영'한다고 생각하지도 않는다. 일곱째, 예술 작품을 통일성을 갖춘 완전한 대상으로 간주하지 않는다. 여덟째, 저자를 의미의 유일한 기원으로 보지 않는다. 오히려 역사가나 비평가 자신의 동기나 관심사에 관심을 기울인다.

그런가 하면 포스트구조주의의 거센 바람은 좀처럼 바람을 타지 않는다는 법학 분야에까지도 불어 닥쳤다. 무엇보다도 정의를 내세우는 법학은 다른 분야와는 달리 객관성과 절대성을 마치 목숨처럼 중요하게 여긴다. 그런데 이러한 법학 분야에도 마침내 포스트구조주의가 그 영향을 끼치게 된 것이다. 흔히 '비판적 법률 연구(CLS)'로 부르는 운동은 흔히 포스트모던 법학을 보여 주는 좋은 예로 꼽힌다. 1970년대 초엽 미국 하버드대학교를 중심으로 이 운동을 펼친 이론가들은 전통적 법학 이론에 정면으로 도전한다. 한 차례 포스트구조주의의 세례를 받은 비판적 법률 연구가들에 따르면 법률도 어디까지나 언어의 구성물이라는 점에서 여느 다른 문화 제도와 크게 다르지 않다. 그러므로 법률에서 어떤 절대적 정의나 규범을 말한다는 것은 가히 시대착오적이라고 아니할 수 없을 것이다.

비판적 법률 연구 운동에 참여하는 학자들은 언뜻 보면 법률이 모든 사람 앞에 평등한 것 같지만 실제로는 반드시 그러하지만도 않다고 지적한다. 힘이 정의로 통한다는 격언도 있듯이 법은 언제나 힘이 없는 사람보다는 힘 있는 사람 편에 선다는 것이다. 미국의 민주주의는 흔히 자유와 평등 그리고 형제애의 세 얼굴을 하고 있다고 일컫는다. 그런데 이러한 민주주의의 집을 떠받들고 있는 대들보가 바로 미국 헌법이다. 그 미국 헌법을 기초한 건국 조상들은 "인간은 평등하게 창조되었다."라고 적어 놓았다. 그렇지만 미국 대륙에 오랫동안 살아 온 토착 인디언과 흑인들은 이 '인간'의 범주에 좀처럼 들어가지 않는다. 미국 헌법이 제정되고 난 뒤 미국 땅에 건너온 유색인종의 소수 민족들도 이와 크게 다르지 않다. 이렇듯 비판적 법률 연구가들은 헌법주의에 깊은 회의를 품는다.

한편 포스트구조주의는 심지어 자연과학 분야에서도 엿볼 수 있다. 무엇보다도 엄밀성과 객관성을 높이 여기는 과학에도 포스트구조주의 현상이 깊숙이 침투하였다는 것은 여간 놀라운 일이 아니다. 그만큼 포스트모더니즘은 이제 인간의 모든 영역, 모든 지적 활동에 걸쳐 아주 폭넓게 퍼져 있다는 사실을 다시 한번 깨닫게 된다. 전통적 과학자들은 관찰과 실험과 합리적 사고를 통한 과학적 지식을 체계적으로 발전시킴으로써 자연을 철저히 이해할 수 있고 마침내 완전히 통제할 수 있다고 굳게 믿고 있었다. 이러한 믿음은 17세기에 처음 시작되어 18세기와 19세기를 거쳐 20세기 중엽까지만 하여도 바위 덩어리처럼 움직일 수 없는 진리로 대접 받았다. 그러나 제2차 세계대전 이후 이러한 믿음이 점차 흔들리기 시작하였다. 인간의 능력으로는 자연의 질서를 통제할 수 없다는 생각이 점차 과학자들을 사로잡기 시작하였던 것이다.

흔히 신물리학으로 일컫는 최근 물리학은 포스트구조주의와 아주 깊이 연관되어 있다. 20세기 초엽에 알버트 아인슈타인이 상대성 이론에서, 더 나아가 베르너 하이젠베르크가 양자역학에서 이미 신물리학이 올 길을 닦아 놓았다. 이 두 과학자들은 아이작 뉴턴의 기계론적 세계관을 무너뜨리고 그 자리에 유기론적 세계관을 세워 놓았다. 미국의 물리학자 프리조프 카프라는 신물리학의 대표적인 학자로 흔히 꼽힌다. 동양의 신비 사상에서 서양 문명의 탈출구를 찾으려고 하는 그는 문화 분야에서 나타난 변혁에 발맞추어 물리학에서도 패러다임의 전이가 일어났다고 말한다. 그는 자연과학의 포스트모더니즘 현상을 시스템 이론에서 찾는다. 카프라는 시스템 이론의 기본 개념을 1) 부분에서 전체로, 2) 구조에서 과정으로, 3) 객관적 과학에서 '에피스테메적' 과학으로, 4) 건축의 은유에서 네트워크의 은유로,

5) 절대적 진리에서 추정적 기술(記述)로의 이행 등 모두 다섯 관점에서 살핀다.82)

마찬가지로 데이비드 봄도 절대적 진리에 대한 회의에서 포스트모던 과학의 특성을 찾는다. 그에 따르면 "포스트모더니즘 과학에서는 물질과 의식을 분리해서는 안 되고, 따라서 사실과 의미와 가치를 분리해서도 안 된다. 그러므로 과학은 본질적 도덕과 분리할 수 없을 뿐만 아니라 진리와 덕성은 오늘날의 과학에서처럼 따로 떼어놓을 수도 없다."83) 하이젠베르크의 양자역학 이론을 한 발 더 밀고 나가 봄은 이른바 '연속적 전체성'의 개념을 펼치고, 이 개념을 새로운 세계관을 이해하는 발판으로 삼는다. 지금까지의 현대 물리학이 가장 기본적인 부분을 출발점으로 삼아 환원적으로 전체를 이해하려고 해 왔다면, 봄의 포스트모더니즘 물리학은 이와는 거꾸로 전체를 출발점으로 삼아 부분을 이해하려고 한다. 그는 진리와 덕성, 가치와 사실, 윤리와 실제적 필연성의 장벽을 허물어 버리는 이러한 새로운 물리학이야말로 조화롭고 창조적인 실재를 만들어 내는 지름길이라고 간주한다.

한편 포스트모더니즘 과학은 안정성보다는 불안정성, 객관성보다는 주관성, 연속성보다는 단절을 추구하기도 한다. 예를 들어 미국의 과학 철학자 토머스 쿤은 패러다임 이론을 통하여 과학적 확실성에 깊은 회의를 던진다. 그에 따르면 과학의 성취는 때로 우연이나 엉뚱한 추측, 심지어는 신비적인 신념 따위에서 이루어진다. 또한 과학적 성취는 어디까지나 어느 한 시대 과학적 사고를 지배하는 패러다임의 기능에 지나지 않는다. 과학에서 일어나는 변화나 발전은 집적적이라기보다는 오히려 혁명적이다. 이러한 혁명적 변화 사이에 안정된 정상 과학이 얼마 동안 군림하는데, 이 기간의 과학을 특징짓는 것이 바로 패러다임이라는 것이다. 이른바 '격변 이론'을 주창한 프랑스의 수학자 르네 톰은 안정된 체계의 개념에 의문을 던진다. 이러한 입장은 "모든 것이 통한다."는 독일의 과학 철학자 파울 파이어아벤트의 무정부 이론에 이르러 정점에 달하였던 것이다.

제4장
포스트모더니티와 사회 이론

포스트모더니즘이 문학을 비롯한 예술과 문화와 관련한 개념이고 또한 포스트구조주의가 철학과 사상을 비롯한 여러 학문 분야의 개념이라면, 포스트모더니티는 주로 역사와 사회 이론과 관련한 개념이다. 아널드 토인비는 일찍이 19세기 중엽, 좀 더 정확히 말해서 1875년 이후의 서구 역사를 가리키기 위하여 바로 '포스트모던'이라는 용어를 쓴 적이 있다. 그는 서구 역사를 크게 네 시기로 나누면서 불안과 비이성 그리고 절망감이 짙게 배어 있는 맨 마지막 시기를 포스트모던이라고 불렀던 것이다.[84] 그렇다면 포스트모더니즘과 포스트모더니티 사이에는 무려 일 세기가 넘는 시간적인 차이가 벌어지는 셈이다. 토인비가 말하는 포스트모더니티라는 개념 안에는 문예 전통에서 보자면 리얼리즘을 비롯하여 모더니즘과 아방가르드 그리고 포스트모더니즘이 모두 들어간다.

적지 않은 이론가들은 지금까지 의식적으로나 무의식적

으로 포스트모더니즘과 포스트모더니티라는 용어를 서로 엄밀히 구분 짓지 않고 사용함으로써 개념에서 큰 혼란을 불러왔다. 이러한 혼란은 포스트모더니즘을 둘러싼 위르겐 하버마스와 장-프랑수아 리오타르의 그 유명한 논쟁에서도 쉽게 엿볼 수 있다. 엄밀한 의미에서 두 사람은 포스트모더니즘을 두고 논쟁을 벌이기보다는 모더니티와 포스트모더니티를 두고 논쟁을 벌이고 있다고 할 수 있다. 하버마스는 모더니티에 반대하는 사람들을 보수주의자로 규정짓고 그들의 입장을 1) 젊은 보수주의자들의 반(反)모더니즘, 2) 나이 많은 보수주의자들의 프리모더니즘, 그리고 3) 신보수주의자들의 포스트모더니즘 등 크게 세 갈래로 나눈다.

하버마스에 따르면 '젊은 보수주의자들'이 주창하는 반모더니즘은 조르주 바타유에서 미셸 푸코를 거쳐 자크 데리다에서 정점에 이르고, '나이 많은 보수주의자들'이 부르짖는 프리모더니즘은 레오 슈트라우스에서 한스 요나와 로베르트 슈페만 같은 이론가들한테서 찾아볼 수 있다. 그런가 하면 '신보수주의자들'이 내세우는 포스트모더니즘은 초기의 루트비히 비트겐슈타인을 비롯하여 중기의 카를 슈미트, 그리고 말기의 고트프리트 벤 같은 이론가들한테서 엿볼 수 있다는 것이다. 적어도 용어의 사용에서 보자면 이 논쟁에서 하버마스와 리오타르는 서로 다른 대상을 두고 엉뚱한 논쟁을 벌이고 있는 셈이다.

문예적 개념인 포스트모더니즘이나 철학이나 사상과 관련한 포스트구조주의와는 달리, 포스트모더니티는 주로 사회 이론과 관련하여 사용한다. 포스트모더니티는 줄잡아 말해서 제2차 세계대전 이후부터 달라지기 시작한 현대 사회의 여러 모습을 뭉뚱그려 설명하는 용어이다. 포스트모더니즘이나 포스트구조주의가 단일한 이론이나 사상이 아니듯이 포스트모더니티도 그 스펙트럼이 무척 넓다. 다시 말해서 포스트모더니즘이나 포스트구조주의에서 다루지 않은 분야가 바로 포스트모더니티의 영역이라고 하여도 크게 틀리지 않다.

1 모더니티와 포스트모더니티

포스트모더니티의 개념과 본질을 쉽게 그리고 정확히 이해하기 위해서는 무엇보다도 먼저 '모더니티'를 자세히 살펴볼 필요가 있다. 토인비는 서구 역사를 네 시기로 나누었지만 흔히 고대와 중세 그리고 근대의 세 시기로 나누는 것이 보통이다. 이 가운데에서 중세는 줄잡아 서로마 제국이 멸망한 5세기경부터 르네상스와 종교 개혁이 시작한 15세기까지 무려 천 년 동안 계속되었다. 중세기를 두고 흔히 '암흑기'라고 부정적으로 일컫지만 이것은 어디까지나 이성과 합리성을 중시하던 계몽주의 시대의 편견에서 비롯한 오만에 지나지 않는다. 중세는 중세 나름대로 빛을 지니고 있었던 것이다. 다만 그 빛이 르네상스 시대 사람들의 눈에 그렇게 뚜렷이 보이지 않았을 뿐이다. 여기에서 움베르토 에코가 중세를 포스모더니즘이나 포스트모더니티의 관점에서 새롭게 파악한다는 점을 떠올릴 필요가 있다. 이와 관련하여 에코는 '포스트모던 중세'라는 언뜻 모순어법적인 용어를 사용하기도 한다.

근대는 르네상스와 종교 개혁이 활짝 문을 열어젖힌 시대를 가리킨다. 그러니까 16세기 르네상스 시대에 이르러 서구 역사는 중세기에서 근대로 옮겨오기 시작하였다. 그런데 중세에서 근대로의 이행은 장원경제 제도에서 화폐경제 제도, 봉건주의적 지방 분권화에서 정치적 중앙 집권화, 그리고 무엇보다도 기독교의 세계관에서 휴머니즘의 세계관으로 이행한 것을 뜻한다. 한마디로 이 무렵에는 정치와 경제뿐만 아니라 사회와 문화 등 인간 활동과 관련한 모든 영역에 걸쳐 두루 그야말로 혁명적인 변화가 일어났던 것이다.

그러나 몇몇 역사가들이 지적하듯이 근대의 첫 장을 여는 르네상스시대는 언뜻 겉으로 보이는 것과는 달리 그 이전의 시대와 그렇게 뚜렷이 구분되지 않는다. 물론 르네상스 시대에 이르러 인간은 신(神) 중심의 세계관과 종교의 권위에서 해방되었을 뿐만 아니라 중세에서 존중받던 가치관을 거부한 것이 사실이다. 르네상스 시대는 이러한 종교적 권위를 밀어내고 그 자리에 인간이라는 또 다른 권위를 올려놓았다.

적어도 르네상스시대는 고대 그리스시대나 로마시대의 고전의 권위를 여전히 숭배한다는 점에서 중세와 크게 다르지 않다. 이 점에서 보면 르네상스 시대는 중세 전통으로부터 완전히 벗어났다고 보기 어렵다. 그런데도 근대는 고대나 중세기와는 여러모로 뚜렷이 구별 지을 수 있는 분명한 특성이 있었다. 이러한 특성은 특히 18세기 계몽주의 시대에 이르러 좀 더 눈에 띄게 드러나기 시작하였다. 그리하여 적지 않은 학자들은 그동안 '계몽주의'와 '모더니티' 그리고 '현대적 감성' 같은 용어를 동의어로 사용해 왔다.

모더니티는 본질적으로 서구 문명사의 한 발전 단계를 가리키는 것이 보통이지만 때로는 심미적 범주로도 사용한다. 그리하여 위르겐 하버마스나 머테이 캘리네스큐 같은 이론가는 모더니티를 크게 '역사적 모더니티'와 '심미적 모더니티'의 두 갈래로 나눈다. 역사적 모더니티는 부르주아 계층과 매우 깊이 연관되어 있다. 가령 발전과 진보의 원칙, 과학과 기술의 가능성, 이성 숭배, 그리고 자유의 관념 따위는 어디까지나 르네상스 이후 나타나기 시작한 부르주아 계층의 가치관과 거의 다름없다.[85)]

그런데 모더니티라는 용어는 아무리 그 시기를 늦게 잡는다고 하여도 17세기경 영국에서 처음 사용하기 시작하였다. 옥스퍼드 영어사전에 따르면 이 용어는 1627년에 '현대'라는 뜻으로 처음 사용된 것으로 언급되어 있다. 그 뒤 1782년에 호러스 월폴이 한 편지에서 토머스 채터턴의 시를 언급하면서 사용한 것으로 알려져 있다. 그러니까 모더니티를 비록 막연하게나마 문학과 관련한 심미적 개념으로 사용하기 시작한 것은 이때가 처음이라고 할 수 있다. 한편 프랑스에서는 이 용어를 영국보다 훨씬 뒤늦게 19세기 중엽에 이르러서야 비로소 처음 사용하기 시작하였다. 프랑수아 르네 샤토브리앙이 1849년에, 테오필 고티에가

1867년에 처음 사용한 것으로 알려져 있다. 그러나 모더니티를 문학이나 예술과 관련하여 처음 본격적으로 사용한 사람은 바로 프랑스의 상징주의 시인 샤를 보들레르이다.

최근 들어 몇몇 이론가는 보들레르와 마찬가지로 모더니티를 심미적 범주로 파악하려는 경향이 있다. 예를 들어 데이비드 브룩스는 서구 문학사에서 여러 시기에 걸쳐 나타난 예술 운동이나 경향을 모더니티라고 부른다. 그의 이론에 따르면 모더니티는 19세기 말엽과 20세기 초엽 유럽을 휩쓴 예술 경향은 말할 것도 없고 흔히 제이코비언시대로 일컫는 제임스 1세가 즉위하던 17세기 초엽, 왕정복고 시대, 그리고 18세기 초엽의 예술 경향까지 포함한다. 그러나 브룩스의 주장은 별로 설득력이 없다. 앞에서 밝혔듯이 심미적 모더니티는 비록 역사적 모더니티와는 떼려야 뗄 수 없을 만큼 깊이 연관되어 있는 것은 사실이지만 전자는 어떤 면에서는 후자에 대한 비판이요 단절을 뜻하기 때문이다.

그런가 하면 모더니티라는 용어와 함께 '모더니제이션'이라는 용어도 심심치 않게 듣게 된다. 모더니티가 본질적으로 역사 이론이나 철학 이론과 관련하여 사용하는 개념이라면, 모더니제이션은 사회나 경제와 관련하여 사용하는 개념이라고 할 수 있다. 근대화나 현대화를 뜻하는 모더니제이션은 사회와 경제 분야에서 모더니티를 실제 행동으로 옮기는 과정을 가리킨다. 미학에 적용할 때 이 용어는 문학가들이나 예술가들이 창조적 재능을 발휘하여 전통적 수법을 끊임없이 수정하고 발전시키는 작업을 가리킨다.

여기에서 한 가지 염두에 두어야 할 것은 모더니즘과 모더니티 사이에는 개념에서 엄청난 차이가 있다는 점이다. 역사적 모더니티가 문학과 예술에 침전되어 나타난 현상인 모더니즘은 부르주아 계층의 가치관이라고 할 모더니티와는 여러모로 크게 어긋난다. 보들레르나 캘리네스큐가 말하는 심미적 모더니티란 다름아닌 모더니즘을 가리킨다. 캘리네스큐가 '심미적' 모더니티를 '역사적' 모더니티와 엄격히 구분 지으려는 까닭이 바로 여기에 있다.

한편 포스트모더니티란 역사적 모더니티에 대한 비판적 반작용으로 일어난 현상을 가리킨다. 포스트모더니즘이 모더니즘에 대한 비판적 반작용으로 나타난 것과 거의 비슷하다. 그러나 그 비판과 반작용의 정도는 서로 사뭇 다르다. 모더니즘에 대한 포스트모더니즘의 비판이 이중적이라면 모더니티에 대한 포스트모더니티에 대한 비판은 좀 더 급진적이다. 또한 그 시간적 차이도 달라서 모더니티는 무려 계몽주의 이후 몇 백 년 동안 계속되었지만 포스트모더니티의 역사는 겨우 몇 십 년밖에는 되지 않는다. 포스트모더니티는 아무리 길게 잡아도 좀처럼 제2차 세계대전 이전으로 거슬러 올라갈 수 없다.

2 산업 사회에서 포스트 산업 사회로

제2차 세계대전 이후 우리가 살고 있는 현대 사회는 가히 혁명적이라고 할 만큼 그 이전의 사회와는 여러모로 큰 차이가 난다. 이렇게 달라진 20세기 후반의 사회를 설명하기 위하여 미국의 사회학자요 저널리스트인 대니얼 벨과 프랑스의 사회학자 알랭 투렌은 현대 사회에 '포스트 산업 사회'라는 꼬리표를 붙인다. 이 두 이론가에 따르면 인간 사회는 농경 사회에서 산업 사회로, 다시 산업 사회에서 이제 마침내 마지막 단계라고 할 포스트 산업 사회에 이르렀다.

1970년대 중엽 일찍이 벨은 『포스트 산업 사회의 도래』(1973)와 『자본주의의 문화적 모순』(1976) 같은 책에서 산업 사회가 사라지면서 포스트산업 사회의 도래를 예측한다. 그러면서 포스트산업 사회의 특징으로 기술과 노동 그리고 지식에 엄청난 변화가 일어날 것이라고 내다보았다.

> 산업주의에서는 상품을 대량으로 생산하기 위하여 에너지와 기계를 사용한다. 비록 다른 점에서는 크게 다르지만 미국과 소련은 모두 기술 사회요 산업 사회이다. 포스트산업주의의 단계에서는 사람들이 종사하는 노동의 유형에 변화가 일어난다. 즉 노동이 제조업에서 서비스업(특히 인간 서비스와 전문 서비스업)으로 이행하고, 경제 개혁과 정책에서 이론적 지식이 새롭게 중심적 구실을 한다. 이와 비슷한 이유 때문에 미국과 소련은 포스트 산업 사회가 될 수 있을 것이다.[86)]

물론 요즈음처럼 '정보 사회'니, '지식 사회'니, '네트워크 사회'니 하는 온갖 화려한 신조어가 난무하는 지식 시장에서 벨의 개념은 어딘지 모르게 오래 된 헌 옷처럼 낡아 보인다. 그래서 그런지 포스트 산업 사회의 개념은 앨빈 토플러나 마뉴엘 카스텔 또는 존 네이스비트의 개념처럼 생각만큼 그렇게 큰 주목을 받지 못하였다. 의상 못지 않게 이론과 사상에도 유행에 민감한 우리나라 학계에서는 더더욱 그러하였다.

그러나 벨의 개념은 문명의 새로운 패러다임을 설명하는 데 그 나름대로 유효하다. 벨은 포스트 산업 사회가 제조업 중심에서 서비스 부문 중심으로의 전환을 뜻하는 것이 사실이지만 그 이상의 의미가 있다고 지적한다. 『포스트 산업 사회의 도래』를 제2판에 이어 1999년에 제3판을 출간하면서 그는 나름대로 새로운 시대의 흐름을 호흡하려고 노력하였다. 특히 이 책에서 벨은 포스트 산업 사회의 핵심적 특성을 크게 다섯 부문으로 나누어 설명한다.

맨 첫 번째 경제 부문에서 포스트 산업 사회는 재화생산 경제에서 서비스 경제로의 변화를 뜻한다. 두 번째 직업 부문에서는 전문직과 기술직 계급이 부상한다. 세 번째 기축원리 부문에서는 이론적 지식이 혁신과 사회 정책 수립에서 핵심적 역할을 한다. 네 번째 미래지향 부문에서는 무엇보다도 기술 통제와 기술 평가가 중시된다. 다섯 번째 의사결정 부문에서는 새로운 지적 기술의 창출에 무게를 싣는다.

이러한 노력에도 벨의 포스트산업 사회 개념은 급변하는 현대 사회를 진단하고 예측하는 데에는 여전히 부족하다는 평가를 받는다. 예를 들어 벨은 최근 인터넷 프로토콜 텔레비전(IPTV)이나 모바일 인터넷 등에서 볼 수 있는 디지털 컨버전스 현상을 제대로 예측하지 못할 뿐만 아니라 인터넷을 텔레비전이나 전화 시스템과 별개의 매체로 파악하기도 한다. 더구나 문서 기록은 말할 것도 없고 동영상 검색까지 완벽하게 이루어지고 있는 오늘날의 비약적인 검색 기술의 발전을 간과한 채 방대한 디지털 라이브러리 구축의 가능성에 회의를 품는다. 그런가 하면 날이 갈수록 무한히 그 영역을 넓히고 있는 온라인 쇼핑몰의 전망에 대해서도 의혹의 눈길로 바라본다.

벨이 말하는 산업주의와 포스트산업주의는 언뜻 보면 E. 헬럴의 '낡은 자본주의'와 '새로운 자본주의', 그리고 스콧 래쉬와 존 우리가 말하는 '조직화된 자본주의'와 '탈조직화된 자본주의'의 개념과 비슷할는지 모른다. 헬럴과 래쉬의 주장대로 이제 자본주의는 이전의 자본주의와는 몰라보게 달라졌기 때문이다. 그렇다면 지금 우리는 벨이 말하는 포스트 산업 사회를 뛰어넘어 벌써 포스트-포스트 산업 사회에 진입해 있는지도 모른다.

이 밖에도 사회 이론가들은 현대 사회를 규정짓기 위하여 다른 이름을 써 오기도 하였다. 예를 들어 '후기 자본주의 사회'(프레드릭 제임슨), '소비 사회'(프레드릭 제임슨), '스펙터클 사회'(기 드보르), '정보 사회'(기 드보르), '통제된 소비의 관료주의 사회'(앙리 르페브르), '탈합법화 사회'(장-프랑수아 리오타르), '투명한 사회'(지아니 바티모)니 하는 용어들이 바로 그것이다. 이러한 용어에서 20세기 후반과 막 문턱을 넘어선 21세기 초엽의 사회 특성을 어렴풋하게나마 엿볼 수 있다. 그런가 하면 많은 이론가들은 20세기 후반의 이러한 현대 사회의 특성을 하나로 묶어 그냥

'포스트모던 사회'라고 부르기도 한다. 두말할 나위 없이 '포스트모던'이란 다름 아닌 포스트모더니티를 가리키는 말이다.

3 후기 자본주의의 문화 논리

포스트모더니티는 무엇보다도 자본주의 사회와 밀접하게 연관되어 있다. 독일의 마르크스주의 경제학자 에르네스트 만델은 일찍이 지금은 고전이 되다시피 한 책 『후기 자본주의』(1978)에서 자본주의가 발전해 온 단계를 크게 세 가지로 나눈다. 1) 시장 자본주의, 2) 제국주의적 독점 자본주의, 그리고 3) 다국적 후기 자본주의가 바로 그것이다. 좀 더 구체적으로 말해서 첫 번째 자본주의 시대는 주로 국내 시장에서 산업 자본이 성장하는 시기이다. 두 번째 자본주의 시대는 유럽의 국민국가가 국제 시장을 개척하고 식민지의 원재료와 값싼 노동력을 착취하던 제국주의 자본주의가 성행하던 시기이다. 세 번째 시기는 최근에 전 지구적 시장과 대량 소비의 다국적 기업이 힘을 떨치는 후기 자본주의 시기이다. 이 세 번째 시기를 만델은 자본주의의 속성이 가장 순수하게 실현되는 시대라는 뜻에서 '순수 자본주의 시대'라고도 부른다.

그런데 만델은 문예 사조의 개념을 빌려와 이 세 자본주의에 리얼리즘과 모더니즘 그리고 포스트모더니즘 같은 문화 현상의 특징을 각각 부여한다. 즉 리얼리즘은 시장 자본주의, 모더니즘은 제국주의적 독점 자본주의, 그리고 포스트모더니즘은 다국적 시장 자본주의 문화적 논리에 해당한다는 것이다.[87] 물론 만델은 사회-경제 현상과 문화 현상 사이의 복잡하고도 미묘한 관계를 지나치게 단순화시킨다는 비판을 면하기 어렵다. 그러나 그의 이론은 현대 사회의 경제가 문화와 맺고 있는 유기적 관계를 설명하는 데 적잖이 도움을 주는 것도 사실이다.

미국의 이론가 프레드릭 제임슨은 에르네스트 만델의 경제 이론을 문화 현상에 접목시킨다. 그는 만델의 사회 경제 이론에 근거하여 포스트모더니즘이나 포스트모더니티를 '후기 자본주의의 문화적 논리'로 규정짓는다. 포스트모더니즘이나 포스트모더니티라는 문화 논리나 현상이 후기 자본주의의 경제적 생산 양식에 의존한다고 주장한다는 점에서 그는 여전히 고전적 마르크스주의의 틀에서 벗어나지 않는다. 어찌 되었든 제임슨에게 후기 자본주의의 문화적 논리는 세계 전반에 걸쳐 힘을 떨치고 있는 다국적 기업의 지배를 받는다. 이렇게 다국적 기업의 지배를 받는 문화가 우리의 일상생활 안으로 깊숙이 들어왔다는 점에서 후기 자본주의야말로 진정한 자본주의의 모습을 하고 있다고 지적한다.

그런데 제임슨은 후기 자본주의의 문화 현상으로서의 포스트모더니즘의 특징을 1) 깊이의 상실, 2) 스타일의 소멸과 혼성 모방, 3) 정신 분열증 등 크게 세 가지 관점에서 설명한다.[88] 첫째, 깊이의 상실은 포스트모더니즘 문화가 보여 주는 가장 대표적 징후이다. 포스트모던 시대에는 낭만주의나 모더니즘에서 볼 수 있던 심층적인 것은 좀처럼 찾아볼 수 없고 오직 표층적인 것만이 존재한다. 가령 제임슨은 에드바르트 뭉크의 「절규」 같은 작품에서 느낄 수 있는 불안과 소외 같은 개념은 이제 더 후기 자본주의 사회에서는 걸맞지 않는다고 지적한다.

둘째, 후기 자본주의 시대에 이르러 심층적인 의미가 제거되고 개별 주체가 소멸되면서 개성의 표현으로서의 독창적인 스타일을 찾아볼 수 없게 되었다. 오늘날의 예술가들은 과거의 찬란한 문화의 중압감에 눌려 있다. 이렇게 독창적이고 창조적인 것을 만들어 낼 수 없는 상황에서 예술가들은 찬란한 과거 문화를 모방하고 흉내 낼 수밖에 없다. 혼성 모방(파스티슈)은 다른 스타일을 모방하거나 다른 스타일의 양식을 차용한다는 점에서 겉으로는 패러디와 비슷하지만 비판적 기능보다는 유희적 기능에 무게를 싣는다는 점에서는 패러디와 조금 차이가 난다.

셋째, 정신 분열증은 후기 자본주의 시대에 이르러 부르주아 개인의 자아나 주체가 크게 흔들리고 역사가 소멸하는 현상과 깊이 연관되어 있다. 후기 자본주의 시대에 이르러 합리적 이성을 소유한 인간의 주체가 소멸하다시피 한다. 르네 데카르트의 '코기토'에 깊은 회의를 품는 현대인들에게 인간의 자아는 이제 더 사고의 주체도 아니고, 행동의 자유로운 행위자도 아니다. 말하자면 주체는 파편화되어 텅 비어 있는 공간과 크게 다름없게 된다. 또한 이러한 정신 분열증은 자크 라캉이 말하는 '언어의 무질서'에서 비롯되기도 한다. 라캉을 비롯한 포스트구조주의자들에게 언어란 이제 의미 사슬의 연결고리가 끊어진 채 부평초처럼 이리저리 '떠돌아다니는 기표'에 지나지 않을 따름이다.

이렇듯 독창성을 기대할 수 없고 과거 역사에 대한 기억 상실증을 겪고 있는 후기 자본주의 사회에서 사람들은 소비에 탐닉할 수밖에 없다. 더구나 정보 사회에서 홍수처럼 범람하는 미디어 광고는 그러지 않아도 소비 성향을 지니고 있는 사람들에게 소비를 더욱 부추긴다. 그리하여 제임슨은 소비 사회라는 관점에서 포스트모더니티를 규정짓기도 한다. 1982년에 발표한 논문 「포스트모더니즘과 소비 사회」에서 그는 현대 사회를 한마디로 소비 사회라고 잘라 말한다. 현대인들은 "나는 생각한다. 그러므로 나는 존재한다."는 그 유명한 데카르트의 명제에 빗대어 "나는 쇼핑한다. 그러므로 나는 존재한다."라고 말하기도 한다. 그런가 하면 알코홀릭이라는 말에 빗대어 '쇼포홀릭(shopoholic)'이라는 신조어를 만들어 내기도 한다. 술에 중독되어 있듯이 현대인들은 쇼핑에 중독되어 있다는 말이다.

제임슨은 포스트모더니즘이 국경이 허물어진 채 다국적인 성격을 띠는 후기 자본주의의 문화 논리로서 동시대의 문화 현상을 두루 지배하고 있다고 지적한다. 그런데 이러한 현상은 부정적인 측면 못지 않게 긍정적인 측면도 있다고 밝힌다. 문화 생산품이 다른 생산품처럼 시장에서 상품으로 대접 받는 후기 자본주의 시대에 문화 정치의 새로운 가능성이 열려 있기 때문이다. 제임슨에 따르면 이러한 문화 정치가 경제를 근본적으로 바꾸어 놓을 수도 있다. 바로 이 점에서 제임슨은 계몽의 변증법을 부르짖은 테오도르

아도르노와는 적잖이 다르다. 비록 아도르노에서 이론적 자양분을 섭취하고 있지만 그는 아도르노와는 달리 예술의 상품화를 그렇게 부정적으로 보지 않는다. 제임슨은 후기 자본주의의 억압적 상황에서 해방의 계기를 찾아내는 것이 곧 포스트모더니즘의 임무라고 밝힌다.

4 포드주의에서 포스트포드주의로

포스트모더니티는 단품종 대량 생산 체제가 다품종 소량 생산 체제로 바뀐 데에서도 엿볼 수 있다. 기업들은 겨우 몇 십 년 전만 하더라도 똑같은 상품을 대량으로 만들어 싼 값으로 팔아 이익을 남겼다. 그러나 요즈음에는 고객의 주문에 따라 상품을 소량으로 만들어 내는 주문 생산이 중요한 생산 형태로 떠오르기 시작하였다. 이러한 현상을 경제학자들은 '포드주의'에서 '포스트포드주의'로 옮아온 것이라고 말한다.

여기에서 포드주의란 글자 그대로 흔히 '자동차 왕'으로 부르는 헨리 포드의 이름을 따서 만들어 낸 용어이다. 포드가 자동차를 처음 생산할 무렵 자동차는 장인 노동자의 숙련 노동에 의존하여 주문 제작하는 고가의 사치품으로 한낱 '말 없는 마차'에 지나지 않았다. 'T 모델' 포드 자동차를 생산하기 시작하던 1908년 무렵 다른 자동차 회사들의 자동차 값은 평균 2천 달러 정도였다. 그러나 포드는 자동차 한 대를 825달러에 팔았고, 그 뒤에는 가격을 더욱 낮추어 300달러 이하로 팔았다.

그런데 이렇게 헨리 포드가 싼값에 자동차를 만들어 팔 수 있었던 것은 바로 새로운 생산 방식을 채택하였기 때문이다. 그가 착안해 낸 생산 방식은 노동자가 작업대에 가서 일을 하는 것이 아니라, 작업물이 이동하여 정해진 위치에 있는 작업자들에게 전달해 주는 컨베이어벨트였다. 포드는 이동 조립라인을 통하여 단기간의 훈련을 거쳐 생산 현장에 투입되는 반숙련 노동자나 미숙련 노동자를 고용하여 낮은 비용으로 높은 생산성을 실현할 수 있는 생산 시스템을 구축하였던 것이다. 컨베이어벨트를 활용하려면 작업자 한 사람마다 과업이 구분되도록 분업화가 이루어져야 하고, 이렇게 분업화가 이루어지기 위해서는 복잡한 공정이 표준화되고 단순화되어야 한다.

이 무렵 프레더릭 테일러는 작업 과정을 '과학적으로' 관찰하여 가장 효율적인 방법을 고안하는 과학적 관리 기법을 시도하였다. 흔히 '시간 및 동작 연구'로 일컫는 테일러주의는 물건을 집어 들고 걷고 구부리고 맞추는 작업 동작을 초시계로 측정해 반복 작업을 표준화하고 그것을 바탕으로 작업 능력을 크게 향상시켰다. 포드의 컨베이어벨트라는 기계적 생산 시스템이 테일러의 노동 분업과 과학적 관리의 원리와 결합하면서 놀라운 성과를 거두게 되었다. 1914년 포드는 조립 라인이라는 작업 공정을 통하여 기계적으로 물건을 대량으로 생산해 내는 데 성공하였다. 포드주의란 바로 조립 라인을 통한 표준화된 상품의 대량 생산 양식을 가리키는 용어이다.

그러나 60년대 후반에 들어서면서 포드주의가 구현한 테일러주의는 극단적인 분업과 단순 반복적 작업 때문에 노동자들의 사기가 크게 떨어졌다. 또한 포드주의 작업장에 대한 불만도 치솟았다. 노동자들은 "공장 문 앞에 멈춰 있는 민주주의를 공장 안에까지"라는 구호를 내걸고 공장 문을 박차고 거리로 나서기에 이른다. 광풍처럼 유럽을 휩쓴 68운동의 혁명적 분위기와 미국의 반전 운동의 거센 물결을 타고 노동자들은 분배 정의 요구를 넘어 인간화된 작업장을 실현하라는 산업 민주주의를 부르짖었다. 생산 방식이며 노동편성 방식으로서의 포드주의는 극단적인 분업과 기술적 합리성에만 의존한 나머지 마침내 노동의 비인간화를 낳았던 것이다. 한편 포드주의는 다양해진 소비자의 기호, 품질과 디자인에 대한 높아신 요구를 충족시킬 수 없었다. 이러한 내적 모순과 갈등 때문에 포드주의는 1970년대에 들어와 고도성장의 한계에 부딪쳐 오일 쇼크를 겪으면서 종말을 고하게 된다.

제2차 세계대전이 끝난 1945년에서 1970년대 중반까지 포드주의가 성행한 시기는 대량 생산과 대량 소비가 적절한 균형을 이루던 시기였다. 고용 구조에서 지배적인 집단은 흔히 '블루칼라'로 일컫는 산업 노동자들이었다. 노동자들이 노동조합을 조직하고 노동자와 회사 그리고 정부의 조합주의가 정책 결정 과정에서 반영되었다. 무엇보다도 이 시기에 호황을 누린 것은 지속적인 경제 성장과 그에 따른 완전고용이었다. 이 과정에서 대중 소비가 일반화되면서 지속적이고 안정된 대량 생산의 축의 구실을 하였다.

포드주의시대에 경제의 번영은 점점 더 소비자 구매력에 의존하게 되어 "소비가 미덕이다."니 "소비자는 왕이다."니 하는 슬로건이 유행할 정도였다.

대량 생산, 대량 소비를 내세우는 포드주의 뒤에는 영국의 경제학자 존 케인즈의 경제 이론이 버티고 서 있다. 여기에서는 경쟁이 무엇보다도 중요한 원동력 구실을 하였다. 그는 완전고용을 실현하고 유지하기 위해서는 자유방임주의가 아닌 소비와 투자, 즉 유효 수요를 확보하기 위한 정부의 보완책, 즉 공공지출이 필요하다고 주장하였다. 이러한 이론과 그것에 입각한 정책, 그리고 그 정책에 기반을 두고 있는 개혁을 '케인즈 혁명'이라고 한다. 포드주의는 여러모로 케인즈 경제학을 상품 생산에 옮겨놓은 것이라고 볼 수 있다.

한편 포스트포드주의란 글자 그대로 포드주의 이후에 나타난 새로운 생산 양식을 가리킨다. 물론 포드주의 뒤에 곧바로 포스트포드주의가 나타난 것은 아니다. 포드주의가 막을 내린 뒤 15년 동안 불경기, 실업, 도산, 해고 등의 위기를 겪은 뒤 그 위기를 극복할 수 있는 대안으로 포스트포드주의가 부상하였다. 포스트포드주의에서는 경쟁보다는 상호협력이 융숭한 대접을 받고, 중앙집권보다는 지방분권이 새로운 형태의 경제 조직으로 자리 잡는다. 한마디로 포스트포드주의는 거대한 기계의 부속품으로 전락한 노동자에게 인간의 얼굴을 되찾아 주려는 노력이었다.

포스트포드주의에서는 소품종을 대량으로 생산하는 포드주의와는 달리 다품종을 소량으로 생산하는 등 좀 더 유연한 체계를 내세운다. 이러한 생산 양식에서는 상품의 양보다는 질이 앞선다. 또한 작업이 일괄적으로 이루어지는 것이 아니라 그때그때 필요에 따라 이루어지는 탓에 재고품은 좀처럼 쌓이지 않는다. 이러한 체계에서는 고도의 품질 관리와 재고 관리가 무엇보다도 중요하다. 그리하여 에릭 스윈게도브는 '포스트포드주의' 대신에 '저스트-인-타임(시간 내) 생산'이라는 용어를 사용하는가 하면, 데이비드 하비는 '가변 생산'이라는 용어를 사용하기도 한다. 이렇게 즉시적이고 가변적인 생산 양식이 가능한 것은 다름 아닌 컴퓨터를 비롯한 정보와 통신 기술의 발달 덕분이다.

포스트포드주의는 이른바 '가상 기업'에서도 그 좋은 예를 찾아볼 수 있다. 포드주의 생산 양식만 같아도 가령 자동차 산업이라면 미국의 미시건 주의 디트로이트가 중추 신경의 역할을 맡았다. 그러나 포스트포드주의에서는 특정한 지리적 공간을 필요로 하지 않는다. 다국적 자본주의에 걸맞게 값싼 노동 임금과 원자재가 있는 곳이라면 세계 어디에서나 공장을 세워 제품을 만들어 낼 수 있다. 가령 일본의 토요타 자동차는 세계 곳곳에서 만들어진다. 또한 컴퓨터의 한 대를 뜯어보아도 세계 여러 나라에서 만들어 낸 부속품들로 이루어져 있어 어느 나라 제품이라고 딱 부러지게 그 국적을 말하기가 여간 어렵지 않다. 사정은 주문자 생산(OEM) 방식에서도 크게 다르지 않다. 그러므로 완제품을 말할 때 이제 '생산'의 개념보다는 오히려 '조립'의 개념이 더 잘 들어맞는다. 국내 소비가 아니라 세계 시장을 겨냥하는 것도 포스트포드주의의 특징이라면 특징이다.

포스트모던 경제에서는 생산 형태뿐만 아니라 소비 형태에서도 크나큰 변화가 일어나기 시작하였다. 요즈음 들어 소비의 개별화 현상이 눈에 띄게 늘어났다. 그만큼 소비자 취향이 다양해졌다는 증거이기도 하다. 또한 저가품의 대량 소비보다는 고가품의 소량 소비가 부쩍 성행한다. 고급 백화점에 고급 상품들이 불티나게 팔리는 것도 소비 형태의 새로운 변화를 말해 준다. 어이없게도 물건이 비싸면 비쌀수록 더욱 더 잘 팔리는 것이 오늘날의 현실이다. 더구나 근검절약보다는 과소비도 포스트모던 경제의 한 특징이다. 자본주의의 수레바퀴가 계속 굴러가려면 윤활유가 필요한데 소비가 바로 이러한 윤활유의 구실을 하고 있다. 일부 특권층의 이야기라고 할 수 있지만 어떤 사람들은 그야말로 물을 쓰듯 돈을 쓴다.

사회적 차원에서 보자면 남과 다른 새로운 상품을 구매함으로써 자아의 이미지를 남보다 다르게 만들려는 필요성에서 소비를 하기도 한다. 유혹이라도 하듯 진열대에 즐비하게 늘어놓은 온갖 값비싼 상품들이 고객들에게 손짓을 하며 소비를 부추긴다. 실제로 프랑스 사회학자 피에르 부르디외는 이러한 현상을 '유혹'이라는 말로 표현한다. 그의 말대로 유혹은 단순히 상품 판매의 범위를 넘어 이제 사회 통제와 통합의 수단이 되어 버리다시피 하였다. 자본주의 사회에서 제대로 소비를 할 수 없는 사람들은 결국 소비 시장에 편입되지 못하고, 따라서 감시와 사회 통제를 은근히 두려워할 수밖에 없는 단계에 와 있다.

또한 포스트모더니즘 시대에서는 자본의 이동이 눈이

부실 정도로 빨라졌다. 자본은 이제 국경 없이 자유롭게 남의 나라를 넘나든다. 뜻이 있는 곳에 길이 있다는 격언도 있지만, 이익이 있는 곳이라면 자본은 이념과 사상을 뛰어넘어 세계 어느 곳에나 몰린다. 국민국가의 개념이 무너져 버리고 그 대신 다국가(多國家)나 통국가(通國家)의 개념이 자리 잡기 시작한 것은 어쩌면 당연한 결과일는지도 모른다. 이름도 얼굴도 없는 엄청난 자본이 지금 세계 곳곳에서 활개를 치며 돌아다닌다. 존 프로는 이러한 자본의 유동성을 '포스트식민주의'의 관점에서 설명한다.

> 이러한 자본의 새로운 속도와 가변성의 결과는 한 국민국가가 다른 국민국가를 직접 지배하는 식민주의 질서도 아니요, 간접적으로 지배하는 신식민주의 질서도 아니라 세계 체계로서 정확히 '포스트식민주의'라고 부를 수 있다. 이 체계에서는 지배력은 힘 있는 몇몇 국민국가와 지역의 중개를 통하면서도 대부분 그들의 통제력과는 무관하게 이루어지는 국제 자본에 따라 행사된다.89)

프로는 여기에서 포스트식민주의를 말하고 있지만 그것 못지 않게 포스트모더니티의 경제 양식을 말한다고 볼 수 있다. 그의 말대로 이제 자본은 서구 강대국의 지배 아래 이익이 있는 곳이라면 어느 곳에나 세계 구석구석을 떠돌아다닌다. 우리나라처럼 국제통화기금의 구제 금융을 받은 경험이 있는 나라에서는 그 사실을 더욱 뼈저리게 느끼게 된다.

5 포스트마르크스주의, 소비 사회, 정보 사회

포스트모더니티는 사회 구조나 경제 구조 못지 않게 이번에는 정치 구조에서도 잘 드러난다. 정치에 나타나는 포스트모더니티 현상은 고전적 마르크스주의의 붕괴에서 쉽게 엿볼 수 있다. 1989년 공산주의의 종주국 옛 소련이 무너지고 그 뒤를 이어 동구권의 위성 국가들이 줄줄이 무너지면서 공산주의나 사회주의는 한낱 빛바랜 구호처럼 설득력을 잃어버렸다. 이와 때를 같이하여 동서 진영의 냉전 체제가 허물어지면서 고전적 마르크스주의는 더욱더 설 땅을 잃었다. 그리하여 에르네스토 라클라우와 샹탈 무페 같은 이론가들은 마침내 고전적 마르크스주의에 파산 선고를 내린다. 그들은 고전적 마르크스주의를 대체할 새로운 이론을 '포스트마르크스주의'라고 부른다.

고전적 마르크스주의에서는 유산자와 무산자, 부르주아와 프롤레타리아 사이의 계급투쟁이 역사의 원동력 구실을 하였다. 또한 노동자 계급은 사회주의 변혁의 주체로 융숭한 대접을 받았다. 그러나 라클라우와 무페는 이러한 고전적 마르크스주의가 19세기 말엽과 20세기 초엽의 산업자본주의를 설명하는 데에는 알맞은 이론이었는지는 몰라도 20세기 말엽의 다원적이고 복잡한 정치 구조를 설명하는 데에는 걸맞지 않는 낡은 이론이라고 지적한다.

1980년대에 걸쳐 영국에서 발행된 《오늘의 마르크스주의》는 포스트마르크스주의 이론을 널리 알리는 데 크게 이바지한 잡지로 평가받는다. 이 잡지에 글을 기고한 학자들과 이론가들은 그동안 고전적 마르크스주의의 한계를 지적하는 한편, 새로운 시대에 걸맞은 새로운 이론을 세우는 데 큰 몫을 맡아 왔다. 1988년 10월 이 잡지는 '새로운 시대'라는 주제로 특집으로 꾸민 적이 있다. 편집자는 특집 머리말에서 우리가 지금 이전과는 전혀 다른 새로운 시대에 살고 있다고 밝힌다.

> 좌파가 '새로운 시대'와 타협할 수 없는 한 그것은 오직 주변부에서 삶을 영위하지 않으면 안 된다. (……) 우리가 살고 있는 세계는 지금 다시 창조되고 있는 것과 다름없다. 대량 생산, 대량 소비, 대도시, 이른바 '대형'(大兄)이 지배하는 국가, 교외로 길게 뻗어나가는 주거지, 그리고 단일 민족 국가는 이제 쇠퇴 일로에 놓여 있다. 다시 말해서 가변성, 다양성, 차별화, 이동성, 의사소통, 지방 분권화, 그리고 구제화 등이 상층 일로에 놓여 있다. 이러한 과정을 통하여 우리 자신의 정체, 자아의 개념, 우리 자신의 주관성은 변하고 있다. 한마디로 우리는 지금 새로운 시대로 이행하고 있는 중이다.[90]

이렇게 고전적 마르크스주의를 지양하고 새로운 마르크주의를 모색하려는 태도는 이미 질 들뢰즈와 펠릭스 가타리한테서도 엿볼 수 있다. 이 두 이론가는 칼 마르크스가 계급투쟁의 원동력이요 사회 변혁의 주체로 파악하는 입장을 두고 다양성을 무시하는 '신화'라고 날카롭게 비판한다. 예를 들어 카를 마르크스는 여성, 학생, 소수 인종 집단 등을 계급투쟁의 변두리로 몰아넣거나 계급이라는 단일하고 포괄적인 범주로 덮어버렸다. 다양한 사회 계층을 인정하는 들뢰즈와 가타리는 프롤레타리아란 어디까지나 여러 사회 계급 중의 하나에 지나지 않는다고 지적한다. 성차, 인종적 정체성, 나이, 성적 취향 등도 하나같이 사회 계급에 속한다. 한마디로 계급투쟁이란 사회생활의 기초라기보다는 사회생활의 한 가닥일 뿐이다.

라클라우와 무페 같은 포스트마르크스주의자들은 한 사회 계급이나 사회 구조 또는 요인으로써는 역사를 설명하거나 사회 변혁을 불러올 수 없다고 지적한다. 장-프랑수아 리오타르와 미셸 푸코 그리고 장 보드리야르 등한테서 직접 또는 간접으로 영향을 받은 이 두 이론가는 프롤레타리아를 통한 사회 변혁의 '거대 이론(메타나리티브)'을 이제 더 믿지 않는다. 공동사회 구성원 사이에서 좀처럼 가치에 대한 합의가 이루어지지 않는 포스트모더니즘 시대에 혁명이란 과연 가능한가? 파괴나 전복을 시도하려는 모든 노력을 흡수하고 무력화하는 정보 시대와 미디어 시대에 급진적 행동주의란 과연 효과가 있는가? 이러한 물음에 대하여 그들은 선뜻 그렇다고 대답하지 않는다.

포스트모던 정치 이론은 최근 들어 부쩍 눈에 띄는 민족주의에서도 찾아볼 수 있다. 많은 나라들이 한편으로는 세계화나 국제화의 깃발을 내세우고 있으면서도 다른 한편으로는 민족주의적 경향을 강하게 보인다. 이러한 현상은 옛 소련에서 잘 드러난다. 소비에트 연방이 허물어지면서 그동안 전체주의 밑에서 제대로 숨도 쉬지 못하고 있던 소수 민족들이 제각기 제 목소리를 내기 시작하였다. 그리하여 옛 소련은 러시아를 비롯한 그루지야와 크로아티아 등의 여러 민족 국가로 다시 갈라지게 되었다. 이러한 탈중심주의적 경향은 국제 정치뿐만 아니라 흔히 한 나라의 정치 안에서도 일어난다. 즉 중앙집권화가 점차 쇠퇴하고 그 대신 지방분권화가 전보다 훨씬 더 큰 비중을 차지하고 있다. 이 점에서 포스트모더니티는 '마이크로-폴리틱스', 즉 국부성의 정치라고 볼 수 있다.

이른바 '국제 상황주의자' 그룹의 한 사람인 기 드보르는 『스펙터클 사회』(1967)라는 저서에서 현대 사회에서 사람들은 실재보다는 외견(外見), 참모습보다는 겉모습에 훨씬 더 깊은 관심을 기울인다고 지적한다. 앙리 르페브르한테서 적잖이 영향을 받은 드보르는 스펙터클에 대하여 '외견의 긍정', 즉 인간의 모든 삶을 단순히 겉모습으로 받아들이는 태도라고 정의를 내린다. 이러한 상황에서 인간관계는 이미지의 영향을 받을 수밖에 없다. 사회생활은 진적으로 이미지 상품의 지배를 받는다. 스펙터클 사회에서 사람들은 이제 자신의 삶을 옆에서 지켜보는 방관자에 지나지 않는다고 드보르는 지적한다.

또한 스펙터클 사회에서는 구체적인 물질 생산품보다는 이미지가 가장 발전된 형태의 상품으로 대접받는다. 드보르는 무려 미국의 연간 국민 총생산의 29퍼센트가 지식의 분배와 소비에 쓰인다고 지적한다. 앞으로 20세기 후반에 들어와서는 이미지 산업은 철도나 자동차 산업을 따돌리고 가장 중요한 경제의 원동력이 될 것이라고 예언하였다. 드보르가 이러한 예언을 한 지도 어느덧 40여 년이 지난 지금 그의 예언은 거의 그대로 적중하였다. 실제로 지금 세계 곳곳에서 방영되고 있는 텔레비전 프로그램의 80퍼센트 이상이 미국에서 만든 것이라고 한다. 또한 할리우드에서 제작한 영화 한 편은 자동차 수천 대를 만들어 수출하는 것보다 훨씬 엄청난 돈을 벌어들인다. 그러고 보니 약소국가들이 미국을 왜 문화 제국주의자라고 달갑지 않은 눈으로 바라보는지 이해할 만하다.

20세기 중엽 이후에는 생산 방법뿐만 아니라 생산의 주체인 노동자의 성격도 눈에 띄게 달라졌다. 앞에서 이미 밝혔듯이 대니얼 벨은 제조업의 쇠퇴와 서비스업의 증대를 포스트모던 사회의 특징으로 파악하였다. 이러한 과정에서 생산직 노동자의 숫자가 급격히 줄어든 반면, 서비스업에 종사하는 사람들의 숫자가 크게 늘어났다. 그러나 20세기가 끝나고 21세기로 접어들면서 서비스업에 종사하는 사람 못지 않게 정보 산업에 종사하는 사람의 숫자가 눈에 띄게 증가하기 시작하였다.

더구나 여전히 생산직에 종사하는 노동자들조차도 직업의식이 전과는 뚜렷하게 달라졌다. 노동에 대한 자부심이나 사명감 같은 것을 좀처럼 찾아보기 어렵게 되었다는 말을 자주 듣는다. 요즈음 우리 주위에서 심심치 않게 입에 오르내리고 있는 '3 D' 현상도 이와 결코 무관하지 않다. 이제 노동자들은 손에 기름을 묻히는 더러운 일, 힘들고 까다로운 일, 그리고 자칫 부상을 입을는지도 모르는 위험한 일은 될 수 있는 대로 하려고 들지 않는다. 그리고 정상 임금보다 더 많은 초과 수당을 받을 수 있는데도 정규 근무시간 말고는 좀처럼 일을 더 하려고 하지도 않는다. 물론 부끄럽게도 국제통화기금의 구제 금융을 받은 아시아 몇몇 나라에서는 사정이 많이 달라졌다고는 하지만 그래도 노동 의식이 전보다 크게 달라진 것만은 틀림없다.

그런가 하면 노동조합이 전만큼 힘을 쓰지 못하는 것도 노동계에 나타난 새로운 변화라면 새로운 변화이다. 실업이나 정리 해고가 중요한 원인일 터이지만 노동조합은 전과는 많이 달라졌다. 기껏 몇 년 전만 하더라도 노동조합은 그야말로 막강한 힘을 휘둘렀다. 모는 노동사들이 하나로 똘똘 뭉쳐 사용자 측에 맞서 자신들의 권리와 이익을 지키는 데 앞장섰다. 그러나 최근 들어 노동자들의 소속감이 깨지면서 그만큼 결집력이 약해졌다. 노동 쟁의나 파업 과정에서 노동자들이 옛날보다 훨씬 더 과격해진 것도, 진보 노동계가 정치 세력으로 발전한 정당이 생각보다 제대로 힘을 발휘하지 못하는 것도 따지고 보면 이와 무관하지 않다.

6 포스트모던 공간

포스트모더니즘이나 포스트모더니티는 정치나 경제뿐만 아니라 이번에는 지리학에도 큰 영향을 끼친다. 제2차 세계대전 이후 시간 못지 않게 물리적 공간에 대한 관심이 부쩍 늘기 시작하였다. 가령 미국의 지리학자 에드워드 소저는 『포스트모던 지리』(1989)에서 그동안 역사적 시간을 문화와 사회를 움직이는 원동력으로 보았다고 지적한다. 특히 그는 전통적인 마르크스주의가 지나치게 혁명을 향한 역사의 진보를 굳게 믿었다고 비판한다. 그러면서 소저는 역사적 시간 못지 않게 중요한 것이 지리적 공간이라고 말한다. 적어도 이 점에서 소저는 포스트마르크스주의자로 볼 수 있을 것이다.

포스트모더니즘의 세례를 받은 소저는 지리적 공간이 수동적으로 역사를 받아들이기는커녕 오히려 역사에 능동적으로 영향을 끼친다고 주장한다. 그에 따르면 포스트모더니티의 과정을 거치면서 세계 곳곳의 대도시는 몰라보게 달라졌다. 이렇게 달라진 대도시를 그는 '포스트메트로폴리스'라고 부른다. 그런데 소저는 새로운 대도시에서 살고 있는 현대인들이 크게 세 가지 점에서 생활방식과 의식에서 혁명적인 변화를 맞이하였다고 지적한다.

첫째, 포스트메트로폴리스에서는 산업의 성격이 크게 바뀌었다. 특수 기술을 이용한 컴퓨터 디자인과 생산, 주식 시장과 금융 조언자 같은 정보에 기반을 둔 산업의 증대, 빈부 격차의 심화, 노동조합의 약화 등 산업 구조에서 큰 변화가 일어났다. 둘째, 다국적 기업이 전 세계에 걸쳐 힘을 떨치고 인터넷이 보편화되고 아웃소싱이 증가하면서 자국에서 일하는 사람들은 점점 줄어드는 한편 다른 나라에서 일하는 사람들이 점점 늘어났다. 이른바 '지구 정체성'이 증가하면서 제1세계, 제2세계 그리고 제3세계 사이에 국제적으로 노동 분화 현상이 일어나기 시작하였다. 셋째, 이러한 과정에서 공동사회와 개인은 위험에 부딪치면서 점점 안전을 염려하게 되었다. 소저에 따르면 미국에 있는 주택가 가운데 무려 3만 개 정도가 외부인의 출입을 차단하는 경보 시스템을 갖추고 있다. 포스트모더니티 공간은 금지와 경계의 공간이기도 하다.

한편 데이비드 몰리와 케빈 로빈스는 『정체성의 공간』(1995)에서 소저의 이론을 한 발 더 밀고 나간다. 몰리와 로빈스는 전 세계적으로 위성 방송과 케이블 방송이 보편화되면서 지리적 공간에 큰 변화가 일어났다고 지적한다. 이렇게 달라진 포스트모던 환경에서 국가의 정체성은 말할 것도 없고 인종적 정체성과 문화적 정체성이 큰 변화가 일어났다고 말한다. 이 두 이론가에 따르면 최근 커뮤니케이션과 통신 기술의 발달로 말미암아 토지 같은 물리적 공간보다는 정보와 기호의 유동에 기반을 둔 새로운 지리가 나타났다. 포스트모더니티 사회에서 인간을 비롯하여 정보와 이미지 그리고 온갖 대상이 들뢰즈와 가타리의 표현을 빌린다면 '유목민'처럼 지구를 떠돌아다닌다.

소저는 이러한 과정에서 국가적 정체성과 민족적 정체성 그리고 문화적 정체성의 전통적인 범주는 들어설 자리가 없다고 밝힌다. 그 대신 매스 미디어와 세계 시장 그리고 전산화에 따른 '언어와 문화의 상징적 경계'가 더욱 설득력을 얻는다고 말한다. 한편 몰리와 로빈스는 지리적 공간에서 나타난 이러한 새로운 변화를 부정적으로만 보지 않는다. 현대인들은 가상적인 세계 공동체의 영향을 받으면서도 국부적 지리와 그 안에서의 활동을 새롭게 깨닫기 때문이다. 예를 들어 다국적 기업의 방송망이 지구촌 곳곳에 침투되어 있지만 특수 전문 분야를 겨냥한 소규모 지방 방송이 점점 늘어나고 있다.

그런가 하면 프랑스의 인류학자 마르크 오게는 현대인이

지금 '수퍼모더니티' 사회에 살고 있다고 지적한다. 수퍼모더니티 사회란 그가 말하는 '농-리외', 즉 비(非)장소의 지배를 받는 사회를 말한다. '수퍼모더니티의 인류학 입문'이라는 부제가 붙어 있는 『농-리외』(1992)라는 책에서 오게는 '비장소'란 전통적인 '장소'로 간주할 만큼 의미가 없는 일시적인 공간이라고 정의를 내린다. "만약 한 공간이 관계적이고 역사적이며 정체성과 관련을 맺고 있다면, 관계적이거나 역사적이지 않고 정체성과 관계가 없는 공간은 '비공간'이 될 것이다."라고 밝힌다. 좀 더 구체적으로 그는 비공간이란 "상호보완적이지만 뚜렷이 다른 두 실재, 즉 (교통, 통행, 상업, 여가처럼) 어떤 목적과 관련하여 만든 공간, 그리고 개인이 이러한 공간과 맺고 있는 관계"를 뜻한다고 밝히기도 한다.[91]

오게의 지적대로 현대인들은 집이나 학교 같은 전통적인 공간과는 멀리 떨어진 채 대형 수퍼마켓이나 시내에서 벗어나 오락 시설, 자동차 주유소, 고속 도로, 공항의 라운지, 호텔 방 등에서 보내는 시간이 점점 많아진다. 또한 현대인들은 전화를 걸고 받거나 디지털 목소리를 듣거나 또는 컴퓨터 모니터 앞에 앉아 정보의 바다에서 정보를 낚으면서 대부분의 시간을 보낸다. 전화로 비행기 출발 시간을 문의하거나 상품 주문을 하다 보면 대륙 건너 쪽에 있는 상담원과 대화를 나누고 있다는 사실을 깨닫게 된다. 오게는 현대인들이 "산부인과 병원에서 태어나 노인 병원에서 사망한다."라고 말한다. 전통적인 사회는 말할 것도 없고 20세기 전반만 하여도 인간은 그가 살고 있는 장소와 유기적 관계를 맺으며 살았다. 그러나 이러한 유기적 관계는 이미지가 지배하는 매스 미디어 사회에서 이제 이렇다 할 의미가 없게 되었다.

오게는 이러한 '비장소'를 보여 주는 좋은 경우로 도로 표지판을 예로 든다. 자동차로 프랑스를 여행하다 보면 구체적인 지명을 표기한 안내판보다는 '보졸레 와인 지방'이라는 안내판을 더 많이 보게 된다. 영국을 여행하는 여행자라면 '도체스터'라는 표지판 대신에 '토머스 하디 지방', '웨스트요크셔'라는 표지판 대신에 '브론티 지방'이라는 표지판을 보게 될 것이다. 수퍼모더니티 사회에서는 구체적인 지명보다는 이렇게 그 지명이 나타내는 상징이 더 융숭한 대접을 받는다.

오래 된 마을이나 소도시에는 거의 언제나 시장이 있는 광장이 있고, 광장 한복판에는 흔히 공동사회의 전통을 상징하는 기념비나 기념탑이 서 있었다. 그러나 아무런 중심이 없는 수퍼모더니티 사회에서는 공동체 구성원을 결속하는 상징적 기념비나 기념탑은 좀처럼 찾아볼 수 없다. 전통적인 '장소'가 인간이 소속감을 느끼며 머무는 곳이라면, '비장소'는 잠시 스쳐 지나가는 곳일 뿐이다. 이렇게 전통적 의미의 '장소'가 사라지면서 공동체 의식과 집단의 정체성이 크게 위협을 받는다. 오게는 이러한 과정에서 현대인들은 새로운 고독과 소외를 경험한다고 지적한다. 그러나 이러한 고독과 소외는 구체적인 땅과 뿌리를 찾으면서 과거에 대한 향수나 가족의 유대감 또는 민족주의 등을 낳기도 한다. 미셸 드 세르토의 영향을 받은 오게는 현대인이

'일상적 임시변통'을 통하여 '비공간'의 한계를 극복하려고 노력한다고 지적한다.

7 장 보드리야르의 포스트모더니티

포스트모더니티를 말할 때면 으레 프랑스의 철학자요 사회학자인 장 보드리야르를 언급한다. 그의 이론은 문학가들과 예술가들은 말할 것도 없고 사회 이론가들한테도 많은 영향을 주었다. 앨런 소컬과 장 브리크몽 같은 이론가들로부터 수학이나 과학 용어를 부적절하게 사용한다고 비판을 받기도 하지만, 대중 문화를 비롯하여 '초실재(하이퍼리얼리티)'나 '시뮐라시옹' 등 가상현실 이론에 끼친 그의 영향은 자못 크다. 보드리야르는 어느 이론가보다도 후기 자본주의 사회의 징후를 날카롭게 포착하여 가장 설득력 있게 해석하였다는 평가를 받는다. 사상적 스승인 카를 마르크스와 지그문트 프로이트를 깎아내리거나 부정할 뿐더러 미셸 푸코를 비롯한 리오타르와 질 들뢰즈 등 동시대 이론가들에 대해서도 비판의 고삐를 늦추지 않는 등 그는 끊임없이 사상적 탐험을 한 철학적 콜럼버스였다.

보드리야르는 프레드릭 제임슨처럼 20세기 후반 이후를 소비 사회로 규정짓되 그와는 조금 다른 관점에서 후기 자본주의 사회를 진단한다. 현대인들은 소비를 통하여 성공과 권위를 과시하고 즐긴다고 파악하는 보드리야르는 이제 상품은 효용성으로 구분되지 않고, 지위와 위세를 드러내는 일종의 기호로서의 기능을 지닌다고 지적한다. 보드리야르에게 상품이 기호라면 상품의 의미는 성공을 비롯하여 권위, 행복, 안락, 여유, 풍요, 현대성 등 그 상품에 부여된 이미지가 된다. 그렇다면 후기 자본주의 사회에서 소비란 결국 한 개인의 사회적 존재를 인정받기 위한 물화(物化) 과정에 지나지 않는다.

다시 말해서 보드리야르는 주로 사회기호학의 관점에서 현대 사회의 특성을 밝히려고 한다. 현대 소비 사회를 1) 객관적 차원, 2) 주관적 차원, 3) 이데올로기적 차원 등 크게 세 관점에서 접근한다. 객관적 차원에서 상품은 효용 가치를 잃어버리고 오직 그 자체로서 구조를 지닌다. 다시 말해서 상품은 필요와 충족의 물질로서의 의미보다는 오히려 '시니피앙'으로 떠도는 기호로서 훨씬 더 큰 의미가 있다. 주관적 차원에서 상품은 실용적인 용도에서 벗어나 좀 더 심리적 측면에서 의미를 지닌다. 그리고 이데올로기적 차원에서 보면 상품은 광고의 절대적인 영향을 받는다. 여기에서 신문과 잡지를 비롯한 방송과 텔레비전 등 매스 미디어를 통한 광고는 그야말로 신과 같은 절대적인 힘을 발휘한다. 매스 미디어 못지 않게 호화롭게 꾸민 상점의 쇼윈도도 한몫을 맡는다. 보드리야르가 후기 자본주의 사회에서는 인간이 자신의 모습과 마주하는 장소였던 거울이 사라지고 그 대신 쇼윈도만이 존재한다고 밝히는 까닭이다. 쇼윈도를 통하여 개인은 자신을 비추어보는 것이 아니라 기호화된 대량의 사물을 응시할 따름이고, 이 과정에서 개인은 사회적 지위 등을 의미하는 기호 질서 속으로 흡수될 수밖에 없다.

이렇게 상품이 기호로 전락한 소비 사회에 대한 보드리야르의 시선은 그렇게 곱지가 않다. 물론 그는 기 드보르처럼 정치적으로 보나 경제적으로 보나 이미지의 소비가 물질 생산보다 중요하다고 생각한다. 또한 스펙터클과 소비 상품이 사회생활을 지배한다고 보는 점에서도 두 사람의 입장은 서로 비슷하다. 그러나 드보르를 비롯한 상황주의자들은 스펙터클과 소비자 사이에서 비판적 거리를 발견한다. 그리고 이러한 비판적 거리에서 그들은 사회 변혁의 가능성을 찾는다. 상황주의자들과는 달리 보드리야르는 이러한 사회 변혁의 가능성에 회의적인 입장을 취한다.

한편 보드리야르는 또 다른 관점에서 현대 문명의 병리 현상을 진단하기도 한다. 20세기 후반에 들어와 개인적인 삶과 공적인 삶, 주관적 자아와 객관적 세계 사이의 대립과 갈등이 이제 의미를 잃어버리게 되었다고 지적한다. 오히려 이 두 세계 사이에는 상호교환적이고 수평적인 관계가 이루어진다는 것이다. 그런데 이러한 관계가 가능하게 된 것은 바로 텔레비전의 화면이나 컴퓨터의 모니터 때문이다. 텔레비전 화면이나 컴퓨터 모니터는 이제 주체와 객체, 자아와 세계가 서로 만나는 일종의 '만남의 광장'에 해당한다.

이 점과 관련하여 보드리야르는 활자 매체를 중심으로 하는 과거 미디어와 텔레비전을 축으로 하는 현재 미디어를 엄격히 구분 짓는다. 과거 미디어에서는 실재(實在)를 거울처럼 재현하거나 표상하는 것을 중요한 목표로 삼고 있었지만, 현재 미디어에서는 실재보다는 더 현실처럼 보이는 실재, 즉 '초실재(하이퍼리얼리티)'를 만들어 내는 데 목표를 둔다고 주장한다. 특히 보드리야르는 현대 사회에서 텔레비전의 역할에 주목한다. 텔레비전은 이러한 초실재를 만들어 내는 이미지와 기호를 재생산하는 기계로서 현대 사회의 모든 영역에 걸쳐 엄청난 결과를 낳는다고 지적한다.

적어도 이렇게 텔레비전이나 컴퓨터 같은 매스 미디어의 중요성을 간파한 점에서 보드리야르의 이론은 이 무렵 캐나다 출신의 커뮤니케이션 이론가 마셜 맥루언이 펼친 이론과 비슷하다. "미디어는 곧 메시지"라고 부르짖는 맥루언은 활자 매체를 밀어내고 그 자리를 대신 차지한 전자 매체의 발달에 힘입어 이제 인간은 '전자 지구촌'을 건설할 수 있다고 자신감을 드러내었다. 지방분권적인 가상 공동사회라고 할 이 지구촌에서 인간은 이제 새롭게 사회적으로 결속하고 책임감을 느끼면서 공동 관심사에 참여할 수 있다. 맥루언은 1963년 존 케네디 대통령의 장례식 광경을 텔레비전이 전 세계적으로 방영하고 그 장면을 전 세계 시민이 텔레비전 앞에 앉아 지켜본 사건을 그러한 경우를 보여 주는 대표적인 예로 꼽는다.

그러나 보드리야르는 맥루언과는 달리 텔레비전을 비롯한 매스 미디어의 역할을 그렇게 긍정적으로 평가하지 않는다. 보드리야르에게 전자 지구촌은 맥루언이 주장하는 것처럼 그렇게 균형과 조화를 이루는 공동체가 아니다. 또한 매스 미디어는 그렇게 긍정적인 힘을 지니고 있지도 않다. 보드리야르는 매스 미디어가 참다운 의미의 의사소통을 불러오기는커녕 오히려 천박하고 수동적인 경험을 낳을 뿐이라고 지적한다.

이렇게 공적인 것과 개인적인 것, 주관적인 것과 객관적인 것의 구별이 별다른 의미를 지니지 못하는 상황에서는 보드리야르가 말하는 '가시성의 폭발' 현상이 일어나게 된다. 보드리야르는 이러한 가시성의 폭발을 두고 '외설'이라는 말로 부른다. 외설은 곧 우리의 삶 가운데 가장 은밀하고 내면적인 과정이 매스 미디어를 통하여 대중 앞에 그대로 적나라하게 노출될 때 일어난다. 이 점과 관련하여 그는 "이제 더 이상 스펙터클이나 장면이 존재하지 않을 때, 모든 것이 투명해져서 곧바로 가시적인 것으로 변할 때, 모든 것이 무자비할 만큼 정보와 커뮤니케이션의 빛에 노출될 때 바로 외설은 시작한다."92)라고 밝힌다.

그런가 하면 보드리야르는 후기 자본주의 사회의 또 다른 특징으로 '시뮐라시옹'의 개념을 도입하여 널리 유포시킨 이론가이기도 하다. 그의 대표작이라고 할 『시뮐라크르와 시뮐라시옹』(1981)에서 보드리야르는 현대 사회에 이르러 '모사된 실재'가 진짜 실재를 몰아내고 대신 그 자리를 차지하고 있다고 지적한다. 한마디로 현실보다 더욱 실제처럼 느껴지는 모사된 현실이 현대 사회의 중요한 특징이라는 것이다. 물론 인간의 삶이 진짜가 아닌 가짜, 진짜보다 더 진짜처럼 보이는 가짜의 지배를 받고 있다고 생각한 이론가는 보드리야르가 처음은 아니다. 이러한 입장은 까마득히 멀리 서구 철학사에서 이데아의 세계를 상정한 플라톤을 비롯하여 그 뒤 적지 않은 철학자들이 생각해 왔다. 다만 보드리야르는 이러한 생각을 극단적으로 밀고 나가 좀 더 정교하게 다듬었을 뿐이다.

흥미롭게도 1999년 미국 할리우드에서 만든 공상과학 영화 「매트릭스」는 보드리야르의 시뮐라시옹이나 시뮐라크르 개념과 맞닿아 있다. 인공 지능이 만들어 낸 가상 세계에서 살아가는 인간을 그린 이 영화는 가상 세계가 현실 세계보다 훨씬 더 실제적이고 그 가상 세계에서 인간은 어떠한 결핍을 느끼지 못하고 얼마든지 살아갈 수 있음을 잘 보여 준다. 그런데 이 영화에는 '네오'라는 이름을 지닌 해커 토머스 앤더슨(키아누 리브스 분)이 자신을 찾아온 고객에게 불법 소프트웨어를 숨겨 두었던 책을 꺼내드는 장면이 나온다. 그런데 이 책이 바로 보드리야르의 『시뮐라크르와 시뮐라시옹』이다.

보드리야르가 말하는 시뮐라크르란 현실 세계에서 실제로는 존재하지 않는 대상을 마치 존재하는 것처럼 만들어 놓은 인공물을 뜻한다. 원본이 없는 복제품 또는 원본에서 벗어나 원본보다 훨씬 더 현실적인 존재가 곧 시뮐라크르이다. 한편 '시뮐라시옹'은 시뮐라크르를 만들어 내는 과정이요 행위이다. 그렇다면 시뮐라크르는 시뮐라시옹의 결과물이라고 할 수 있다. 시뮐라시옹은 바로 「매트릭스」의 주인공 네오/토머스가 믿고 있는 것처럼 가상 현실과 초실재가 실재보다 더욱 실감나게 느껴지는 현상을 말한다. 그러나 보드리야르는 시뮐라시옹이나 시뮐라크르를 '거짓'과 혼동해서는 안 된다고 경고한다. 현대 사회에서는 진실과

거짓을 구분 짓는 것 자체가 더 이상 무의미하기 때문이다.

그런데 시뮬라크르는 흉내 낼 대상이 없거나 그럴 필요가 없는 이미지에 지나지 않는다. 이렇게 원본 없는 이미지가 그 자체로서 현실을 대체한다. 그런데도 이러한 현실은 이미지의 지배를 받게 되기 때문에 오히려 현실보다 훨씬 더 현실적인 것이 된다. 방금 앞에서 플라톤의 이데아 개념을 언급하였지만 그 개념을 빌려 말한다면, 삶의 실재가 이데아의 그림자가 아니라 오히려 이데아가 시뮬라크르의 그림자가 되는 셈이다. 그것은 허구이면서 동시에 실재보다 더욱 현실적이라는 점에서 초실재라고 할 수 있다. 그 대표적 실례가 어린이들을 위한 꿈동산인 디즈니랜드요 어른들을 위한 환상 공간인 라스베이거스이다. 이 두 장소는 상상과 가상의 공간이지만 세계에서 가장 영향력 있는 공간이다.

더 나아가 보드리야르는 미국이라는 나라 자체가 거대한 시뮬라시옹에 해당한다고 말하기도 한다. 그리하여 보드리야르는 "이미지는 아무런 실재와도 전혀 관련이 없다. 즉 이미지는 자신의 순수한 시뮬라크르에 지나지 않는다."라고 지적한다. 또한 "모든 사회생활을 지배하는 것은 실재의 원칙이 아니라 시뮬라시옹의 원칙이다."라고 밝히기도 한다.[93] 자크 데리다는 텍스트를 벗어나서는 아무 것도 존재하지 않는다고 지적하였지만, 보드리야르에게는 시뮬라시옹을 떠나서는 아무것도 존재하지 않는다. 그리하여 보드리야르는 극단적으로 실재가 이미지를 만들어 내는 것이 아니라 거꾸로 이미지가 실재를 만들어낸다고 주장하기에 이른다.

이렇게 현실 세계보다 가상 세계를 훨씬 더 실제적으로 파악하는 보드리야르의 태도는 1991년의 "걸프 전쟁은 일어나지 않았다."라고 주장하는 데에서 단적으로 엿볼 수 있다. 이러한 도발적인 주장은 그러지 않아도 포스트모더니즘이나 포스트모더니티를 달갑게 보지 않는 몇몇 사람에게 더할 나위 없이 좋은 빌미를 주었다. 전투에 참여한 군인들은 말할 것도 없고 어린이를 포함한 많은 민간인이 피를 흘려가며 죽고 부상을 당하였는데도 이라크 전쟁이 일어나지 않았다고 주장하는 것은 언뜻 보면 터무니없는 거짓말처럼 보이기 때문이다. 가령 크리스토퍼 노리스는 기다리기라도 한 듯 '포스트모더니즘과 지식인과 걸프전'이라는 부제를 붙인 『무비판적 이론』(1992)이라는 책을 출간하여 좁게는 보드리야르, 넓게는 포스트모더니즘을 향하여 비판의 칼날을 들이댄다. 보드리야르를 비롯한 포스트모더니스트들이 객관적 진리와 가치 평가를 포기하고 있다고 싸잡아 공격의 화살을 퍼붓는 것이다.

그러나 노리스처럼 보드리야르와 포스트모더니즘을 공격하는 이론가들은 보드리야르가 구사하는 수사(修辭) 전략을 제대로 파악하지 못한다는 비난을 면하기 어렵다. 바보가 아닌 이상 어린아이라도 알 만한 엄연한 역사적 사건을 이렇게 부정할 리가 없을 것이다. 더구나 서구 철학과 역사를 꿰뚫고 있다시피 하는 보드리야르 같은 지식인이 그렇게 터무니없는 주장을 한다는 것 자체만 보아도 그의 의도가 다른 데 있다는 사실을 알 수 있다. 1991년 《리베라시옹》 잡지에 세 차례에 걸쳐 기고한 논문을 단행본으로 묶은 『걸프전은 일어나지 않았다』(1996)라는 책에서 보드리야르는 장 지라두의 희곡 『트로이 전쟁은 일어나지 않을 것이다』(1935)에서 그 제목을 빌려온다.

보드리야르가 이렇게 반어법을 구사하여 걸프 전쟁이 벌어지지 않았다고 주장하는 데에는 두말할 나위 없이 그럴 만한 까닭이 있다. 1991년의 걸프 전쟁은 전쟁의 양상이나 스타일에서 그 이전에 일어난 전쟁들과는 판이하게 다르다. 흔히 '포스트모던 전쟁'이라고 일컫는 걸프전은 아군과 적군 사이에서 벌어진 실제 전투라기보다는 레이더와 텔레비전 스크린에 이미지로써만 일어난 전쟁이다. 또한 걸프전에 관한 군사적 판단과 결정은 정보원이 눈으로 직접 목격한 정보가 아니라 지도와 이미지 그리고 뉴스를 통하여 얻은 정보를 기초로 이루어졌다.

더구나 보드리야르는 걸프전이 미국의 일방적 전투였다는 사실에 주목한다. 이 전쟁에서 사망한 미군 병사의 수는 평화 시에 고향에서 교통사고로 사망한 수보다 적었다는 사실은 이 점을 뒷받침한다. 이 전투에서 이라크 사람들은 무려 2만 명 가량이 사망하였지만 미군은 겨우 70명밖에는 사망하지 않았다. 이라크 군대는 전통적인 전투를 벌이고 있었지만 미군과 미국이 이끄는 연합군은 '가상 전쟁'을 벌이고 있었다. 물론 이러한 과정에서도 엄청난 폭력과 만행이 일어났지만 전통적 의미의 전쟁 자체는 일어나지 않은 것과 다름없었다. 그러므로 걸프전은 전쟁으로 볼 수 없고 다만 전쟁을 가장하고 있는 만행을 보아야 한다고 보드리야르는 주장한다. 다시 말해서 걸프전이 일어나지 않았다는 뜻이 아니라 다만 '전통적인 의미의 전쟁'이 일어나지 않았다는 뜻이다. 또한 이 전쟁은 매스컴이 일방적으로 보도하는 방식으로는 일어나지 않았다는 말이다.

미국 CNN 방송이 뉴스를 통하여 전 세계에 중계한 이라크 전쟁을 보면 보드리야르의 주장이 그렇게 틀리지 않다는 사실이 밝혀진다. 이 방송에서는 걸프전에 관한 정보가 넘쳐나면서 모든 상황을 예측하여 이른바 '전쟁 시나리오'를 미리 만들어 놓았다. 이 방송의 뉴스는 실제 사건을 객관적으로 보도하기보다는 이 전쟁 시나리오에 부합하는 사실만을 보도하였다. 궁극적으로 이라크 전쟁은 시뮬라시옹의 세계가 만들어 낸 결과물이었고, 이 전쟁에 관한 CNN 보도는 결과적으로 '실재의 소멸'을 가져왔던 것이다.

보드리야르가 이 책에서 주장하는 것 중의 하나는 지금까지 실재라고 간주해 오던 것이 따지고 보면 그 실재의 이미지에 지나지 않는다는 점이다. 그는 텔레비전 앞에 앉아 있는 시청자들이 "정보의 가면무도회, 즉 이미지의 매춘, 알기 어려운 고통의 이미지에 넘겨 준 소인이 찍힌 얼굴들"을 볼 따름이라고 지적한다.[94] 그는 이 전쟁이 실제 전투보다 훨씬 더 현실적이라는 사실을 지적하기 위하여 짐짓 이렇게 과장법을 구사한다. 보드리야르의 관점에서 보면 걸프전은 구체적인 사회적 공간과 역사적 시간에 일어난 실제 사건이라기보다는 오히려 가상 세계에서 일어나는 초실재에 해당한다. 그런데 초실재는 실재를 재현하거나 표상하는 것이 아니라 다만 실재를 대체할 뿐이라는 그의 지적대로 걸프전은 실제 전투를 이미지로 대체한 전쟁에 지나지 않는다. 걸프전이 일어나는 사건이 실재가 아니라 '초실재'이듯이 전쟁이 벌어지는 공간은 구체적인 역사적 공간이 아니라 '초공간(하이퍼스페이스)'일 뿐이다.

텔레비전이 세계에서 벌어지는 객관적 사실에 이렇다 할 관심이 없다는 것은 보드리야르에 앞서 이미 움베르토 에코가 지적한 적이 있다. 「1980년대 네오-TV 안내」라는 논문에서 에코는 일찍이 이제 텔레비전이 자신에게 너무 깊이 빠져 있는 탓에 외부 세계에 등을 돌리고 있는 것과 다름없다고 지적하였다. 그러면서 이렇게 달라진 텔레비전을 '네오-TV'라고 부른다. 토크쇼를 비롯하여 게임이나 퀴즈 쇼, 온갖 시상식 중계, 텔레비전 제작에 관한 다큐멘터리 등을 보면 에코의 주장이 그렇게 틀리지 않다는 것이 밝혀진다. 그렇다면 CNN 방송의 걸프전 중계도 이러한 현상을 반영한 것에 지나지 않는다.

이렇게 역사적 사건이 초실재와 초공간의 특징을 지니기는 비단 전쟁에 그치지 않는다. 10여 년 전 미국 매스컴을 떠들썩하게 한 미식 축구선수 O. J. 심슨 재판도 걸프전과 크게 다르지 않다. 돈과 권력, 대중의 우상으로 떠오른 스포츠 스타, 인종차별 문제, 가정 폭력 등이 함께 어우러진 20세기 최대의 스캔들로 꼽히는 이 재판은 매스컴이 연출해 낸 한 편의 흥미진진한 드라마와 다름없었다. 이 심슨 재판 사건은 흔히 '언론 서커스'라고 일컬을 만큼 법원 못지 않게 매스컴이 한몫을 톡톡히 하였다.

예를 들어 흑인 지도자들은 이 사건을 보도하는 시사주

간지 《타임》이 심슨의 수배 사진을 실으면서 컴퓨터 조작을 통하여 의도적으로 그의 피부색깔을 본래보다 검게 하였으며 범행 당시에는 기르지도 않은 수염을 짧게 만들어 넣었다고 항의하였다. 두말할 나위 없이 심슨을 좀 더 범인처럼 보이게 만들기 위한 의도라는 것이다. 또한 재판이 벌어지는 기간 동안 거의 날마다 텔레비전으로 중계된 재판은 심지어 법과 정의도 한낱 미디어 사건으로 전락할 수 있다는 사실을 여실히 보여 주었다. 이 재판은 객관적 사실 여부를 떠나 이 재판에 참석한 사람들의 과장된 연출이 적잖이 영향을 끼쳤다. 피해자 가족 측과 심슨 측 증인들을 비롯하여 심슨 변호인단들과 그를 기소한 검사들, 그리고 텔레비전 저널리스트들이 하나같이 마치 영화나 연극에 등장하는 배우처럼 분장을 하고 역할 연기를 하였다. 한마디로 이 재판에 관여한 사람들은 거의 대부분 미디어를 통하여 여론을 조작하는 데 온 힘을 기울였다. 이러한 과정에서 정의를 심판하는 재판은 뒷전으로 물러나고 그 대신 매스컴의 현란한 이미지가 전면에 부각되었다.

그뿐만 아니라 이 재판은 상업적으로 이용하는 사람들이 생기면서 더더욱 본질에서 멀어져갔다. 가령 심슨 사건의 주요 인물들의 얼굴을 새겨 넣은 T셔츠나 니콜 브라운이 칼에 찔린 모습을 담은 종이인형, '정의를 믿는 판사'라는 슬로건과 함께 담당판사의 얼굴을 담은 사진 등을 길거리에서 파는 행상이 적지 않았다. 이 밖에도 'O. J. 쿠키', 'O. J. 목욕세트', 'O. J. 위장용 화장품' 등 심슨 사건을 상품으로 만들어 파는 사람도 있었다. 그런가 하면 이들 중에는 이 살인 사건을 경종으로 삼아 올바른 길을 가도록 군중을 상대로 길거리에서 설교를 하는 떠돌이 목사도 있었다.

8 '타자'의 정치학

제2차 세계대전 이후 부쩍 계급, 성, 인종, 그리고 자연을 둘러싼 문제가 가장 중요한 의제로 떠오르기 시작하였다. '타자(他者)'의 위치에 놓여 있던 사람들이 그동안 권력의 중심부에서 힘을 행사하던 '동일자(同一者)'에 대하여 적잖이 도전하기 시작하였다. 이러한 과정에서 이론적 동력을 마련해 준 것이 바로 포스트구조주의와 포스트모더니티를 포함한 포스트모더니즘이다. 포스트모더니즘이 부르짖는 메시지는 계몽주의의 유산인 권위와 보편주의에 대한 비판이다. 적어도 이 점에서 포스트모더니즘은 해방의 메시지라고 보아도 크게 틀리지 않다.

자크 데리다와 미셸 푸코를 비롯한 이론가들은 동일자와 타자 사이에 놓여 있던 높다란 장벽을 허무는 데 크게 이바지하였다. 그들은 하나같이 중심부에서 변방으로 밀려난 주변의 사람들, 지식과 권력의 이데올로기에 종속된 사람들에게 깊은 관심을 기울인다. 그들에 따르면 지배 이데올로기란 궁극적으로 기득권을 지니고 있는 사람들을 위한 것으로 현 상태를 계속 유지하려는 '음모'에 지나지 않는다.

푸코의 영향을 받은 팔레스타인 출신의 미국 이론가 에드워드 사이드는 『오리엔탈리즘』(1978)과 『문화와 제국주의』(1993) 같은 책에서 서구 제국주의의 이데올로기가 그동안 어떻게 동양 사회를 지배하는 도구로 사용되어 왔는지를 밝혀내었다. 사이드가 말하는 '오리엔탈리즘'이란 유럽중심주의에 입각하여 19세기 서구 제국주의가 만들어낸 지배 전략의 한 이데올로기이다. 이러한 이데올로기에 따라 서양 사람들은 자신들을 합리적이고 계몽주의의 세례를 받은 '빛의 자녀'라고 생각하는 한편, 동양 사람들에 대해서는 아직도 무지와 미신의 감옥에 갇혀 있는 '어둠의 자식'이라고 간주하기 일쑤였다. 그리고 이것을 구실로 삼아 비유럽 국가를 식민지로 삼고 그 국민을 식민지 주민으로 삼기 일쑤였다.

사이드는 귀스타브 플로베르를 이러한 경우를 보여 주는 좋은 예로 꼽는다. 플로베르는 이집트에서 한 창녀와 잠자리를 같이한 뒤 프랑스에 있는 정부(情婦) 루이즈 콜레한테 보낸 편지에서 "동양 여자는 기계와 다름없다. 동양 여자는 한 남자를 다른 남자와 구별하지 않는다."라고 밝힌다. 그 뒤 플로베르는 여러 소설을 통하여 동양 여성에 대한 그릇된 관념을 유럽 독자들에게 널리 유포하는 데 크게 이바지한다. 그러나 이 쿠축 하넴이라는 이집트 여성의 입장에서 보면 플로베르의 주장은 터무니없이 과장되어 있음에 틀림없다. 단 한 명의 여성과, 그것도 단 하룻밤 잠자리를 같이한 경험을 기초로 동양 여성을 일반화시키고 있기 때문이다. 이 에피소드를 보더라도 보편적 진리는 불가능하고 상대성은 우리의 운명이라는 사실을 새삼 깨닫게 된다.

그런데 사이드가 『오리엔탈리즘』에서 말하는 동양이란 "빛은 동방에서"에서 말할 때의 바로 그 동방이다. 여기에서 빛이란 방금 앞에서 밝힌 원시와 야만의 어둠을 밝힌 문명의 빛을 말한다. 또한 동방이라면 흔히 아시아를 생각하지만, 이 말은 본디 로마를 기준 삼아 동쪽을 뜻하는 것으로 서아시아, 즉 오늘날의 중동 지방을 가리킨다. 좀 더 좁혀 말하면 티그리스 강과 유프라테스 강이 만나는 메소포타미아를 뜻한다. 서양 사람들은 로마의 서쪽에 해당하는 동방에는 좀처럼 관심조차 두지 않았다. 기껏해야 인도를 언급할 뿐이었고, 그곳에 대한 언급도 중동 지방 못지않게 부정적이다. 가령 영국의 소설가 E. M. 포스터는 『인도로 가는 길』(1924)에서 인도 사람들을 여간 업신여기지 않는다.

중국과 일본 그리고 한국을 비롯한 동북아시아에 이르면 사정은 더더욱 말이 아니다. 예를 들어 미국 작가 브렛 하트는 「진실한 제임스가 전하는 솔직한 말」이라는 작품에서 중국인을 두고 음흉하고 남을 잘 속이는 사람으로 묘사한다.

> 내 이 이야기를 전하고 싶네
> 또한 내가 쓰는 말은 평범하다네
> 음흉한 방법, 헛된 속임수로 말하자면
> 이교도 중국인은 유별난 데가 있다는 것을.[95)]

흔히 '이교도 중국인'이라는 제목으로 더욱 잘 알려진 하트의 이 작품은 19세기 중엽 미국은 말할 것도 없고 전 세계적으로 널리 알려질 만큼 큰 인기를 끌었다. 하트는 이 작품에서 캘리포니아 광산에서 일하는 미국인 두 광부 빌 나이와 '진실한' 제임스가 '순박한' 중국인 아신과 카드게임을 벌이고 이 게임에서 두 백인이 중국인의 속임수에 넘어가 돈을 모두 잃는다고 노래한다. 그런데 이 작품은 어느 작품보다도 좁게는 중국계 이민자, 넓게는 아시아계 이민자에 대한 편견을 널리 전파하는 데 크게 이바지하였다. 또한 한국계 미국 작가 박노영(鮑訣榮)이 『서구의 후퇴』(1937)라는 저서에서 지적하듯이 백인들은 흔히 중국인들을 "'시무룩하고 말이 없는, 반은 악마이고 반은 어린아이' 같은 야만인들"로 간주하였다.

이러한 편견이나 비하는 비단 중국 사람에 그치지 않고 한국 사람에 대한 태도에서도 마찬가지로 엿볼 수 있다. 미국 작가요 저널리스트인 잭 런던은 1904년 《허스트》 지(紙) 신디케이트 종군기자 자격으로 러일전쟁을 취재하기 위하여 조선에 온 적이 있다. 일본군을 따라 러일전쟁을 취재하면서 런던은 전쟁 관련 기사보다도 조선의 여러 모습을 그린 기사를 써서 더욱 큰 관심을 끌었다. 그런데 조선인에 대하여 그가 쓴 기사 내용이 적잖이 부정적이다. 가령 런던은 "조선인은 섬세한 용모를 갖추고 있다. 그러나 중요한 힘이 빠져 있다. 좀 더 씩씩한 인종과 비교해 보면 한국인은 기개가 없고 여성스럽다. 예전에는 용맹을 떨쳤지만 몇 세기에 걸친 집권층의 부패로 점차 용맹성을 잃어버리게 된 것이다.'"[96]라고 밝힌다.

이렇게 동양 사람들을 '야만인'이라고 보거나 '여성적'이라고 보는 것은 어디까지나 서구인이 동양인에 대하여 가지고 있는 편견이요 오해이다. 지금까지 서구인은 흔히 이러한 편견과 오해를 통하여 동양인을 지배하고 정복하는 구실로 삼아 왔다. 포스트모더니즘 이론가들은 인종과 관련한 이러한 편견과 오해는 마땅히 청산하여야 할 유산이라고 지적한다. 다문화주의가 그 어느 때보다 중요한 덕목으로 인정받는 지금 유색 인종을 타자로 간주하는 태도는 바람직하지 않을 뿐더러 가히 시대착오적이라고 할 만하다.

포스트모더니즘이 서구 오리엔탈리즘의 이데올로기를 해체하고 그것에 도전한다면, 포스트모더니즘은 그동안 가부장 질서의 감옥에 갇혀 있던 여성을 해방시키는 데에도 이론적 근거를 마련해 준다. 인류의 절반을 차지하는 여성은 동일자인 남성에 대하여 그동안 타자로서밖에는 제대로 대접을 받아 오지 못하였다. 이러한 남성 중심의 계급 질서에 의문을 품고 여성을 남성과 동일한 반열에 올려놓으려고 하는 운동이 바로 페미니즘이다. 무엇보다도 남성과 여성의 성차별을 가장 중심적인 의제로 삼는 페미니즘은 폭군과도 같은 남성의 지배와 억압 그리고 착취로부터 여성을 해방시키려고 하는 데 목표를 둔다.

그런데 페미니즘 이론가들은 남성의 여성 지배와 억압 그리고 착취의 근본 원인을 다름 아닌 가부장제 탓으로 돌린다. 지난 수천 년 동안 남성들은 자신들이 유리한 위치를 차지하는 한편, 여성들에게 여러모로 불리한 사회 제도나 인습을 만들어 내었다. 페미니즘을 본격적인 궤도에 올려놓는 데 크게 이바지한 미국 이론가 케이트 밀레트는 "군대 · 산업 · 기술 · 대학 · 과학 · 공직 · 재정 — 한마디로 경찰의 공권력을 포함하여 사회의 모든 권력 수단이 전적으로 남성의 손아귀에 놓여 있다."97)라고 불만을 털어놓은 적이 있다.

실제로 여성은 정치적 · 사회적 측면에서는 말할 것도 없고 경제적 · 문화적 측면에서도 남성보다 여간 불리한 입장에 놓여 있지가 않다. 페미니즘은 바로 이렇게 남성 쪽으로만 기울어 있는 저울의 잣대를 다시 평형 상태로 돌려놓으려고 한다. 한마디로 페미니즘은 가부장제의 굴레에서 여성을 풀어 버리려고 하는 사상이요 이론이다. 그동안 가부장제라는 괴물이나 악한한테 포로가 되어 있던 여성을 구출하려고 한다는 점에서 페미니즘은 가히 영웅적이라고 할 만하다. 그런데 여기에서 여성을 구출해 내는 사람은 왕자 같은 남성이 아니라 오히려 여성 자신들이다.

동일자와 타자 사이의 벽을 허무는 포스트모더니즘 이론가들은 이러한 남성의 편견에 비판의 칼날을 들이댄다. 서구 페미니즘의 대모(大母)라고 할 시몬 드 보부아르는 말할 것도 없고 미셸 푸코와 자크 라캉 그리고 자크 데리다 같은 남성 이론가들마저 남성과 여성 사이에는 별다른 차이가 없다고 지적한다. 보부아르는 일찍이 『제2의 성』(1949)에서 "우리는 여성으로 태어나는 것이 아니라 여성으로 만들어질 따름이다."98)라고 말하였다. 이렇게 그녀는 생물학적 성별과 사회-문화적 성차를 서로 엄격히 구분 짓는다.

푸코는 비록 여성이나 성차 문제를 본격적으로 다루고 있지는 않지만 권력과 육체 그리고 성(性)의 관계를 밝힘으로써 페미니즘이 발전하는 데 크게 이바지하였다. 라캉은 여전히 지그문트 프로이트의 남근중심주의의 그늘에서 벗어나지 못하면서도 성차의 편견과 여성에게 부과된 역할을 분석함으로써 페미니즘에 길을 열어놓았다. 그런가 하면 데리다는 한 인터뷰에서 자신을 페미니스트라고 생각하느냐는 물음에 그렇다고 대답한다. 그는 자신이 지금까지 해 온 작업의 대부분이 남근중심주의의 해체를 하는 일이었다고 밝힌다. 그러면서도 데리다는 일부 페미니즘 이론가들이 단순히 남녀의 계급 질서를 전복하려고 하는 태도를 못마땅하게 생각한다. 그러한 태도는 그동안 남성이 저지른 과오를 이번에는 여성 쪽에서 범하는 것이 되기 때문이라는 것이다.[99] 데리다는 말(음성 언어)/글(문자 언어)의 이항 대립을 해체하려고 할 뿐 말을 밀어내고 그 자리에 글을 세우려고 하지 않는다. 마찬가지로 남성/여성의 이항 대립의 폭력적 계급 조직을 해체하되 남성보다 여성에게 가치를 두려고 하지 않는다.

물론 페미니즘을 포스트모더니즘이나 포스트모더니티와 연관시키는 것을 경계하는 이론가들이 없지 않다. 페미니즘은 다른 '이즘'이나 '주의'와는 달라서 어쩔 수 없이 정치적인 성격을 띠지 않을 수 없을 것이다. 이러한 정치성이야말로 페미니즘의 영혼이요 생명이라고 할 수 있기 때문이다. 영국 이론가 크리스 위든은 한마디로 "페미니즘은 정치이다. 그것은 사회에서 여성과 남성의 권력 관계를 바꾸는 데 관심을 쏟는다."[100]라고 잘라 말한다. 이러한 태도는 다른 페미니즘 이론가들한테서 쉽게 엿볼 수 있다. 가령 로빈 워홀과 프라이스 헌들은 이러한 정치성을 페미니즘의 가장 뚜렷한 특징으로 꼽는다.

> 페미니즘 비평가들은 여성 억압이 엄연한 삶의 한 사실이라는 점, 성차(性差)는 문학 텍스트와 문학사에 그 흔적을 남긴다는 점, 그리고 페미니즘 비평이 텍스트 바깥 세계의 그러한 억압을 종식시키기 위한 투쟁에서 중요한 역할을 한다는 점에서 보통 의견이 일치한다. (……) 페미니스트들은 언제나 드러내 놓고 정치적 활동에 종사하여 학문 안과 학문 밖에 존재하는 권력 구조를 바꾸는 데 늘 노력을 아끼지 않는다. 페미니즘의 분명한 정치적 성격이야말로 어쩌면 페미니즘의 연구의 가장 뚜렷한 단 한 가지 특성일 것이다.[101]

몇몇 이론가들은 페미니즘이 이렇게 정치와는 떼려야 뗄 수 없을 만큼 깊이 연관되어 있기 때문에 포스트모더니즘과는 이렇다 할 의미가 없다고 지적한다. 가령 주디스 버틀러나 세일러 벤허빕 같은 학자들은 포스트모더니티나 포스트구조주의를 비롯한 포스트모더니즘 이론이 여성 해방을 실천하는 데에는 무력하며, 오히려 여성 해방의 이론적 기초를 위태롭게 한다고 지적한다. 포스트모더니즘이 급진적 사회 변혁을 불러오는 데에는 별다른 효과가 없다는 것이다. 그러나 가시적인 효과를 기대할 수 없을는지는 몰라도 포스트모더니즘이 페미니즘에 끼친 영향은 부정할 수 없다.

그런가 하면 포스트모더니즘은 환경 문제와도 깊이 연관되어 있다. 20세기 후반에 들어와 그동안 근대화나 산업화의 한계가 뚜렷하게 그 모습을 드러내기 시작하였다. 지구 온난화 문제가 이제는 누구나 피부로 느낄 만큼 아주 심각한 단계에 이르렀다. 그동안 환경 과학자들이 예측한 것보다 훨씬 빠르게 지구가 종말을 향하여 치닫고 있다. 이대로 가다가는 지구라는 타이타닉 호는 금세기를 넘기지 못하고 침몰하게 될는지도 모른다. 비관적으로 보는 과학자들은 2050년경을 지구 멸망의 해로 보기도 한다. 이 무렵이 되면 화석 연료인 석유가 모두 고갈되고 지구에서 허파 구실을 하는 열대우림이 모두 파괴되는 시점이기 때문이다. 종이 한 장 쓰고 커피 한 잔 마시는 것도 이제 환경 문제와 관련지어 생각하지 않을 수 없는 단계에 이르렀다. 요즈음 뭇사람들의 입에 자주 오르내리는 '생태학적 상상력'이라는 용어는 자연 파괴와 환경오염 그리고 생태계 위기 등의 문제를 무엇보다도 가장 중요한 의제로 삼으려는 태도를 가리킨다.

자연 파괴와 환경 오염은 18세기 계몽주의나 모더니티와 맞물려 있다. 계몽주의의 깃발 아래 근대화와 산업화의 과정에서 발전과 진보라는 이름 아래 인간은 자연을 무참하게 파괴하였으며, 그 결과 심각한 생태계의 불균형과 공해 문제에 맞부딪혔다. 이렇게 자연이 훼손되고 환경이 파괴된 것은 모더니티에서 융숭한 대접을 받던 이항 대립 때문이다. 이항 대립은 마치 작둣날과도 같아서 모든 것을 두 쪽으로 쪼개 버리는 속성이 있다. 인간이 자연을 타자로 간주하는 한, 더 나아가 자연을 지배나 착취의 대상으로 간주하는 한 자연 파괴와 환경오염은 불을 보듯 뻔하다. 그러나 인간 중심주의에 강한 의혹의 눈길을 보내는 포스트모더니티에서는 동일자인 인간과 타자인 자연 사이에 놓여 있는 높다란 장벽을 허물어 버리려고 한다. 인간도 궁극적으로 자연의 일부라는 사실을 받아들이기 시작하는 것이다.

생태 문제는 자연스럽게 문명 비판으로 이어진다. 프랑스의 인류학자 피에르 클라스트르는 인류학자답게 문명 사회보다는 오히려 원시 사회에 깊은 관심을 기울인다. 그에 따르면 원시인이나 야만인의 고대 사회는 과학과 기술의 발전이나 역사 발전을 믿는 현대 사회와는 거의 모든 면에서 다르다. 원시인들은 부지런히 땀을 흘려 재산을 모으고 그것을 늘리기보다는 삶을 놀이로서 즐기며 살려고 하였다. 현대인들이 무엇인가를 만들어 내기 위하여 살고 있다고 한다면, 원시인들은 오히려 살기 위하여 무엇인가를 만들어 낸다고 할 수 있다. '경제를 거부하는 사회'니 '생존 경제의 사회'니 '여가의 사회'니 하는 용어들은 하나같이 이러한 원시인 사회를 가리키는 말이다.

또한 클라스트르는 원시 사회 사람들이 문명인처럼 문자를 사용하지 않았다는 점에 주목한다. 원시인들한테는 오직 일상생활에서 의사소통을 위한 구어만이 있을 따름이었다. 이렇게 현대적 의미의 경제에 무관심하고 문자가 없는 원시 사회에서는 국가도 없고 권력의 지배자도 있을 수 없게 마련이다. 물론 부족의 추장 같은 인물이 있었지만 그는 현대 사회의 권력자처럼 피지배자 위에 군림하지 않았다. 이러한 사회에서는 유식한 사람과 무식한 사람, 다스리는 사람과 다스림을 받는 사람의 구별은 실제로 이렇다 할 의미가 없다. 클라스트르는 이러한 원시 사회를 긍정적으로 평가함으로써 궁극적으로는 현대 문명 사회의 병폐를 지적하려고 하였던 것이다.

결론
포스트모더니즘을 넘어서

모더니즘의 대모(代母)라고 할 버지니아 울프는 19세기 후반 서구 세계를 휩쓸던 리얼리즘이 "1910년 12월이나 그즈음에" 사망하고 모더니즘이 탄생하였다고 밝혔다. 이 시기를 분수령으로 인간의 성격이 변하고 주인과 노예, 남편과 아내, 부모와 자식 등 모든 인간관계가 크게 달라졌다고 말한다. 그로부터 반세기가 지난 뒤 포스트모더니즘 건축 이론가 찰스 젱크스는 그 특유의 해학과 기지로 20세기 전반 제왕처럼 군림하던 모더니즘이 마침내 "1972년 7월 15일 오후 3시 32분"에 종말을 고하였다고 지적하였다. 그렇다면 포스트모더니즘은 바로 1972년 7월 중순경에 태어난 셈이다.

그런데 젱크스가 마치 로켓 발사 시간을 측정하듯 이렇게 정확하게 언급하는 이 시간은 바로 미국 미주리 주 세인트루이스에 있는 프루이트-아이고 아파트 건물이 다이너마이트 폭파로 붕괴된 시점이다. 1955년 일본계 미국 건축가 미노루 야마자키가 설계한 이 14층 아파트 복합 건물은 그동안 모더니즘 건축물의 상징으로 찬사보다는 오히려 비판을 많이 받아 왔다. 특히 주변 환경을 무시하고 오로지 기능주의를 강조한 비인간적인 건물로 낙인이 찍히면서 따가운 시선을 받았다. 야마자키는 뒷날 뉴욕시 월드트레이드 센터 건물을 설계한 사람이다. 그러고 보니 이 두 건물의 붕괴는 20세기와 21세기 역사에서 자못 큰 상징적 의미가 있다.

그렇다면 태어난 지 반세기 가량이 지난 포스트모더니즘의 운명은 과연 어떠한가? 지금까지 몇몇 이론가들이 포스트모더니즘의 죽음을 조심스럽게 언급해 왔다. 그러나 2001년 9월 11일 이슬람 테러 집단에 의한 월드트레이드 센터 붕괴 사건은 포스트모더니즘에 그야말로 치명적인 일격을 가하였다. 이 사건이 일어난 지 두 주일 뒤 미국의 시사주간지 《타임》에 실린 글에서 로저 로즌블래트는 포스트모더니즘에 종말을 선언하였다.

> 이 끔찍스런 사건에서 한 가지 좋은 일이 생길 수 있었다. 즉 '아이러니 시대의 종말'을 초래할 수 있었던 것이다. 지난 30여 년 동안 — 줄잡아 트윈타워가 서 있던 동안 — 미국의 지성계를 책임지던 선량한 사람들은 아무 것도 믿을 수 없거나 아무 것도 진지하게 받아들일 수 없다고 주장해 왔다. 실제적인 것이라고는 아무것도 없다고 말이다. (……) 그러나 이제 더 이상 그렇게 주장할 수 없게 되었다. 월드트레이드 센터와 펜타곤 건물을 들이박은 비행기들은 실제적인 것들이었다. 화염과 연기와 사이렌 소리는 실제적인 것들이었다. 회색 먼지로 뒤덮인 풍경과 길거

리의 침묵은 모두 실제적인 것들이었다.[102]

이 인용문에서 로즌블래트가 말하는 '아이러니 시대'는 다름 아닌 포스트모더니즘을 말한다. 지금까지 인류 역사는 예수 그리스도가 태어난 기원전과 기원후로 구분되었지만, 앞으로는 '9 · 11 사건'이 일어난 그 이전과 그 이후로 구분될 것이라고 주장하는 학자도 있다. 그만큼 이 사건은 인류 역사에서 엄청난 사건으로 기록된다. 이렇게 엄연한 역사적 사건이 일어났는데도 포스트모더니즘 이론가들이 '초현실'이니 '해체'니 '주체의 죽음'이니 하고 주장한다는 가히 시대착오적이라는 것이다. 로즌블래트 같은 이론가들의 눈에는 포스트모더니스트들은 로마가 활활 불타고 있는데 리라를 타고 있는 네로 황제와 비슷하게 보일는지도 모른다.

이렇게 종말론적 메시지는 아니더라도 이제 포스트모더니즘 시대를 넘어서 이미 '포스트-포스트모더니즘' 시대에 접어들었다는 소리를 가끔 듣는다. 가령 덴마크의 코펜하겐 미래학 연구소장인 롤프 얀센은 포스트모더니즘에 종말을 선고하는 가장 대표적인 이론가 가운데 한 사람이다. 21세기의 문턱을 막 넘어서기에 앞서 출간한 『드림 소사이어티』(1999)라는 책에서 얀센은 정보 사회 이후에 다가오는 새로운 사회를 '꿈의 사회'라고 규정짓는다. 이 꿈의 사회에서는 상품을 사고파는 것이 아니라 상품에 든 이야기이요 문화라고 할 '꿈'을 사고팔게 된다고 지적한다.

이 '꿈의 사회'를 설명하기 위하여 얀센이 만들어 낸 신조어가 바로 요즈음 심심치 않게 듣게 되는 '컬덕트'의 개념이다. 문화를 뜻하는 'culture'와 제품을 뜻하는 'product'라는 영어를 결합하여 만든 용어로 흔히 우리말로 '문화융합상품'이라고 옮기는 컬덕트는 "특정 문화나 문화 집단의 상징으로 간주하는 제품이나 서비스"를 가리킨다. 물론 이 컬덕트 현상은 고전적 정치 경제학으로는 설명할 수가 없다. 가령 입고 있는 옷과 별로 어울리지 않는데도 루이비통 명품 가방을 걸치고 맛이 쓴데도 스타벅스 커피를 마시는 젊은이들에게 상품은 이제 더 이상 사용 가치나 교환 가치로서의 의미가 없다. 다시 말해서 젊은이들은 이제 가방이나 커피라는 상품이 아니라 루이비통이나 스타벅스라는 브랜드가 지니는 상징을 소비하는 것이다. 코카콜라는 단순한 청량음료가 아니라 젊음을 상징하고, 나이키는 한낱 운동화가 아니라 스포츠정신을 상징한다.

그러나 얀센이 상정하는 새로운 사회는 따지고 보면 여러모로 포스트모더니티 사회와 크게 다르지 않다. 컬덕트의 개념은 결국 장 보드리야르가 말하는 '기호의 소비' 개념을 새롭게 포장한 것에 지나지 않는다. 여기에서 "실재가 이미지와 기호의 안개 속으로 사라져버린다."라는 보드리야르의 말을 다시 한번 떠올릴 필요가 있다. 얀센의 컬덕트는 여전히 기호와 상징의 힘에 의존하고 있다. 또한 미국의 미래학자인 제러미 리프킨도 앞으로 각광을 받게 될 사업은 이전처럼 상품과 서비스를 판매하는 것이 아니라 다양하고 광범위한 문화적 체험을 판매하는 것이 될 것이라고 이미 지적한 적이 있다.

한편 글로벌화가 점차 쇠퇴하고 새로운 형태의 민족주의가 고개를 처들기 시작한다는 사실에서 포스트모더니즘의 쇠퇴를 찾으려는 이론가들도 있다. 글로벌화는 선진국에게는 정치적 패권과 경제력을 확장할 수 있는 더할 나위 없이 좋은 기회였는지 모르지만 제3세계 국가한테는 여전히 그림의 떡이요 병풍 속의 닭이었다. 지구촌 구석에 살고 있는 몇몇 민족에게는 세계무대에 참여할 수 있는 좋은 기회이기는커녕 오히려 그동안 누리던 안정과 자치권마저 상실하는 계기가 되었다.

몇몇 이론가에 따르면 컴퓨터 보급과 인터넷 기술의 발달에 힘입어 그동안 세계화를 향하여 숨가쁘게 치닫던 세계가 이제 새로운 민족주의나 국가주의 시대로 접어들고 있다. 겨우 10여 년 전만 하여도 아시아와 남아메리카 그리고 러시아는 금융위기를 맞아 국제통화기금과 세계은행의 도움을 받고 살아났고, 미국은 새로운 국제 무역 협상을 추진하는 등 글로벌화의 물결이 이어졌다. 그러나 이제는 해외 투자에 대한 국가 사이의 장벽이 높아지고 석유와 가스를 중심으로 국영 기업들이 확대되는가 하면, 미국이나 인도에서도 볼 수 있듯이 이민에 대한 규제도 날이 갈수록 강화되고 있다. 다시 말해서 토머스 프리드먼이 천명한 "세계는 평평하다."라는 메시지가 점점 빛을 잃어가고 있다.

이렇게 국가의 영향력이 커지는 것은 국부펀드의 확산에서도 엿볼 수 있다. 아시아와 중동의 국부펀드들은 미국과 유럽의 금융 기관들에 자금을 대고 있고, 이제는 부동산

구입에도 나설 준비를 하고 있다. 금융 위기로 어려움을 겪고 있는 미국에서도 정부의 규제가 없을수록 좋다는 인식이 점차 힘을 잃고 이제는 정부가 금융 규제를 강화할는지 여부가 아니라 오히려 얼마나 강화할는지가 문제가 되고 있는 실정이다. 한편 아프리카와 아시아의 빈곤 국가에서는 국제적인 식량 가격이 급등하자 쌀 수출을 통제하는 등 새로운 무역 장벽을 쌓고 있다.

글로벌화를 앞당기는 데 촉매 역할을 한 인터넷에서도 신민족주의의 경향이 나타난다. 미국의 인터넷 업체들은 러시아와 인도, 중국, 사우디아라비아 등의 압력에 굴복하여 이들 국가의 고유 언어로 인터넷을 운영하도록 허용하고 있다. 해당 국가의 국민이 인터넷을 이용하는 데에는 전보다 훨씬 편리해진 반면, 다른 국가의 사람들이 그것을 이용하는 데에는 적잖이 걸림돌이 되고 있다. 한마디로 글로벌 인터넷의 경우 국가 간 분할주의 시대에 한 발 다가서고 있음에 틀림없다.

최근 들어 문학과 예술에서도 다시 재현성이나 표상성을 강조하는 새로운 경향을 엿볼 수 있다. 포스트모더니즘 시대 알게 모르게 '타자'로 억압받았던 것들이 다시 모습을 드러내기 시작한다. 말하자면 지그문트 프로이트가 말하는 '억압된 것들의 복귀' 현상이 다시 한번 나타나는 것이다. 그러고 보니 역사는 끊임없이 반복한다는 명제를 새삼 깨닫게 된다. 지성사의 변천은 마치 시계추와 같아서 극단적인 두 축 사이를 왕복하게 마련이다.

고전주의에 대한 반작용이 낭만주의를 낳았다면, 낭만주

의에 대한 불만은 리얼리즘이 탄생하는 계기가 되었다. 리얼리즘에 대한 비판은 모더니즘을 낳았고, 모더니즘에 대한 반작용이 포스트모더니즘이 발전하는 비옥한 토양이 되었다. 어쩌면 포스트모더니즘은 활짝 꽃을 피우는 개화기가 지나 지금은 열매를 맺기 시작하는 단계에 이른지도 모른다. 이렇게 절대성과 권위적 중심에 회의를 품는 포스트모더니즘이 정점에 이르렀다면, 이제 다시 그러한 가치에 향수를 느낄 때가 되었다. 그러나 이러한 신민족주의나 국가주의 경향이라든지 문학과 예술에서 엿볼 수 있는 재현성이나 표상성은 아직은 일시적인 현상일 뿐 포스트모더니즘이라는 거대한 흐름을 돌려놓기에는 역부족이다. 그 조짐이 보일 뿐 체계화된 이론으로 발전하였다고 보기 어렵다. 아직껏 포스트모더니즘을 대체할 만한 새로운 이론은 나타나지 않았다.

지금까지 앨릭스 캘리니코스를 비롯한 크리스토퍼 노리스와 테리 이글턴 그리고 크리스토퍼 버틀러를 비롯한 이론가들은 포스트모더니즘을 날카롭게 비판해 왔다. 상대성과 다원주의의 입장에서 절대적 진리를 부정한다는 이유를 들어 포스트모더니즘이 진보적이기보다는 보수적이며 사회적 제약이나 차별로부터 인간을 해방시켜 주는 이론이라기보다는 오히려 그러한 제약이나 차별을 공고히 해 주는 이론이라고 지적한다. 또한 상대성이나 다원주의를 주장하다 보면 어떠한 도덕적 판단이나 심미적 판단이 불가능하다고 지적하기도 한다. 더구나 몇몇 이론가는 포스트모더니즘이 어디까지나 서구 세계 일부 특권층의 지적 유희이거나 사치에 지나지 않는다고 비판하기도 한다. 중심부에서 밀려나 주변부에서 머물고 있는 '타자들'에게 합리성과 확실성과 안정성은 오히려 절실히 추구하여야 할 대상이라는 것이다.

포스트모더니즘을 비판하는 이론가들은 하나같이 포스트모더니즘의 상대적인 가치 평가와 회의주의를 문제 삼는다. 그러나 엄밀히 따지고 보면 인간 행위에서 가치 평가란 피할 수 없는 숙명과 같은 것이다. 19세기의 이단아 프리드리히 니체의 말대로 "절대성을 신봉하는 것이야말로 하나같이 병적"이라고 할 수 있다. 장-프랑수아 리오타르가 총체성에 대하여 전쟁을 선포한 것은 그만큼 총체성이 인간을 억압하는 힘으로 발전하였기 때문이다. 그렇다면 절대성과 총체성에 회의를 품는 것이야말로 병적인 것이 아니라 오히려 건강한 것이다. 상대성이나 다원주의적인 입장을 취한다고 하여 윤리적 결정이나 심미적 판단을 내릴 수 없는 것은 아니다. 상대주의 입장을 취하면서 얼마든지 그러한 결정이나 판단을 내릴 수 있다. 또한 메타내러티브(거대 이론)를 거부한다고 하여 좀 더 실용적인 합의를 포기하는 것은 아니다. 포스트모더니즘은 "모든 것이 다 통한다"는 식의 극단적 상대성이나 허무주의를 부르짖지 않는다. 회의주의와 허무주의 사이에는 엄청난 차이가 있다.

또한 포스트모더니즘의 정치적 무의식과 불신을 문제 삼는 이론가들도 있다. 총체성이나 절대적 가치를 불신하고 주체를 역사적 구성물로 규정짓는 포스트모더니즘의 이론으로서는 실질적인 사회 변혁을 가져오는 데 한계가 있을 수밖에 없다고 지적한다. 가령 벨 훅스 같은 흑인 여성 이론가의 입장에서 보면 여성이 이제 가까스로 목소리를 낼 수 있는 역사적 시점에 이른 지금 주체에 의심을 품는다는 것은 정치적으로 퇴행적인 행위에 지나지 않는다.

크리스토퍼 버틀러는 포스트모더니스트들이 '비판적인 해체주의자'로서는 훌륭하지만 '건설자'로서는 무능하다고 밝힌다. 또 다른 이론가들은 포스트모더니즘이 비난만 일삼을 뿐 건설적인 것은 아무것도 제안하는 것이 없다고 불만을 털어놓기도 한다. 그러면서 "파괴가 포스트모던 정신이 잘 할 수 있는 유일한 일"이라고 빈정거린다. 그러나 새로운 건물을 짓기 위해서는 무엇보다도 먼저 낡은 건물을 붕괴하여야 한다. "모름지기 낡은 이론을 부수어 버릴 때 비로소 새로운 이론을 세울 수 있다"는 주희(朱熹)의 말을 귀담아 들을 필요가 있다.

이와는 사정이 조금 다르지만 몇 해 전 학술지 《철학과 문학》이 해마다 뽑는 '가장 나쁜 글쓰기' 콘테스트에서 인도 태생의 영국 이론가 호미 바바가 『문화의 장소』(1994)라는 저서로 이등 상을 받았다. 글을 잘 쓰는 사람에게 주는 상이 아니라 글을 잘못 쓰는 사람에게 주는 상이라서 '상'이 아니라 차라리 '벌'에 가깝다. 실제로 에드워드 사이드와 가야트리 스피박과 더불어 대표적인 포스트식민주의 이론가로 꼽히는 바바는 난삽하게 글을 쓰는 이론가로 악명이 높다. 어떤 면에서 바바의 문체는 20세기 전반 중산층의 예술관을 뒤엎으려고 한 초현실주의자의 태도와 비슷하다.

물론 이렇게 난삽하고 현학적인 문체에 대하여 바바를 비롯한 몇몇 포스트모더니즘 이론가들도 할 말이 있다. 그들은 논리정연하게 글을 쓰는 것을 오히려 의혹의 눈길로 바라본다. 즉 논리적인 글을 쓰는 사람들은 진리를 전달하고 휴머니즘의 발전에 이바지할 수 있다는 부르주아의 세계관에서 여전히 벗어나지 못하고 있다고 지적한다. 포스트모더니즘의 심장부에는 이렇게 계몽주의의 이성과 합리성과 논리를 불신하는 태도가 굳게 자리 잡고 있다.

포스트모더니즘에 대한 비판은 무엇보다도 흔히 '소칼 지적 사건'로 일컫는 해프닝에서 단적으로 드러난다. 뉴욕대학교의 수리물리학 교수인 앨런 소칼은 1996년 듀크대학교에서 발행하는 유명한 인문학 저널을 상대로 '사기극'을 벌여 미국 학계는 말할 것도 없고 전 세계 학계를 발칵 뒤집어 놓았다. 평소 포스트모더니즘에 대하여 탐탁하지 않게 생각하던 소칼은 자신의 이러한 소신을 입증하기 위하여 무척 고심하던 끝에 이렇다 할 의미가 없는 엉터리 논문을 만들어 포스트모더니즘 계열 학술지에 기고하기로 마음먹었다. 만약 포스트모더니즘 이론에 대한 평소 생각이 옳다면 자신의 엉터리 논문이 학술지에 채택될 수 있을 것이라고 생각하였던 것이다. 말하자면 그럴듯해 보이고 편집자의 이데올로기적 편견에 비위를 맞추면 난센스로 뒤범벅 된 논문이라도 게재해 주는지 알아보기 위한 '실험'이었다.

그리하여 소칼은 「경계를 넘어서: 양자 중력의 변형적

해석학을 위하여」라는 논문을 썼고, 이 논문을 《소셜 텍스트》라는 학술지에 기고하였다. 제목부터가 여러 포스트모더니즘 이론가가 그동안 즐겨 사용해 온 용어를 적당히 따다 붙인 것이라는 사실을 곧 알 수 있다. 그런데 뜻밖에도 이 엉터리 논문은 학술지 편집위원회에서 채택되어 1996년 봄/여름 호에 출간되었다. 자신의 논문이 학술지에 실린 바로 그날 소칼은 《링구아 프랑카》라는 학술지에 《소셜 텍스트》에 실린 자신의 논문이 엉터리 논문이라고 발표하였다. 결국 이러한 해프닝 때문에 소칼의 엉터리 논문을 실은 학술지와 그 학술지를 발행하는 듀크대학교는 적잖이 곤욕을 치렀다. 그 뒤 소칼은 장 브리크몽과 함께 프랑스에서는 『지적 사기』(1997), 미국에서는 『유행을 쫓는 난센스』(1998)라는 제목으로 책을 출간하였다. '포스트모더니즘 지식인들의 과학 남용'이라는 부제 그대로 이 두 교수는 학계에서 유행하는 포스트모더니즘에 그야말로 신랄한 비판과 공격을 가하였다. 자크 라캉을 비롯하여 쥘리아 크리스테바, 장 보드리야르, 쥘 들뢰즈 등 소칼한테서 비판의 화살을 받지 않는 이론가가 거의 없다시피 하다.

그러나 소칼의 태도는 자신의 '실험'을 지나치게 과장할 뿐더러 포스트모더니즘을 일방적으로 폄하한다는 비판을 면하기 어렵다. 그가 논문을 발표한 《소셜 텍스트》는 과학적 진리의 절대성을 부정하고 상대주의적인 과학관을 강조하는 이른바 사회구성주의의 '스트롱 프로그램' 또는 '과학적 지식의 사회학(SSK)'으로 흔히 일컫는 분야에 관심을 기울이는 학술지이다. 뉴에이지 운동 등의 신비주의적 개념이 양자 중력 이론에서 중요하게 사용될 수 있으며 현대 수학의 비선형성이 포스트모더니즘을 뒷받침한다는 등 소칼의 논지는 이 학술지의 성격으로 보면 구미가 당길 만한 것이다.

이 학술지 편집자들의 지적대로 소칼의 행동은 '비윤리적'이라고 아니할 수 없다. 더구나 편집자들이 그에게 논문을 수정할 것을 제안하였는데도 그는 수정을 거부하였고, 결국 편집자들은 현재 상태로 논문을 게재할 수밖에 없었다. 특히 그의 논문이 실린 1996년 봄/여름 호는 '과학 전쟁'을 특집으로 다루고 있어 과학 담론을 다양한 관점에서 논의할 수 있도록 지면을 할애하였던 것이다. 그러므로 '지적 사기'라는 표현은 그가 비판하는 포스트모더니즘 지식인들보다는 차라리 소칼 자신에게 더 걸맞다고 하여야 할 것이다.

본질주의와 정초주의에 회의를 품는 포스트모더니즘이 우리에게 주는 교훈은 언뜻 겉으로 보이는 것보다 훨씬 깊고 넓다. 우리가 무심코 받아들이는 신념이나 도그마에 깊숙이 내재되어 있는 전제를 다시 한번 비판적으로 되돌아본다. 또한 가치 평가를 내리는 근거나 기준에 언제나 의문을 품는다. 우리는 언제나 오직 특정한 입장에서 생각하고 행동한다는 사실을 깨닫는다. 시간적 제약이나 공간적 제약에서 벗어나 누구한테나 통용되는 보편적 진리를 파악할 수 있는 객관적 관점이란 이 세계에 존재하지 않는다. 그리고 좀 더 개방적인 입장에서 늘 새로운 가능성, 새로운 미래에 문을 활짝 열어놓는다.

그동안 포스트모더니즘 논쟁을 둘러싸고 황사처럼 일어난 먼지가 가라앉은 지금 좀 더 차분히 이 새로운 이론을 다시 한번 점검해 볼 때이다. 포스트모더니즘은 찬성하거나 거부할 수 있는 태도가 아니다. 그것은 현대의 삶 구석구석에 영향을 끼치는 구체적인 조건으로 말하자면 공기와 같은 것이다. 공기를 들이마시지 않고 살 수 없듯이 21세기에 살고 있는 사람들은 포스트모더니즘을 호흡하지 않고서는 살 수 없다. 우리가 받아들이건 받아들이지 않건 포스트모더니즘은 여전히 우리의 삶에 계속 영향을 끼치고 있고, 이러한 현상은 앞으로 당분간 지속될 것이다.

돌이켜 보면 제2차 세계대전 이후 모더니즘에 불만을 품고 포스트모더니즘이 처음 제기한 여러 문제는 아직도 유효하다. 어떤 분야에서는 오히려 지금보다도 더 힘을 띨지게 될 같다. 전 지구적인 세계 문화와 국부적인 지역 문화 사이의 갈등을 비롯한 문화적 차이를 둘러싼 문제는 전보다도 더욱 절실해질 것이다. 장 보드리야르와 프레드릭 제임슨 같은 이론가들이 예측한 정보 기술과 이미지에 기반을 둔 매스 미디어는 지금보다 훨씬 더 영역을 넓혀가며 발전할 것이다. 기 드보르를 비롯한 상황주의자들이나 더글러스 켈러 등이 내다본 이미지 산업과 '삶의 스타일화'나 '삶의 심미화'는 앞으로도 끊임없이 이어질 것이다. 그런가 하면 유전공학과 인공지능학이 좀 더 발달하면서 인간 자아나 정체성의 성격에 대한 논의도 좀 더 깊이를 더해 갈 것이다.

요컨대 이러한 도전과 저러한 반격에도 포스트모더니즘

은 21세기의 문턱을 넘어선 지 벌써 8년째 접어든 지금 아직도 건재함을 과시한다. 건재함을 과시할 뿐만 아니라 아직껏 그 유용성을 잃지 않고 있다. 그러므로 포스트모더니즘에 대하여 종말을 선언하는 것은 마치 신의 죽음을 선포하는 것처럼 아직 시기상조이며 오히려 이 이론이 지니는 비판의 칼날을 무디게 만드는 결과를 낳을 뿐이다. 위르겐 하버마스는 일찍이 '모더니티 계획'이 청산하여야 할 유산이 아니라 오히려 완성하여야 할 작업이라고 부르짖었다. 그렇다면 포스트모더니즘이야말로 더더욱 청산하여야 할 유산이 아니라 완성하여야 할 '미완성의 계획'인 것이다.

〈주〉

1) Anders Stephanson and Daniela Salvioni, "A Short Interview with Dario Fo," *Social Text* 16 (Winter 1986-87): 167; John Frow, "What Was Postmodernism?," in *Past the Last Past: Theorizing Post-Colonialism and Post-Modernism*, eds. Ian Adam and Helen Tiffin (Calgary: University of Calgary Press, 1990), pp. 139-50.

2) Fredric Jameson, *The Ideologies of Theory: Essays 1971-1986* (London: Routledge, 1988), p. 111.

3) Charles Jencks, *The Language of Post-Modern Architecture*, 4th rev. ed. (London: Academy Editions, 1984), p. 30; Charles Jencks, *What Is Post-Modernism?* 2nd ed. (New York: St. Martin's Press, 1987), p. 14. 1980년대에 걸쳐 자크 데리다의 해체주의의 영향을 받은 이른바 '해체주의적 건축'은 여기에서 예외에 속한다. 베르나르 추미는 데리다의 협력 아래 파리에 '파르크 들라 비예트'를 설계한다. 이 건축 계획에서는 종합보다는 갈등, 통일성보다는 파편성, 합리적 관리보다는 광기와 유희를 강조한다.

4) Linda Hutcheon, *A Poetics of Postmodernism: History, Theory, Fiction* (London: Routledge, 1988), p. 18.

5) Irving Howe, "Introduction," *The Idea of Modern*, ed. Irving Howe (New York: Horizon Press, 1967), p. 14.

6) Damian Grant, *Realism*, Critical Idiom Series (London: Methuen, 1970), p. 27에서 재인용.

7) Walter Pater, *Selections from Pater*, ed. E. E. Hale (New

York: Holt, 1901), p. 127.

8) Michael H. Levenson, *A Genealogy of Modernism: A Study of English Literary Doctrine, 1908-1922* (Cambridge: Cambridge University Press, 1984), p. 29에서 재인용.

9) Virginia Woolf, "Modern Fiction," in *Collected Essays*, Vol. II (New York: Harcourt Brace & World, 1967), pp. 106-7.

10) Ford Madox Ford, "Professor Saintsbury and the English 'Nuvvle'," *Outlook* 32 (November 1913): 605.

11) T. S. Eliot, *The Sacred Wood: Essays in Poetry and Criticism* (London: Methuen, 1966), p. 8.

12) George J. Baker, ed. *Documents of Modern Literary Realism* (Princeton: Princeton University Press, 1963), p. 90에서 재인용.

13) Sherwood Anderson, *Winesburg, Ohio: Text and Criticism*, ed. John H. Ferres (New York: Viking Press, 1966), p. 14.

14) Lawrence to Edward Garnett, 1914년 6월 5일자 편지. Levenson, *A Genealogy of Modernims*, p. 9에서 재인용.

15) Howe, "Introduction," *The Idea of Modern*, p. 34.

16) Henry James, *The Art of the Novel* (New York: Charles Scribner's Sons, 1962), p. 46.

17) A. A. Mendilow, *Time and the Novel* (New York: Humanities Press, 1952), p. 58에서 재인용.

18) T. S. Eliot, *Selected Prose of T. S. Eliot*, pp. 177-78.

19) 이 점에 대해서는 Michel Foucault, *The Order of Things: An Archaeology of the Human Sciences* (New York: Pantheon, 1970); Michel Foucault, *The Archaeology of Knowledge and the Discourse on Language*, trans. A. M. Sheridan Smith (New York: Pantheon, 1972)을 보라.

20) Ihab Hassan, *The Postmodern Turn: Essays in Postmodern*

Theory and Culture (Columbus: Ohio State University Press, 1987), p. 53.

21) Raymond Williams, *The Long Revolution* (London: Hogarth Press, 1992), pp. 41-43.

22) Hassan, *The Postmodern Turn*, p. 90.

23) Robert B. Pippin, *Modernism as a Philosophical Problem: On the Dissatisfactions of European High Culture* (Cambridge: Basil Blackwell, 1991), pp. 4-5.

24) Donald Barthelme, "See the Moon?," in *Unspeakable Practices, Unnatural Acts* (New York: Farrar, Stauss, Giroux, 1968), p. 153.

25) Roman Jakobson, "The Dominant," in *Language in Literature*, eds. Krystyna Pomorska and Stephen Rudy (Cambridge: Harvard University Press, 1987), p. 44.

26) Fredric Jameson, *Postmodernism, or, the Cultural Logic of Late Capitalism* (Durham: Duke University Press, 1991), p. 59.

27) John Barth, *The Friday-Book: Essays and Other Nonfiction* (New York: Putnam, 1984), p. 206.

28) William H. Gass, *Habitations of the Word: Essays* (New York: Simon and Schuster, 1985), p. 147.

29) Michel Foucault, *The Archeology of Knowledge* (New York: Pantheon Books, 1972), p. 23.

30) Edward Said, *The World, the Text, and the Critic* (Cambridge, Mass.: Harvard University Press, 1983), p. 135.

31) T. S. Eliot, *Selected Prose of T. S. Eliot*, ed. Frank Kermode (New York: Harcourt Brace Jovanovich, 1975), p. 153.

32) Roland Barthes, *Writing Degree Zero,* trans. Annette

Laversd and Colin Smith (New York: Hill and Wang, 1968), p. 23.

33) Julia Kristeva, *Desire in Language: A Semiotic Approach to Literature and Art*, ed. Leon S. Roudiez, trans. Thomas Gora, Alice Jardine, and Leon Roudiez (New York: Columbia University Press, 1980), p. 66.

34) Kristeva, *La Revolution du langue poetique* (Paris: Seoul, 1974), p. 339. 위에 인용한 구절은 프랑스 어로 된 원본에만 있으며 1984년에 나온 영어 번역본에는 빠져 있는 것이 흥미롭다.

35) Tzventan Todorov, *Mikhail Bakhtin: The Dialogical Principle*, trans. Wlad Godzich (Minneapolis: University of Minnesota Press, 1984), p. 60.

36) Jonathan Culler, *Structuralist Poetics: Structuralism and the Study of Literature* (Ithaca: Cornell University Press, 1975), p. 30.

37) Mihkail Bakhtin, *The Dialogic Imagination: Four Essay*, ed. Michael Holquist, trans. Caryl Emerson and Michael Holquist (Austin: University of Texas Press, 1981), p. 69.

38) Umberto Eco, *Postscript to The Name of the Rose*, trans. William Weaver (New York: Harcourt Brace Jovanovich, 1984), p. 20.

39) 에코의 이 말은 원래 이탈리아어로 출간한 『장미의 이름』 초판본의 표지에 적혀 있었다. Theresa Coletti, *Naming the Rose: Eco, Medieval Signs, and Modern Theory* (Ithaca: Cornell University Press, 1988), p. 8에서 재인용.

40) Umberto Eco, *The Name of the Rose*, trans. William Weaver (New York: Harcourt Brace Jovanovich, 1983), p. 286.

41) Jacques Derrida, "The Law of Genre," in *On Narrative*, ed. W. J. T. Mitchell (Chicago: University of Chicago Press, 1981), p. 52.

42) Theodore Ziolkowski, "Toward a Post-Modern Aesthetics?," *Mosaic* 2 (1969): 113.

43) John Barth, *Lost in the Funhouse* (New York: Bantam Books, 1969), p. ix. 이 책의 부제에서 드러나 있듯이 작가는 독자들이 단순히 눈으로만 읽지 않고 청각을 통해서도 듣기를 기대하고 있다.

44) Mas'ud Zavaradeh, *The Mythopoeic Reality: The Postwar American Nonfiction Fiction* (Urbana: University of Illinois Press, 1976), pp. 41-44.

45) Norman Sims, *Literary Journalism in the Twentieth Century* (New York: Oxford University Press 1990), p. vii.

46) John Fowles, *The French Lieutenant's Wom*an (London: Jonathan Cape, 1969), p. 97.

47) Robert Alter, P*artial Magic: The Novel as a Self-Conscious Genre* (Berkeley: University of California Press, 1975), p. x.

48) Marguerite Alexander, *Flights from Realism: Themes and Strategies in Postmodernist British and American Fiction* (London: Edward Arnold, 1990), p. 40.

49) Alain Robbe-Grillet, *For a New Novel: Essays on Fiction*, trans. Richard Howard (New York: Grove Press, 1965), p. 46.

50) Raymond Federman, "Self-Reflexive Fiction," in Columbia Literary History of the United States, eds. Emory Elliott et al (New York: Columbia University Press, 1988), pp. 1144-45.

51) Gabriel Garcia Marquez, *One Hundred Years of Solitude*,

trans. Gregory Rabassa (New York: Harper Perennial, 1970); 가브리엘 가르시아 마르케스 · 임호준 역 『백 년 동안의 고독』(서울: 고려원 미디어, 1996), 457-58쪽.

52) Milan Kundera, *The Unbearable Lightness of Being*, trans. Michael Henry Heim (New York: Harper Perennial, 1984); 밀란 쿤데라 · 박성창 역 『참을 수 없는 존재의 가벼움』(서울: 민음사, 1999), 49쪽.

53) Italo Calvino, *if on a winter's night a traveler*, trans. William Weaver (New York: Harcourt, 1981), pp. 3, 10.

54) John Barth, *Lost in the Funhouse* (New York: Anchor Books, 1988), p. 58.

55) Leslie Fiedler, *A Fiedler Reader* (New York: Stein and Day, 1977), p. 277.

56) Welch D. Everman, "The Paper World: Science Fiction in the Postmodern Era," in *Postmodern Fiction: A Bio-Bibliographical Guide*, ed. Larry McCaffery (Westport, Conn.: Greenwood Press, 1986), p. 24.

57) Michael Holquist, "Whodunit and Other Questions: Metaphysical Detective Stories in Post-War Fiction," *New Literary History* 3 (Autumn 1971): 135-56. 한편 홀퀴스트와는 달리 브라이언 맥헤일은 탐정 소설을 모더니즘의 가장 대표적인 장르 가운데 하나로 간주한다. 맥헤일의 이러한 주장은 이분법에 기초를 둔 그의 포스트모더니즘 이론에서 비롯한다. 그는 모더니즘을 인식론적인 지배소의 관점에서, 포스트모더니즘을 존재론적 지배소의 관점에서 정의내린다. 그의 관점에서 보면 인식론적 특성을 지니고 있는 탐정 소설은 모더니즘의 장르에 속하게 마련이다. Brian McHale, *Postmodernist Fiction* (New York: Methuen, 1987), pp. 9, 16.

58) Raymond Chandler, *The Simple Art of Murder* (New York: Vintage Books, 1988), p. 11.

59) Max Horkheimer and Theodor W. Adrno, *Dialectic of Enlightenment*, trans. John Cumming (New York: Seabury Press., 1972), p. 24.

60) Gerald Prince, *Narratology: The Form and Function of Narrative* (Berlin: Mouton, 1982), p. 163; Boris Uspensky, *A Poetics of Composition: The Structure of the Artistic Text and Typology of a Compositional Form*, trans. Valentina Zavarin and Susan Wittig (Berkeley: University of California Press, 1983), p. 5.

61) 이 문제에 대해서는 John Sturrock, "Introduction," *Structuralism and Since: From Levi Stauss to Derrida,* ed. John Sturrock (Oxford: Oxford University Press, 1979), pp. 12-13을 보라. 레비-스트로스와 바르트를 비롯한 푸코와 라캉 그리고 데리다의 이론을 다루는 이 책에서 스터록은 '포스트 구조주의'라는 용어를 아예 사용하지 않고 오직 '구조주의'라는 용어만을 고집하고 있는 점도 눈여겨볼 필요가 있다.

62) Linda Hutcheon, *The Politics of Postmodernism* (London: Routledge, 1989), p. 14.

63) Sturrock, pp. 4-5.

64) Jacques Derrida, *Of Grammatology*, 2nd ed., trans. Gayatri Chakravorty Spivak (Baltimore: Johns Hopkins University Press, 1997), p. 158.

65) Michel Foucault, *Power/Knowledge: Selected Interviews and Other Writings 1972-1977*, ed. Colin Gordon (New York: Pantheon Books, 1980), p. 194.

66) 물론 데리다는 자신의 '해체주의'를 정립하는 데 하이데거의 '해체'에서 영향을 받았지만 하이데거의 이론과는 여러모

로 다르다. 데리다는 하이데거의 전통을 이어받는 것 못지 않게 그 전통을 거부한다. 적어도 이 점에서 보면 하이데거는 헤겔이나 후설과 동일선상에 놓여 있다고 볼 수 있을 것이다.

67) Ferdinand de Saussure, *A Course in General Linguistics*, ed. Charles Bally and Albert Sechehaye, trans. Wade Baskin (New York: McGraw-Hill, 1966), pp. 120-21.

68) Jacques Derrida, "Structure, Sign, and Play in the Discourse of the Human Sciences," in *Writing and Difference*, trans. Alan Bass (Chicago: University of Chicago Press, 1978), p. 280.

69) Paul de Man, *Blindness and Insight: Essays in the Rhetoric of Comtemporary Criticism*, 2nd rev. ed. (Minneapolis: University of Minnesota Press, 1983).

70) J. Hillis Miller, "Stevens' Rock and Criticism as Cure II," *Georgia Review* 30 (1976): 5-31, 330-48; J. Hillis Miller, "Walter Pater: A Partial Portrait," *Daedalus* 105 (1976): pp. 97-113.

71) Jean-Francois Lyotard, *The Postmodern Condition: A Report on Knowledge*, trans. Geoff Bennington and Brian Massumi (Minneapolis: University of Minnesota Press, 1984), p. xxiv.

72) Lyotard, p. xxiii.

73) Jean-Francois Lyotard, "Rules and Paradoxes and Svelte Appendix," *Cultural Critique* 5 (Winter 1986-87): pp. 209-10.

74) Gianni Vattimo, "The End of (Hi)story," in *Zeitgeist in Babel: The Postmodernist Controversy*, ed. Ingeborg Hoesterey (Bloomington: Indiana University Press, 1991),

pp. 132-33.

75) Jacques Lacan, *Écrits: A Selection*, trans. Alan Sheridan (London: Routledge, 1977), p. 166.

76) Michel Foucault, *The Order of Things: An Archeology of Human Sciences* (New York: Vintage, 1994), p. 387.

77) Louis Gottschalk, *Understanding History: A Primer of Historical Method*, 2nd ed. (New York: Alfred A. Knopf, 1969), p. vii.

78) Dominick LaCapra, *History and Criticism* (Ithaca: Cornell University Press, 1985), p. 32.

79) Hayden White, *Metahistory: The Historical Imagination in Nineteenth-Century Europe* (Baltimore: Johns Hopkins University Press, 1973), pp. 5-11, 21.

80) Hayden White, *Tropics of Discourse: Essays in Cultural Criticism* (Baltimore: Johns Hopkins University Press, 1973), pp. 60-61.

81) H. Aram Veeser, "Introduction," *New Historicism*. pp. ix-xvi.

82) Fritjof Capra, "Systems Theory and the New Paradigm," in *The World View of Contemporary Physics: Does It Need a New Metaphysical?*, ed. Richard F. Kitchener (Albany: State University of New York Press, 1988), pp. 334-41.

83) David Bohm, "Postmodern Science and a Postmodern World," in *The Reenchantment of Science: Postmodern Proposals*, ed. David Ray Griffin (Albany: State University of New York Press, 1988), p. 58.

84) 영국의 역사가 아널드 토인비는 이와는 조금 다르게 서구 역사를 구분 짓는다. D. C. 서머벨이 요약해 출간한 『역사 연구』(1946)에서 토인비는 서구 역사를 1) 암흑기, 2) 중세

기, 3) 모던, 4) 포스트모던으로 구분 짓는다. 토인비에 따르면 서구 역사에서 모던 시기는 1475년에서 1875년에 끝난다. Arnold Toynbee, *A Study of History* (New York: Dell, 1965), p. 57.

85) Jurgen Habermas, "Modernity – An Incomplete Project," in *The Anti-Aesthetic: Essays on Postmodern Culture*, ed. Hal Foster (Port Townsend, Wash.: Bay Press, 1983), pp. 3-15; Matei Calinescu, *Five Faces of Modernity: Modernism, Avant-Garde, Decadence, Kitsch, Postmodernism* (Durham: Duke University Press, 1987), pp. 41-46.

86) Daniel Bell, *The Cultural Contradictions of Capitalism* (New York: Basic Books, 1976), p. 14.

87) Ernesto Mandel, *Late Capitalism* (London: Verso, 1978), p. 118.

88) Fredric Jameson, *Postmodernism, or, The Cultural Logic of Late Capitalism* (Durham: Duke University Press, 1992), pp. 3-6, 51-54.

89) John Frow, "What Was Postmodernism?," in *Past the Last Past: Theorizing Post-Colonialism and Post-Modernism*, eds. Ian Adam and Helen Tiffin (Calgary: University of Calgary Press, 1990), p. 149.

90) Alex Callinicos, *Against Postmodernism: A Marxist Critique* (Cambridge: Polity Press, 1989), p. 4에서 재인용.

91) Marc Auge, *Non-Places: Introduction to an Anthropology of Supermodernity*, trans. John Howe (London: Verso, 1995), pp. 77-78, 94.

92) Jean Baudrillard, "The Ecstasy of Communication," in *The Anti-Aesthetic*, p. 130.

93) Jean Baudrillard, *Selected Writings*, 2nd ed., ed. Mark

Poster, trans. Jacques Mourrain (Stanford: Stanford University Press, 2002), pp. 170, 120.

94) Jean Baudrillard, *The Gulf War Did Not Happen: Politics, Culture and Warfare Post-Vietnam* (New York: Ashgate, 1995), p. 40.

95) Louis Untermeyer, ed., *Modern American Poetry*, rev. ed. (New York: Harcourt Brace & Co., 1919), p. 19.

96) 잭 런던, 윤미기 편역, 『잭 런던의 조선사람 엿보기』(서울: 한울아카데미, 1995), 40쪽.

97) Kate Millett, *Sexual Politics* (Garden City: Doubleday, 1970), p. 25.

98) Simone de Beauvoir, *The Second Sex* (New York: Vintage Books, 1973), p. 301.

99) Kristine McKenna, "The Three Ages of Jacques Derrida: An Interview with the Father of Deconstructionism," *LA Weekly News*, Wednesday, November 6, 2002.

100) Chris Weedon, *Feminist Practice and Post-Structuralist Theory* (Oxford: Basil Blackwell, 1987), p. 1.

101) Robyn R. Warhol and Price Herndle, "Introduction," *Feminisms: An Anthology of Literary Theory and Criticism* (New Brunswick: Rutgers University Press, 1991), p. x. 이 두 이론가는 이 책의 제목에서 페미니즘을 단수형으로 표기하지 않고 복수형으로 표기한다는 점을 주목할 필요가 있다. 그들에 따르면 페미니즘은 단일한 이론이 아니라 여성 해방을 부르짖는 다양한 이론이다.

102) Roger Rosenblatt, "The Age of Irony Come to an End," *Time* 158: 13 (September 24, 2001): 79.

참고문헌

Adam, Ian, and Helen Tiffin, eds. *Past the Last Post: Theorizing Post-Colonialism and Post-Modernism*. Calgary: University of Calgary Press, 1990.

Alexander, Marguerite. *Flights from Realism: Themes and Strategies in Postmodernist British and American Fiction*. London: Edward Arnold. 1990.

Alloway, Lawrence. *American Pop Art*. New York: Macmillan, 1974.

Alter, Robert. *Partial Magic: The Novel as Self-Conscious Genre*. Berkeley: University of California Press, 1975.

Anderson, Chris. *Style as Argument: Contemporary American Nonfiction*. Carbondale: Southern University Press, 1987.

_______, ed. *Literary Nonfiction: Theory, Criticism, Pedagogy*. Carbondale: Southern University Press, 1989.

Anderson, Perry. *The Origins of Postmodernity*. London: Verso, 1998.

Anderson, Walter Truett. *The Fontana Postmodernism Reader*. London: Fontana, 1996.

Appignanesi, Richard. *Introducing Postmodernism*. 3rd ed. New York: Totem Books, 2005.

Arac, Jonathan. *Critical Genealogies: Historical Situations for Postmodern Literary Studies*. New York: Columbia University Press, 1987.

_______, ed. *Postmodernism and Politics*. Minneapolis:

University of Minnesota Press, 1986.

Attridge, Derek, Geoff Bennington, and Robert Yound, eds. *Poststructuralism and the Question of History*. Cambridge: Cambridge University Press, 1987.

Auge, Marc. *Non-Places: Introduction to an Anthropology of Supermodernity*. Translated by John Howe. London: Verso, 1995.

Bakhtin, Mikhail. *The Dialogic Imagination: Four Essays*. Edited by Caryl Emerson. Translated by Caryl Emerson and Michael Holquist. Austin: University of Texas Press, 1981.

Barth, John. *The Friday Book: Essays and Other Nonfiction*. New York: Perigee Book, 1984.

Barthes, Roland. *The Pleasure of the Text*. Translated. by Richard Miller. New York: Hill & Wang, 1975.

_______. *Writing Degree Zero*. Translated by Annette Lavers and Colin Smith. New York: Hill & Wang, 1977.

_______. *A Lover's Discourse: Fragments*. Translated by Richard Howard. New York: Hill & Wang. 1978.

_______. *Roland Barthes by Roland Barthes*. Translated by Richard Miller. New York: Hill & Wang, 19.

Baudrillard, Jean. *Selected Writings*. Edited by Mark Poster. Stanford: Stanford University Press, 1986.

_______. *Simulations*. Translated by Paul Foss, Paul Patton, and Philip Beichtman. New York: Semiotext(e), 1983.

Bauman, Zygmund. *Legislators and Interpreters: On Modernity, Post-Modernity and Intellectuals*. Ithaca: Cornell University Press, 1987.

Bell, Daniel. *The Coming of Post-industrial Society*. 3rd ed. New York: Basic Books, 1990.

Belsey, Catherine. *Poststructuralism: A Very Short Introduction.* Oxford: Oxford University Press, 2002.

_______. *The Contradictions of Capitalism*. New York: Basic Books, 1976.

Berger, Arthur Asa. *The Portable Postmodernist*. Walnut Creek AltaMira Press, 2003.

Best, Steven, and Douglas Kellner. *Postmodern Theory: Critical Interrogations*. New York: Guilford Press, 1991.

Boyne, Roy, and Ali Rattansi, eds. *Postmodernism and Society*. London: Macmillan, 1990.

Brian, McHale. *Postmodernist Fiction*. London: Methuen, 1987.

Burgin, Victor. *The End of Art Theory: Criticism and Postmodernity*. Atlantic Highlands, N. J.: Humanities Press International, 1986.

Butler, Christopher. *After the Wake: An Essay on the Contemporary Avant-Garde*. Oxford: Clarendon, 1980.

_______. *Postmodernism: A Very Short Introduction*. Oxford: Clarendon Press, 2002.

Cahoone, Lawrence, ed. *From Modernism to Postmodernism: An Anthology Expanded.* Oxford: Blackwell, 2003.

Calinescu, Matei. *Five Faces of Modernity: Modernism, Avant-Garde, Decadence, Kitsch, Postmodernism*. Durham: Duke University Press, 1987.

_______, and Douwe Fokkema, eds. *Exploring Postmodernism*. Amsterdam: John Benjamins, 1987.

Callinicos, Alex. *Against Postmodernism: A Marxist Critique*. Cambridge: Polity Press, 1989.

Carravetta, Peter. *Prefaces to the Diaphora: Rhetoric, Allegory, and Interpretation of Postmodernity*. West Lafayette: Purdue University Press, 1991.

Centore, F. F. *Being and Becoming: A Critique of Postmodernism.* New York: Greenwood Press, 1991.

Christensen, Inger. *The Meaning of Metafiction: A Critical Study of Selected Novels by Sterne, Nabokov, Barth and Beckett.* Bergen: Universitetsforlaget, 1981.

Collins, Jim. *Uncommon Cultures: Popular Culture and Postmodernism.* London: Routledge, 1989.

Connor, Steven. *Postmodernist Culture: An Introduction to Theories of the Contemporary.* London: Basil Blackwell, 1989.

_______, ed. *The Cambridge Companion to Postmodernism.* Cambridge: Cambridge University Press, 2004.

Cooke, Philip. *Back to the Future: Modernity, Postmodernity and Locality.* London: Unwin Hyman, 1990.

Culler, Jonathan. *On Deconstruction.* Ithaca: Cornell University Press, 1982.

Davis, Douglas. *Artculture: Essays on the Post-Modern.* New York: Harper & Row, 1977.

Dear, Michael J, and Steven Flusty, eds. *The Spaces of Postmodernity: Readings in Human Geography.* Oxford: Blackwell, 2002.

Debord, Guy. *Society of the Spectacle,* new authorized ed. Translated Ken Knapp. Exeter: Rebel Press, 2005.

Delanty, Gerard. *Modernity and Postmodernity: Knowledge, Power, and the Self.* London: Sage Publications, 2000.

Deleuze, Gilles, and Felix Guattari. *Anti-Oedipus: Capitalism and Schizophrenia.* Translated by Robert Hurley, Mark Seem, and Helen R. Lane. Minneapolis: University of Minnesota Press, 1983.

De Man, Paul. *Allegories of Reading: Figurative Language in*

Rousseau, Nietzsche, Rilke, and Proust. New Haven: Yale University Press, 1979.

_______. *Blindness and Insight: Essays in the Rhetoric of Contemporary Criticism*. New York: Oxford University Press, 1971.

_______. *The Resistance to Theory*. Minneapolis: University of Minnesota Press, 1986.

Derrida, Jacques. *Dissemination*. Translated by Barbara Johnson. Chicago: University of Chicago Press, 1981.

_______. *Of Grammatology*, rev. ed. Translated by Gayatri C. Spivak. Baltimore: Johns Hopkins University Press, 1997.

_______. *Writing and Difference*. Translated by Alan Bass. Chicago: University of Chicago Press, 1978.

_______. *A Derrida Reader: Between the Blinds*. Edited by Peggy Kamuf. New York: Columbia University Press, 1991.

D'haen, Theo. *Text to Reader: A Communicative Approach to Fowles, Barth, Cortazar and Boon*. Amsterdam: John Benjamins, 1983.

_______, and Hans Bertens, eds. *Postmodern Fiction in Europe and the Americas*. Amsterdam: Rodopi, 1988.

Docherty, Thomas. *Postmodernism: A Reader*. New York: Columbia University Press, 1993.

Dunning, William. *The Roots of Postmodernism. Englewood Cliff:* Prentice-Hall, 1994.

Eagleton, Terry. *The Illusions of Postmodernism*. Oxford: Blackwell, 1996.

Eco, Umberto. *The Name of the Rose*. Translated by William Weaver. San Diego: Harcourt Brace Jovanovich, 1983.

_______. *Postscript to The Name of the Rose*. Translated by

William Weaver. San Diego: Harcourt Brace Jovanovich, 1983.

Featherstone, Mike. *Postmodernism: A Theory, Culture and Society Special Issue.* London: Sage Publications, 1988.

_______. *Consumer Culture and Postmodernism.* 2nd ed. London: Sage Publications, 2007.

Federman, Raymond, ed. *Surfiction: Fiction Now and Tomorrow.* Chicago: Swallow Press, 1981.

Fekete, John. *Life After Postmodernism: Essays on Value and Culture.* London: Macmillan Education, 1988.

Ferguson, Russell *et al*, eds. *Discourses: Conversations in Postmodern Art & Culture.* Cambridge: MIT Press, 1989.

Fiedler, Leslie. *A Fiedler Reader.* New York: Stein and Day, 1977.

Flax, Jane. *Thinking Fragments: Psychoanalysis, Feminism, and Postmodernism in the Contemporary West.* Berkeley: University of California Press, 1990.

Fokkema, Aleid. *Postmodern Characters: A Study of Characterization in British and American Postmodern Fiction.* Amsterdam: Rodopi, 1991.

Fokkema, Douwe. *Literary History, Modernism, and Post-modernism.* Amsterdam: John Benjamins, 1984.

_______, and Hans Bertens, eds. *Approaching Postmodernism.* Amsterdam: John Benjamins, 1986.

Foster, Hal. *The Anti-Aesthetic: Essays on Postmodern Culture.* Townsend, Wash.: Bay Press, 1983.

_______, ed. *Postmodern Culture.* London: Pluto, 1985.

Foucault, Michel. *The Order of Things: An Archaeology of the Human Sciences.* New York: Pantheon Books, 1970.

_______. *The Archaeology of Knowledge and the Discourse on Language*. Translated by A. M. Sheridan Smith. New York: Pantheon Books, 1972.

_______. *Power/Knowledge: Selected Interviews and Other Writings, 1972-1977*. Edited by Colin Gordon. New York: Pantheon Books, 1980.

_______. *The Foucault Reader*. Edited by Paul Rabinow. New York: Pantheon Books, 1984.

Fuller, Peter. *Aesthetics After Modernism*. London: Writer and Readers Press, 1984.

Gabardi, Wayne. *Negotiating Postmodernism. Minneapolis*: University of Minnesota Press, 2000.

Gaggi, Silvio. *Modern/Postmodern: A Study in Twentieth-Century Arts and Ideas*. Philadelphia: University of Pennsylvania Press, 1989.

Garvin, Harry R., ed. *Romanticism, Modernism, Postmodernism.* Lewisburg, Pa.: Bucknell University Press, 1980.

Gass, William H. *Fiction and the Figures of Life*. Boston: Nonpareil Books, 1979.

_______. *Habitations of the Word.: Essays*. New York: Simon & Schuster, 1985.

Giddens, Anthony. *The Consequences of Modernity.* Stanford: Stanford University Press, 1990.

_______. *Modernity and Self-Identity: Self and Society in the Late Modern Age*. London: Polity Press, 1991.

Glass, James. *Shattered Selves: Multiple Personality in a Postmodern World.* rev. ed. Ithaca: Cornell University Press, 1995.

Good, James, and Irving Velody, eds. *The Politics of Postmodernity*. Cambridge: Cambridge University Press,

1998.

Greenberg, Clement. *The Notion of "Post-Modern."* Sydney: Sir William Dobell Art Foundation, 1980.

Gregson, Ian. *Postmodern Literature*. London: Arnold, 2004.

Griffin, David R. *The Reenchantment of Science: Postmodern Proposal*. Albany: SUNY Press, 1989.

_______, ed. *Sacred Interconnections: Postmodern Spirituality, Political Economy & Art*. Albany: SUNY Press, 1990.

_______, et al. *Varieties of Postmodern Theology*. Albany: SUNY Press, 1989.

Grosz, E. A., et al., eds. *Futur*fall: Excursions into Postmodernity*. Sydney: Power Institute of Fine Arts, 1986.

Habermas, Jürgen. *Legitimation Crisis.* Translated by Thomas McCarthy. Boston: Beacon Press, 1975.

_______. *The Theory of Communicative Action*, Vol. I. Translated by Thomas McCarthy. Boston: Beacon Press, 1984.

_______. *The Philosophical Discourse of Modernity*. Translated by Frederick Lawrence. Cambridge, Mass.: MIT Press, 1987.

Harari, Josue V., ed. *Textual Strategies: Perspectives in Post-Structuralist Criticism*. Ithaca: Cornell University Press, 1979.

Harland, Richard. *Superstructuralism: The Philosophy of Structuralism and Post-Structuralisms*. London: Methuen, 1987.

Harvey, David. *The Condition of Postmodernity*. Oxford: Basil Blackwell, 1989.

Hart, Kevin. *Postmodernism: A Beginner's Guide*. Oxford: Oneword, 2004.

Hartman, Geoffrey H. *Saving the Text: Literature/Derrida/ Philosophy*. Baltimore: Johns Hopkins University Press, 1981.

Hassan, Ihab. *The Dismemberment of Orpheus: Toward a Postmodern Literature,* 2nd rev. ed. Madison: University of Wisconsin Press, 1982.

_______. *The Postmodern Turn: Essays in Postmodern Theory and Culture*. Columbus: Ohio State University Press, 1987.

Haycraft, Howard. *Murder for Pleasure: The Life and Times of Detective Story*. New York: D. Appleton Century, 1941.

Heller, Agnes. *Can Modernity Survive?* Berkeley: University of California Press, 1990.

_______, and Ferenc Feher. *The Postmodern Political Condition*. New York: Columbia University Press, 1990.

Hellman, John. *Fables of Fact: The New Journalism and the Nonfiction Novel.* Urbana: University of Illinois Press, 1981.

Hicks, Stephen R. C. *Explaining Postmodernism: Skepticism and Socialism from Rousseau to Foucault.* Tempe: Schoargy Publishing, 2004.

Hoesterey, Ingeborg, ed. *Zeitgeist in Babel: The Post-modernist Controversy.* Bloomington: Indiana University Press, 1991.

Hollowell, John. *Fact and Fiction: The New Journalism and the Nonfiction Novel.* Chapel Hill: University of North Carolina Press, 1977.

Hutcheon, Linda. *Narcissistic Narrative: The Metafictional Paradox*. Waterloo, Ontario: Wilfrid Laurier University Press, 1980.

_______. *A Poetics of Postmodernism: History, Theory, Fiction.*

London: Routledge, 1988.

_______. *The Politics of Postmodernism*. London: Routledge, 1989.

Huyssen, Andreas. *After the Great Divide: Modernism, Mass Culture, Postmodernism.* Bloomington: University of Indiana Press, 1986.

Jameson, Fredric. *Postmodernism, or The Cultural Logic of Late Capitalism*. Durham: Duke University Press, 1991.

_______. *The Cultural Turn: Selected Writings on the Postmodern, 1893-1998*. London: Verso, 1998.

Jencks, Charles. *Post-Modern Classicism: The New Synthesis*. London: Academy, 1980.

_______. *The Language of Post-Modern Architecture.* 4th ed. New York: Rizzoli, 1984.

_______. *What Is Post-Modernism?* New York: Rizzoli, 1988.

Kaplan, E. Ann. *Rocking Around the Clock: Music, Television, Post-Modernism and Consumer Culture*. London: Methuen, 1987.

_______, ed. *Postmodernism and Its Discontents: Theories, Practice.* London: Verso, 1988.

Kariel, Henry S. *The Desperate Politics of Postmodernism*. Amherst: University of Massachusetts Press, 1989.

Kearney, Richard. *The Wake of Imagination: Toward a Postmodern Culture*. Minneapolis: University of Minnesota Press, 1988.

Kleinberg, Benjamin S. *American Society in the Post- industrial Age: Technology, Power, and the End of Ideology*. Columbus, Ohio: Charles E. Merrill, 1973.

Klotz, Heinrich. *History of Postmodern Architecture*. Cambridge, Mass.: MIT Press, 1988.

Kolb, David. *Postmodern Sophistications: Philosophy, Architecture, and Tradition*. Chicago: University of Chicago Press, 1990.

Kostelanetz, Richard, ed. *The Avant-Garde Tradition in Literature*. Buffalo: Prometheus Books, 1982.

Kristeva, Julia. *Desire in Language: A Semiotic Approach to Literature and Art*. Translated by Thomas Gora, Alice Jardine, and Leon S. Roudiez. New York: Columbia University Press, 1980.

Kroker, Arthur, and David Cook. *The Postmodern Scene: Excremental Culture and Hyper-Aesthetics*. London: Macmillan Education, 1988.

Kuehl, John. *Alternate Worlds: A Study of Postmodern Antirealistic American Fiction*. New York: New York University Press, 1989.

Lacan, Jacques. *The Language of the Self: The Function of Language in Psychoanalysis*. Translated. by Anthony Wall. Baltimore: Johns Hopkins University Press, 1968.

_______. *Ecrits: A Selection*. Translated by Alan Sheridan. London: Routledge, 1977.

LaCapra, Dominick. *Rethinking Intellectual History: Texts, Contexts, Language*. Ithaca: Cornell University Press, 1983.

_______. *History, Politics, and the Novel*. Ithaca: Cornell University Press, 1987.

Laclau, Ernesto, and Chantal Mouffe. *Hegemony and Social Strategy: Toward a Radical Democratic Politics*. London: Verso, 1985.

Lash, Scott. *Sociology of Postmodernism*. London: Routledge, 1990.

_______, and J. Urry. *The End of Organized Capitalism*.

London: Polity Press, 1987.

Lee, Alison. *Realism and Power: Postmodern British Fiction.* London: Routledge, 1990.

Lemert, Charles. *Postmodernism Is Not What You Think.* 2nd ed. Boulder: Paradigm Publisher, 2005.

Levin, David Michael. *The Opening of Vision: Nihilism the and Postmodern Situation*. London: Routledge, 1988.

Lippard, Lucy R., et al. *Pop Art.* New York: Oxford University Press, 1966.

Lovejoy, Margot. *Postmodern Currents: Art and Artists in the Age of Electronic Media.* Ann Arbor: UMI, 1989.

Lyotard, Jean-Francois. *The Postmodern Condition: A Report on Knowledge*. Translated by Geoff Bennington and Brian Massumi. 1984. Minneapolis: University of Minnesota Press, 1984.

_______. *Just Gaming*. Translated by Wlad Godzich. Minneapolis: University of Minnesota University Press, 1985.

_______. *The Lyotard Reader*. Edited by Andrew Benjamin. Oxford: Basil Blackwell, 1989.

Madison, G. B. *The Hermeneutics of Postmodernity: Figures and Themes*. Bloomington: Indiana University Press, 1988.

Malmgren, Carl Darryl. *Fictional Space in the Modernist and Postmodernist American Novel*. Lewisburg, Pa.: Bucknell University Press, 1985.

Malpas, Simon. *The Postmodern*. London: Routledge, 2005.

Mandel, Ernest. *Late Capitalism*. London: Verso, 1978.

Mazzaro, Jerome. *Postmodern American Poetry*. Urbana: University of Illinois Press, 1980.

McCaffrey, Larry. *The Metafictional Muse: The Works of Robert Coover, Donald Barthelme, and William H. Gass*.

Pittsburgh: University of Pittsburgh Press, 1982.

_______, ed. *Post-Modern Fiction: Bio-Bibliographical Guide.* Westport, Conn.: Greenwood, 1986.

McHale, Brian. *Postmodernist Fiction.* London: Routledge, 1987.

_______. *Constructing Postmodernism.* London: Routledge, 1992.

McLuhan, Marshall. *Understanding Media: The Extensions of Man.* New York: MacGraw-Hill, 1964.

Melville, Stephen W. *Philosophy Beside Itself: On Deconstruction and Modernism.* Minneapolis: University of Minnesota Press, 1986.

Merquior, J. G. *From Prague to Paris: A Critique of Structuralist and Post-Structuralist Thought.* London: Verso, 1986.

Meynell, Anthony A. *Postmodernism and the New Enlightenment.* Washington, D. C.: Catholic University of America Press, 2000.

Morris, Meaghan. *The Pirate's Fiancee: Feminism, Reading, Postmodernism.* London: Verso, 1988.

Murphy, John W. *Postmodern Social Analysis and Criticism.* Westport, Conn.: Greenwood Press, 1989.

Newman, Charles. *The Postmodern Aura: The Act of Fiction in an Age of Inflation.* Evanston: Northwestern University Press, 1985.

Nicholson, Linda J. *The Play of Reason: From the Modern to the Postmodern.* Ithaca: Cornell University Press, 1999.

_______, ed. *Femininism/Postmodernism.* New York: Routledge, 1990.

Nigel, Wheale, ed *The Postmodern Arts: An Introductory*

Reader. London: Routledge, 1995.

Norris, Christopher. *Deconstruction: Theory and Practice*. London: Methuen, 1982.

_______. *The Contest of Faculties: Philosophy and Theory After Deconstruction*. London: Methuen, 1985.

_______. *What's Wrong With Postmodernism: Critical Theory and the Ends of Philosophy*. Baltimore: Johns Hopkins University Press, 1990.

Olson, Lance. *Circus of the Mind in Motion: Postmodernism and the Comic Vision*. Detroit: Wayne State University Press, 1990.

_______. *Ellipses of Uncertainty: An Introduction to Postmodern Fantasy*. Westport, Conn.: Greenwood Press, 1987.

Pefanis, Julian. *Heterology and the Postmodern: Bataille, Baudrillard, and Lyotard*. Durham: Duke University Press, 1991.

Perloff, Marjorie, ed. *Postmodern Genres*. Norman: University of Oklahoma Press, 1989.

Portoghesi, Paolo. *After Modern Architecture*. Translated by Meg Shore. New York: Rizzoli, 1982.

_______. *Postmodern: The Architecture of the Postindustrial Society*. New York: Rizzoli, 1983.

Poster, Mark. *Critical Theory and Poststructuralism: In Search of a Context*. Ithaca: Cornell University Press, 1989.

Putz, Manfred, and Peter Freese, eds. *Postmodernism in American Literature: A Critical Anthology*. Darmstadt: Thesen Verlag, 1984.

Rorty, Richard. *Consequences of Pragmatism: Essays, 1972-1980*. Minneapolis: University of Minnesota Press,

1982.

_______. *Contingency, Irony, and Solidarity.* Cambridge: Cambridge University Press, 1989.

Rose, Margaret A. *Parody/Metafiction: An Analysis of Parody as a Critical Mirror to the Writing and Reception of Fiction.* London: Croom Helm, 1979.

Ross, Andrew. *No Respect: Intellectuals & Popular Culture.* London: Routledge, 1989.

_______, ed. *Universal Abandon?: The Politics of Postmodernism.* Minneapolis: University of Minnesota Press, 1988.

Russell, Charles. *Poets, Prophets, and Revolutionaries: The Literary Avant-garde from Rimbaud through Postmodernism.* New York: Oxford University Press, 1985.

Said, Edward. *Orientalism.* New York: Vintage, 1979.

_______. *The World, The Text, and the Critic.* Cambridge, Mass.: Harvard University Press, 1983.

Sallis, John. *Deconstruction and Philosophy: The Texts of Jacques Derrida.* Chicago: University of Chicago Press, 1987.

Sarup, Madan. *An Introductory Guide to Post-Structuralism and Postmodernism.* Hemel Hempstead: Harvester, 1988.

Scholes, Robert. *Fabulations and Metafiction.* Urbana: University of Illinois Press, 1981.

Shapiro, Gary, ed. *After the Future: Postmodern Times and Places.* Albany: SUNY Press, 1990.

Silverman, Hugh J., ed. *Postmodernism − Philosophy and the Arts: Philosophy, Language, Politics.* London: Routledge, 1990.

Sim, Stuart. *The Routledge Companion to Postmodernism.*

London: Routledge, 2004.

Smith, James K. A. *Who's Afraid of Postmodernism?: Taking Derrida, Lyotard, and Foucault to Church.* Grand Rapids: Baker Academic, 2006.

Smith, Paul. *Discerning the Subject. Minneapolis: University of Minnesota Press, 1988.*

Smyth, Edmund J, ed. *Postmodernism and Contemporary Fiction. London: B. T. Batsford, 1991.*

Soja, Edward. *Postmodern Geographies: The Reassertion of Space in Critical Social Theory*. London: Verso, 1989.

Sontag, Susan. *Against Interpretation and Other Essays.* New York: Farrar, Strauss, and Giroux, 1966.

_______. *Styles of Radical Will.* New York: Dell, 1969.

Spanos, William W. *Repetitions: The Postmodern Occasion in Literature and Culture*. Baton Rouge: Louisiana State University Press, 1987.

Stark, John O. *The Literature of Exhaustion: Borges, Nabokov, and Barth*. Durham, N. C.: Duke University Press, 1974.

Tagg, John, ed. *The Cultural Politics of Postmodernism*. New York: Medieval and Renaissance, 1989.

Tani, Stefano. *The Doomed Detective: The Contribution of the Detective Novel on Postmodern American and Italian Fiction*. Carbondale: Southern Illinois University Press, 1984.

Taylor, Brandon. *Modernism, Postmodernism, Realism: A Critical Perspective for Art*. Winchester, Hampshire: Winchester School of Art Press, 1987.

Taylor, Mark C. *Erring: A Postmodern A/Theology*. Chicago: University of Chicago Press, 1984.

Thiher, Allen. *Words in Reflection: Modern Language Theory and Postmodern Fiction.* Chicago: University of Chicago Press. 1984.

Tilley, Christopher, ed. *Reading Material Culture: Structuralism, Hermeneutics and Post-structuralism.* Oxford: Basil Blackwell, 1990.

Tomlins, Calvin. *The Scene: Reports on Post-Modern Art.* New York: Viking Press, 1976.

Trachtenberg, Stanley. *The Postmodernist Moment: A Handbooks of Contemporary Innovation in the Arts.* Westport, Conn.: Greenwood Press, 1985.

Turner, Brtyan S., ed. *Theories of Modernity and Postmodernity.* London: Sage Publications, 1990.

Venuti, Lawrence. *Our Halcyon Days: English Prerevolutionary Texts and Postmodern Culture.* Madison: University of Wisconsin Press, 1980

Wakefield, Neville. *Postmodernism: The Twilight of the Real.* London: Pluto Press, 1990.

Ward, Glenn. *Teach Yourself Postmodernism.* London: Headline, 1997.

Waugh, Patricia. *Metafiction: The Theory and Practice of Self-Conscious Fiction.* London: Methuen, 1984.

_______. *Feminine Fictions: Revisiting the Postmodern.* London: Routledge, 1989.

_______, ed. *Postmodernism: A Reader.* London: Edward Arnold, 1992.

Weedon, Chris. *Feminist Practice and Poststructuralist Theory.* Oxford: Blackwell, 1987.

Wellmer, ALbrecht. *The Persistence of Modernity: Essays on Aesthetics, Ethics, and Postmodernism.* Translated by David Midgley. Cambridge: MIT Press, 1991.

White, Hayden. *Metahistory: The Historical Imagination in Nineteenth-Century Europe*. Baltimore: Johns Hopkins University Press, 1973.

_______. *Tropics of Discourse*. Baltimore: Johns Hopkins University Press, 1978.

Wilde, Alan. *Horizons of Assent: Modernism, Postmodernism, and the Ironic Imagination*. Baltimore: Johns Hopkins University Press, 1981.

_______. *Middle Grounds: Studies in American Fiction*. Philadelphia: University of Pennsylvania Press, 1987.

Wolf, Tom, and E. W. Johnson, eds. *The New Journalism*. New York: Harper and Harper, 1973.

Woodiwiss, Anthony. *Social Theory after Postmodernism: Rethinking Production, Law and Class*. London: Unwin Hyman, 1990.

Worton, Michael, and Judith Still, eds. *Intertextuality: Theories and Practices*. Manchester: Manchester University Press, 1990.

Wyschogrod, Edith. *Saints and Postmodernism: Revisioning Moral Philosophy*. Chicago: University of Chicago Press, 1990.

Zadworna-Fjellestad, Danuta, and Lennart Bjork, eds. *Criticism in the Twilight Zone: Postmodern Perspectives on Literature and Politics*. Stockholm, Almqvist & Wiksell International, 1990.

추천도서

김욱동, 『포스트모더니즘: 문학 · 예술 · 문화』, 민음사, 1992, 2004 (개정판).

좁게는 문학, 넓게는 예술, 더 넓게는 문화와 관련한 포스트모더니즘의 개념과 성격을 밝힌 책. 이 책은 문학과 예술과 문화에서 나타나는 포스트모더니즘의 특성을 자세히 다룬다. 또한 저자는 포스트모더니즘이 단순히 이 세 영역의 테두리를 뛰어넘어 이제는 20세기 후반이나 21세기 초반의 세계관이나 시대정신을 바라볼 수 있는 창이라고 지적한다. 포스트모더니즘의 위상을 살핀 뒤 저자는 포스트모더니즘의 특징을 상호텍스트성, 자기반영석 메타픽션, 장르의 붕괴나 해체, 대중 문화에 대한 관심 등에서 찾는다.

김욱동, 『모더니즘과 포스트모더니즘』, 현암사, 1992, 2004 (개정판).

포스트모더니즘의 계보를 정리한 국내 최초의 저서. 이 책은 모더니즘과 아방가르드에 대한 올바른 이해 없이 포스트모더니즘을 논의하는 현실을 비판하는 동시에 포스트모더니즘 이해의 지평을 확대하려고 한다. 모더니즘, 아방가르드, 포스트모더니즘으로 이어지는 역사를 짚어가는 과정에서 모더니즘의 실체는 물론 낭만주의, 리얼리즘, 심지어 파시즘과의 관련성을 밝힌다. 그리고 모더니즘이 어떻게 미래파, 다다이즘, 초현실주의를 비롯한 아방가르드 운동으로 이어지는지, 모더니즘과 아방가르드는 포스트모더니즘에서 무엇을 잃고 무엇을 남겼는지, 포스트모더니즘의 가장 뚜렷한 특징들은 과연 무엇인지 등의 문제를 심도 있게 다룬다.

한스 베르텐스, 『포스트모던 사상사』, 장성희 · 조현순 옮김, 현대미학사, 2000년.

포스트모더니즘의 역사적 계보를 살피면서 여러 분야에서 나타난 현상을 다룬 책. 베르텐스는 '포스트모더니즘'이라는 단수형 명사 대신에 '포스트모더니즘들'이라는 복수형 명사를 사용함으로써 이 현상을 복합적이고 다양한 현상으로 파악하려고 한다. 1970년대의 모더니즘, 실존주의, 포스트모더니즘을 소개한 뒤 리처드 로티, 장 보드리야르, 프레드릭 제임슨 같은 이론가들을 폭넓게 다룬다. 제목 그대로 포스트모더니즘의 사상적 계보를 자세히 살핀 책이다.

자크 데리다, 『그라마톨로지에 대하여』, 김웅권 옮김, 동문선, 2004.

해체주의를 처음 펼친 프랑스 철학가요 문예 이론가인 자크 데리다의 이론서. 음성 언어와 문자 언어의 관계를 규정하는 책으로 인간의 문화가 문자 기호에 부여한 의미를 분석하고, 텍스트와 텍스트 사이의 위상과 관련한 문제, 그리고 이 텍스트에 고유한 시대와 공간의 문제 등을 다룬다. 데리다는 이 저서에서 책의 종말과 '에크리튀르'의 도래를 예언할 뿐만 아니라 클로드 레비-스트로스와 장-자크 루소의 음성중심주의와 로고스중심주의를 비판한다. 이 책에서는 데리다의 또 다른 저서 『글쓰기와 차연』과 함께 해체주의 이론의 정수를 만날 수 있다.

장 보드리야르, 『시뮬라시옹』, 하태환 옮김, 민음사, 2001.

보드리야르의 대표작으로 꼽히는 『시뮬라크르와 시뮬라시옹』을 번역한 책. 보드리야르는 이 책에서 독창적인 분석을 통하여 포스트모더니즘 사회의 본질을 꿰뚫는다. 실재가 아닌 파생 실재로 전환되는 작업이 '시뮐라시옹'이고, 모든 실재의 인위적 대체물이 '시뮐라크르'이다. 그에 따르면 우리가 살아가는 세상은 모사와 복제에 의한 가상 실재, 즉 시뮐라크르의 미혹에 지나지 않는다. 현대 사회는 모사된 이미지가 현실을 대체하는 복제의 시대라는 그의 독특한 분석과 이론은 현대 철학의 흐름을 이끌었고 미디어와 예술 분야에 큰 영향을 끼쳤다.

장-프랑수아 리오타르, 『포스트모던적 조건』, 이현복 옮김, 서광사, 1992.

'정보 사회에서의 지식의 위상'이라는 부제 그대로 20세기 후반 지식과 정보의 관점에서 포스트모더니즘의 특징을 규명한 책. 언어 게임, 사회적 유대의 본성, 이야기적 지식의 화용론, 과학적 지식의 화용론, 이야기적 기능과 지식의 정당화와 탈정당화, 불안정성의 연구로서 포스트모던 과학 등의 주제를 다룬다. 특히 이 책에서 리오타르는 포스트모더니즘의 특성을 '거대 담론(메타내러티브)'에 대한 비판과 총체성에 대한 저항에서 찾는다.

데이비드 하비, 『포스트모더니티의 조건』, 구동회 · 박영민 옮김, 한울아카데미, 2008.

사회 개념으로서의 포스트모더니티의 본질을 규명한 대표적인 책. 포스트모더니즘이 어떻게 자본주의 체제를 비롯하여 문화와 예술, 미학, 그리고 일상생활과 깊이 관련을 맺고 있는지 자세히 밝힌다. 하비는 현대 자본주의 체제가 지금과 같은 모습을 띠게 된 것은 겨우 몇 십 년 밖에 되지 않는다고 밝힌다. 특히 그는 20세기 후반 자본주의의 정치적 변화와 경제적 변모, 그리고 공간 및 시간 경험이 과거와 어떻게 달라졌는지에 초점을 맞춘다. 포스트모더니티의 여러 현상이 어디에서 비롯하는지, 그리고 그것이 어디로 향하여 가고 있는지를 보여주려고 한다.

〈문학의 기본 개념〉 총서를 펴내며

연세대학교 유럽사회문화연구소는 문학과 문화를 공부하는 이들을 위한 입문서로 〈문학의 기본 개념〉 총서를 펴냅니다. 이 총서는 문학을 배우거나 가르칠 때 자주 접하게 되는 주요 개념과 용어, 그리고 문학 현상과 관련된 여러 가지 주제와 이론을 쉽고 체계적으로 설명하는 책들로 꾸며집니다. 동시에 보다 심화된 공부를 위한 디딤돌로 사용할 수 있도록 국내의 연구 성과를 검토하고 최신의 연구 동향을 소개합니다.

지금까지 비슷한 시리즈나 연구서가 없었던 것은 아니지만, 외국 서적을 번역하는데 머무르거나, 또는 다루는 항목이 많지 않아서 입문서로서는 아쉬운 점이 많았습니다. 많은 경우 '우리'의 문학 입문서로서 갖추어야 할 현장감과 균형 감각이 크게 부족했고, 너무 전문적이라는 문제도 있었습니다. 우리나라의 문학연구 수준이 자체적으로 문학의 기본 개념을 집필할 수 있는 수준에 이르렀는데도 여전히 번역물에 의존하는 점도 아쉬웠습니다.

〈문학의 기본 개념〉 총서는 이러한 문제점을 인식하고 기획되었습니다. 우선 각 분야의 우리 연구자들이 직접 주제를 선정하고 집필하는 방식을 택하였습니다. 또한 번역물이 지닐 수 없는 미덕, 즉 우리말을 최대한 정확하고 유려하게 쓰고, 우리 문학 작품이나 국역된 외국 작품을 예문으로 삼아 설명함으로써 독자들의 이해를 돕고, 스스로 작품을 찾아 읽어볼 수 있게 배려하였습니다. 나아가 우리나라의 대학 교육 현장에서 강의하고 연구한 경험이 배어 있는 글쓰기를 추구하고자 하였습니다.

〈문학의 기본 개념〉 총서는 2001년 3월부터 필자를 공개 모집하기 시작하여 2003년 2월에 처음으로 1차분 네 권을 선보인 이래, 50권 발간을 목표로 꾸준히 출간되고 있습니다. 이 총서는 전국에 있는 모든 문학 연구자에게 집필의 장을 활짝 열어 놓고 있습니다. 소수의 전공자들만 읽는 학술지를 제외하고는 마땅한 글쓰기 장을 찾지 못했던 분들은 이 총서를 통해 좀 더 폭넓은 독자들과 만날 수 있을 것입니다. 뜻과 역량을 갖춘 연구자 여러분들의 적극적인 동참을 기대합니다. 유럽사회문화연구소 홈페이지(http://europe.yonsei.ac.kr)에 자세한 정보와 집필 신청서가 있습니다.

이 총서가 출간되기까지 많은 이들이 헌신적으로 도우셨습니다. 총서를 기획하고 발판을 마련한 (전)유럽문화정보센터의 초대 연구소장인 고영석 교수와 특히, 온 힘을 다해 애써준 1기 편집 위원 이경덕, 윤정임, 안소현, 김경식, 한수영, 이선미, 오정숙 선생의 노고를 기록해 두려 합니다. 또한 2기와 3기 편집 책임자인 김경식,

박은경 선생의 땀방울도 총서에 스며 있습니다. 연세대학교는 연구비 지원을 통해 기획과 집필이 가능하도록 도와주었습니다. 고마운 일입니다. 연세대학교 출판부는 출판을 맡아 수고해 주셨습니다. 이 모든 노고를 통해 우리의 문학 연구 기반이 더욱 탄탄해지기를 기대해 봅니다.